农村
公共服务供给研究

冯华艳 著

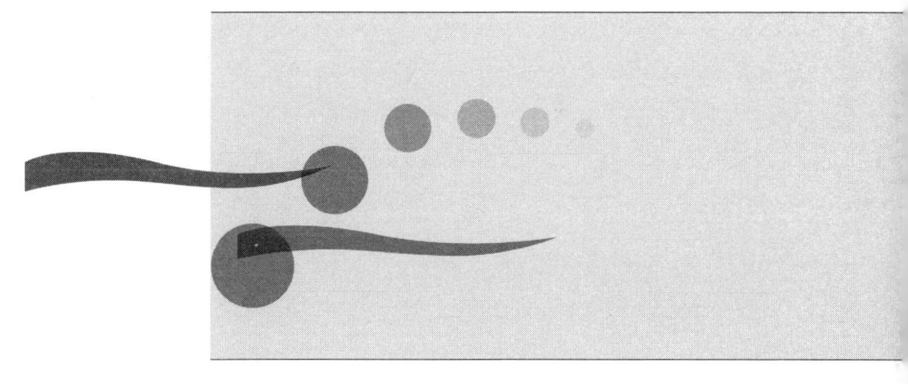

中国政法大学出版社

2015 · 北京

图书在版编目（CIP）数据

农村公共服务供给研究/冯华艳著.—北京:中国政法大学出版社，2015.3
ISBN 978-7-5620-5908-0

Ⅰ．①农…　Ⅱ．①冯…　Ⅲ．①农村－社会服务－研究－中国　Ⅳ．①D669.3

中国版本图书馆CIP数据核字(2015)第035266号

出版者　中国政法大学出版社

地　　址　北京市海淀区西土城路25号

邮寄地址　北京100088信箱8034分箱　邮编100088

网　　址　http://www.cuplpress.com（网络实名：中国政法大学出版社）

电　　话　010-58908586(编辑部)　58908334(邮购部)

编辑邮箱　zhengfadch@126.com

承　　印　固安华明印业有限公司

开　　本　880mm×1230mm　1/32

印　　张　8.75

字　　数　210千字

版　　次　2015年3月第1版

印　　次　2015年3月第1次印刷

定　　价　32.00元

摘 要

如何解决“三农”问题一直是中国经济社会发展的重大课题，从2004年至2013年，中共中央连续发布了十个以“三农”为主题的中央一号文件，在这些文件中多次提到与农村生产和生活密切相关的公共产品供给问题，凸显了公共产品供给在“三农”问题中的“重中之重”的地位。尤其是社会主义新农村建设目标提出后，保证农村公共产品有效供给便成为新农村建设的关键所在，成为影响新农村建设水平与进程的重要因素。新中国成立后，我国农村公共产品的供给大体上经历了人民公社时期、家庭承包制至农村税费改革前和农村税费改革以来[1]三个时期。人民公社时期，农村公共产品供给由国家财政和集体经济组织以“自上而下”的方式单一提供，具有明显的行政性和组织性，农民的负担是隐性的，供给体制比较稳定，但供给效率较低，属于较低层次上的政府垄断型供给；“家庭承包制的实施，为中国农村社区公共产品供给制度的变迁创造了可能性”，税费改革前农村公共产品的供给制度为“自上而下的制度外公共产品供给决策程序”，供给主要依靠乡镇政府、村级组织征收的各种税费来维持，农民的负担由隐性变为显性，不但增

〔1〕 徐小青、郭建军：《中国农村公共产品改革与发展》，人民出版社2008年版。

加了农民负担，而且供给总量严重不足，难以满足农民生产生活需要，属于市场经济背景下的政府主导型供给；税费改革后，随着国家农村政策的调整，农村社区公共产品供给模式发生了新的变化，形成了“国家财政+社区自助”的模式，一方面，沿袭原有的“自上而下”的供给决策制度，由国家相关部门向农村划拨各种专项资金进行基础设施建设，但无法有效表达农民的公共产品需求偏好，难以满足农民的需求，同时，国家无力也不可能包揽农村所有的公共产品供给；另一方面，村社通过“一事一议”方式筹资筹劳进行村庄的公共事业建设，但这种为适应农村税费改革而设计的制度外筹资的“一事一议”制度又无法发挥应有的作用，虽有国家财政补助，仍难以有效实施。这种非均衡的、低效率的供给已无法适应“生产发展、生活富裕、乡风文明、村容整洁、管理民主”的社会主义新农村建设的目标要求。

关于农村公共产品供给问题，国内外学者们的意见并不统一，他们分别从政府供给、市场供给、社区供给、自愿供给和多元供给等角度进行了论述。由于政府供给、市场供给、社区供给和自愿供给各有优缺点，考虑到各种供给机制的特点以及我国的现实情况，在我国农村公共产品供给制度的改革中，应建立以政府供给为主、市场供给和社区供给为辅、自愿供给为补充的多层次的农村公共产品供给制度。

目 录

第一章 相关理论概述

农村公共产品是公共产品一个组成部分，是公共产品的一种特殊形式，它也具有一般公共产品的特性。所以，农村公共产品供给的基本理论是建立在公共产品理论基础上的，因此，本章首先对公共产品供给的基本理论进行简单回顾与分析。另外，由于我国独特的二元结构社会特性，在我国，农村公共产品理论又具有自身一些独特的地方，所以也有必要对农村公共产品的基本理论进行解释。

一、公共产品供给的基本理论

公共产品供给理论相对来说已经相当成熟了，国内外理论界已经对此研究得很透彻。下面仅对公共产品的界定、特征、分类及供给制度进行简单的分析。

（一）公共产品的界定、特征与分类

1. 公共产品的界定和特征

“公共产品”一般是和“私人产品”相对而言的，具有共同消费性质，用于满足社会公共需要的物品和服务。相对于私人产品的排他性和竞争性等特性来说，公共产品的特征如下：

（1）效用的不可分割性（Non - divisibility），指公共产品是为全体社会成员提供的，具有共同受益或联合消费的特点，其

效用为整个社会成员所共享，技术上不能被分割成若干部分分别归属于某些个人或厂商，即各个主体的消费是不能明确划分界线的。公共产品与私人产品不同，不论是否付费和付费多少，各类主体均可消费等量的、相同的公共产品，即公共产品的消费是集体进行、共同消费的，其效用在不同消费者之间不能分割。

（2）受益的非排他性（Non - excludability），指当公共产品生产出来后，所产生的利益不能为个人独享或专有。也就是说，把不为公共产品付费的个人或厂商排除在公共产品的受益范围之外，在技术上不可能或技术上可行但排他成本高昂致使在经济上不可行。对于私人产品来说，例如一件衣服，购买者支付了货款就取得了该产品的所有权并可以轻易地排除他人消费这种产品，这就是排他性。以典型的公共产品——国防为例，在某一地域（国家）内，如果要想把国内某一个人排除在国防保护之外，几乎是无法做到的。由于非排他性和不可分割性的存在，公共产品的供给更缺乏经济刺激，“市场失灵”和“搭便车”现象更为严重，从而使提供公共产品成为国家或政府的一项重要职能。

（3）消费的非竞争性（Non - rivalry），指个人或厂商对公共产品的消费不会减少其他个人或厂商享用该公共产品的数量和质量，即在公共产品数量既定的情况下，增加一个消费者的消费边际成本为零。如广播、电视、航标灯等，它们共同的特点是消费者人数的增加并不对生产成本产生影响。例如增加一些人听广播、看电视并不会影响电台的发射成本；汽车通过桥梁只要不是太拥挤，则它们就是非竞争性的，因为通过一辆汽车对桥造成的折旧很小，接近于零。对于一般的私人产品来说，一个人消费这一产品，他人就无法再消费了。但是公共产品一旦提供出来，任何消费者对公共产品的消费都不影响其他消费者的利益，也不会影响这个社会的利益。路灯也是非竞争性公共产品的典型例子，它所提供的服务（照明）可以为行人甲享受，同时也不妨碍行人乙和行人丙乃至更多的行人享用。

（4）外部性（externality），指一个经济单位的活动对其他经济单位的成本或收益产生的直接影响。简单地说，就是指当事人所承担的成本与获得的收益存在不对称的情况，一般可以分为正外部性和负外部性两种。如果某人的行为不但可以给自己带来收益，而且还可能给别人带来好处，这就是正外部性或者说是外溢性；反之则称之为负外部性或者负外溢性。由于共同消费中的非排他性和不可分割性特征，公共产品的供给者无法排除其他非供给者对此类公共产品的消费，也就是说，一个公共产品的供给者所提供的公共产品，可能对其他非供给者产生一定的有利影响——正外部性。公共产品正外部性容易造成"搭便车"行为，因此，如何通过制度设计克服公共产品供给中的"搭便车"行为，是公共产品供给中的难题之一。

除了以上特点外，公共产品还具有一定的相对性和动态性。随着技术、环境及空间等的变化，公共产品的属性也会相对发生变化。如随着技术的变化，电视台越来越多地具有私人产品性质；随着消费者收入和购买力的提高，公共产品更趋向于成为私人产品，如农业小型机井灌溉的私有化等。

2. 公共产品的分类

在现实社会中，公共产品的分类方法较多，进行研究经常采用的方法主要有以下几种：

（1）按公共产品的实体形态，可以分为物质性（有形）和非物质性（无形）公共产品。有形的公共产品像基础设施（公路、灯塔、桥梁）、学校、公共图书馆等属于物质性公共产品；

而国防、法律法规、政策、教育、环保、消防、社会保障等无形的则为非物质性公共产品。

(2) 按是否同时具备非竞争性和非排他性，可以分为纯公共产品和准公共产品。若同时具备两个特性就是纯公共产品，如国防、法律、天气预报、有效率的政府或制度、环境保护、基础科学等；若不同时具备非排他性和非竞争性，而只具备其中一个特征则为准公共产品，具体又可以细分为俱乐部产品和共同资源产品。前者是消费上具有非竞争性，但是却可以较轻易地做到排他，如公共桥梁、公共游泳池以及公共电影院等；后者与俱乐部产品刚好相反，即在消费上具有竞争性，但是却无法有效地排他，如公共渔场等。准公共产品一般具有“拥挤性”的特点，即当消费者的数目增加到一定数量后，就会出现边际成本为正的情况，准公共产品到达“拥挤点”后，每增加一个人将减少原有消费者的效用。

(3) 按公共产品受益范围的不同，可以分为社区公共产品、地方公共产品、全国性公共产品、区域公共产品和全球公共产品。所谓社区公共产品就是指受益范围只局限于某一个社区内部，社区外的消费者不能消费或者消费成本太高的公共产品。例如：一个社区中的道路，其受益者只有该社区的住户及与其有关系的亲朋等；小区内对本小区居民提供的免费健身器械或娱乐设施，如果没有本小区的出入证或居住证明，将被限制消费。地方公共产品是指由于地域或者其他的限制性条件导致只有某一地方政府辖区内的公民能够消费的公共产品。例如：省、市、县等提供的公共产品——地方上的街道、路灯、绿化、社区安全等就具有这种性质。全国性公共产品就是目前大多数公共产品文献所关注的，受益范围涉及全国公民，或者说一国中不论处在任何地点的消费者都可以无限制地消费的公共产品。

例如国防，就是由国家提供的、全国人民共享的公共产品。在全球和地区交往日益频繁的背景下，在国家之间也需要提供公共产品，遂出现了区域公共产品，例如，对跨国河流污染的治理。全球公共产品就是在世界、全球层次上提供的、各个国家都可以从中获益的公共产品。

（二）公共产品的供给机制

对于谁应该供给公共产品这个基本理论问题，传统的观点实际是一种“公共产品供给的政府观”，认为由于公共产品的非竞争性和非排他性，会导致外部性存在，从而出现市场失灵，所以，公共产品只能由政府来供给。但从历史的角度来看，公共产品经历了一个公共性程度逐渐降低的深化过程。近几十年来，在发达国家以及一些发展中国家，从交通到通讯、电力、其他公共产品等，私有化的程度都在不断提高。由此可见，“公共产品供给的政府观”是经不起事实检验的。那么，到底应该由谁来供给公共产品？如果一种公共产品是纯公共产品，并且其受益范围是全国性的，如国防，那么其供给者无疑应是中央政府。但随着经济、技术、社会的发展，公共产品的特性是可能发生变化的。例如在过去，电视台由于无法排他或排他成本过高，只能由政府供给，但当技术革命使排他变得“容易”之后，电视台则越来越具有私人产品的性质了。当市场规模不断扩大使私人经营这些产品更加有利可图时，这些原来意义上的公共产品会越来越多地由政府以外的供给者——如市场等供给了。

目前，随着私人对公共产品生产与提供的参与，当代公共产品的供给有了政府供给、市场供给、自愿供给、社区供给及混合供给等几种基本方式，构成了丰富的公共产品供给模式。总的来看，公共产品的供给有以下几种：

1. 政府供给

这是公共产品供给中最常见的一种形式，即政府提供生产公共产品所需的全部资金，并做出所有公共产品的生产计划，交由政府企业或非政府企业来生产，再由政府无偿地向消费者提供，以满足社会的公共消费需要。对于消费者来说，他可以无条件地获得这些公共产品的消费权，而不需要付出任何代价或者报酬。

从公共产品理论和受益原则以及供给效率角度分析，全国性公共产品应该由一国中央政府来提供，即供给主体就是中央政府或地方政府。因为其组织管理的范围具有全国性，可以获得在全国范围内配置资源的规模经济效益。如果让地方政府联合起来提供，那么就会产生新的交易成本，使得公共资源配置不当，社会福利水平降低。而地方性公共产品的供给主体应该是地方政府，这样可以比较准确地反映居民对该公共产品的需求强度和受益程度，地方政府也可以比较准确地判断该公共产品的福利性和经济性收益。因此，由地方政府来提供地方性公共产品，不仅符合受益原则，而且决策成本比较低，容易克服公共产品供给与需求不相匹配的矛盾，财政资源配置的效率较高。属于政府供给的公共产品，主要是公共产品中的纯公共产品，如国家安全、气象、基础科学研究、农业技术的研究和推广、大型水利设施、社会科学研究等。具体可以采取两种模式：

(1) 政府直接生产公共产品，采取公共产品的国有国营模式。具体可以分为以下几种情况：①体现国家意志的公共产品，如军队、警察、法庭、监狱、法律法规等由政府依靠公共财政支出，直接投资并组织公共产品生产，然后无偿地向社会供给；②与社会公平分配目标有关的公共产品，如卫生保健、基础教育、社会保障等一般由政府组织公共产品生产，并通过收费方式向社会公众提供，不过这种收费不是以营利为目的的，而仅仅是对成本进行补偿；③与社会发展有关的公共产品，如环保、科研等；④自然垄断类公共产品，如邮政、铁路、自来水等一般由公共企业生产，按营利原则定价，并向使用人收费。

（2）政府利用市场间接供给公共产品。目前不少发达国家和发展中国家为了避免国家在供给公共产品时出现低效率，采用了这种模式。对于同一种公共产品，既有政府供给也有私人供给，但政府会对供给公共产品的私人予以经济上的补偿。如在美国，1997 年，有一半多的私人医院得到政府财政支持，而私立高等学校也不同程度地受到政府资助。政府还可以通过政府采购方式获得市场生产的产品的所有权，然后再作为公共产品无偿地向社会提供。

2. 市场供给

指根据市场需求，主要由市场提供生产公共产品的经费，以盈利为目的、运用收费方式补偿支出的一种模式。一般情况，在市场供给下，生产公共产品所需资金并非完全由私人（这里私人的概念包含个人、多人合作以及私有企业）来提供，政府也会提供一部分资金，公共产品的供给者自负盈亏，实行企业化经营，通过收费收回成本，并有一定的利润。在西方，通常公共产品市场供给可以具体分为私人独立供给、法律保护私人进入、签订合同、授予经营权、经济资助、政府和私人联合供给等形式。公共产品的市场供给可以按竞争的方式进行，但总体是在政府管制下的市场供给，即在政府相关的法规、行业政策和规划的指导和监督下，由私人部门投资和组织生产，并由其自行向社会提供。在当今世界中，私人提供公共产品已不是什么新鲜的话题，已有种种成功的范例，如美国的航空、能源、银行、电信、教育等公共产品的供给已全部面向私人开放。在现实中，市场供给的公共产品主要是准公共产品，即具有一定外部收益，或者如果投资，由于行业的特性还容易发生垄断而引起资源效率下降的产品。这类产品，主要属于公用事业范围的水、电、煤气、城市公共交通以及电讯、邮政、铁路运输等。对那些可以较好地进行“选择性进入”的产品，甚至俱乐部产品，如付费后可以进入的音乐厅等，也可以由市场供给。

在理论上，只要公共产品存在生产的可分割性，通过一定的价格制度，使生产能够在边际效益等于边际成本（MR = MC）的资源配置的最优条件下，完成市场交易，公共产品的市场供给就是可能的。同时，在一定的技术条件下，如果通过市场定价的方式，能够将免费搭车者排除在公共产品的消费范围之外，公共产品由市场供给也是可能和必然的（当然还需要考虑市场交易成本和排他成本）。

3. 社区供给

社区是社会学的概念，源于拉丁语，本意是共同的东西或亲密的伙伴关系。社区研究起源于西欧，1871 年，英国学者梅因出版的《东西方村落社区》一书中，首先使用了“社区”这个名称。德国学者滕尼斯于 1887 年在《社区与社会》一书中，首先将“社区”的概念用于社会学研究，将“社区”表述为由具有共同价值取向的、同质的人口组成的关系密切、富有人情味的社会关系或社会团体。滕尼斯研究的社区的特征是：其成员对本社区具有强烈的认同意识，他们重传统、重情感，相互全面了解。

由此可见，社区是指聚居在一定地域范围内的人口所组成的社会生活共同体。社区占有一定的环境和自然资源，有一定数量的人口，有某种共同的行为规范、生活方式和社区意识，有紧密的社会交往，形成地域性群体，并有一定的正式和非正式组织。它包含以下四层含义：一是社区都有一个相对稳定、相对独立的地理空间；二是社区都有以特定社会关系为纽带形成的一定数量的人口；三是生活于该地域的人们具有地缘上的归属感和心理、文化上的认同感；四是社区的核心内容是社区中人们的各种社会活动及其互动关系。社区是国家的一个重要层级，其稳定和发展是国家和社会稳定和发展的基础。

关于社区供给，国外的论述已经很多。如布鲁贝克尔从偏好显示出发，形成了社区通过产前契约的方式提供公共产品的理论，并提出了关键人物提供公共产品的方式。斯蒂格利茨认为："在美国（和其他许多国家），公共经济活动是相当分散的，其中许多是由州政府和地方社区开展的。"[1] 速水佑次郎也认为发展中国家的经济体系，不能只是市场和国家的结合，而应该是包括社区在内的三个组织的结合。[2] 从理论上讲，社区的比较优势是在"地方性的"公共品供给上，其受益者被局限在本地。

因此，对于只限于社区居民消费的产品，出资者就应该主要是该社区的消费者，社区是这类公共产品的提供主体，是不同于政府和市场的公共产品供给主体。社区供给公共产品的特点在于它是基于生活聚居区的居民实际需要，由居民根据协商原则集资完成，因此，社区提供公共产品能够很好地弱化"搭便车"问题。对于一个社区来说，不能完全指望政府干预市场和弥补市场失灵，政府功能辐射对社区作用比较有限，必须要由社区自己弥补市场失灵和政府失灵。社区作为一个在这方面

---

〔1〕［美］约瑟夫·E. 斯蒂格利茨：《政府为什么干预经济》，郑秉文译，中国物资出版社 1998 年版。

〔2〕［日］速水佑次郎：《发展经济学：从贫困到富裕》，李周译，社会科学文献出版社 2003 年版。

能够有所作为，在规划布局、出资修路、铺设水电工程、兴办学校等方面能够发挥作用的组织，应该满足社区居民对这些公共产品的需求。

4. 自愿供给

公共产品自愿供给是公民个人或组织，以自愿为基础，以社会捐赠或公益彩票等形式无偿或部分无偿地筹集资金，直接或间接用于教育、体育、济贫等公益用途，并接受公众监督的一种模式。经济学中一般认为，由于存在“搭便车”行为，所以追求利益最大化目标的个人或厂商在寻找到合适的获利途径之前，不会主动提供公共产品。然而，目前在社会现实中，仍然有很多人，包括一些知名企业家、社会名流甚至普通老百姓都会自愿供给某些公共产品。据调查，美国家庭平均每年捐赠650美元，约占家庭收入的2%～3%，全世界每年都有数千亿美元被捐赠给慈善机构等。人们的利他主义情结、社会道德、集体成员间的相互影响等因素都促使了公共产品的自愿供给。中国历史上的宗族公益组织、宗教寺院的公益组织以及当前国内外普遍存在的志愿者行动，都可视为公共产品自愿供给范畴。

现实生活中，人们自愿供给公共产品主要有以下两点原因：一是为了实现个人效用最大化，获得心理上的满足。通过供给公共产品，供给者会得到社会的赞誉，这些赞誉会使其感到满足。二是为了避免使用公共产品时的拥挤。拥挤的公共产品会增加使用者的成本，当收益足以弥补私人供给公共产品的“损失”时，私人尤其是那些富有者也会愿意供给公共产品。自愿供给公共产品具有以下两个特点：一是自愿性。公共产品自愿供给完全是当事人的某种自愿行为，甚至可以理解为一种自发行为，所有的强制都与之无关。二是偶然性。自愿供给的发生具有偶然性，往往不需要经过某些固定程序（如政府供给中的预算和社区供给中的投票)，一般也不会被制度化（以法规的方式固定下来）。因此，我们一般不知道自愿供给会在哪里发生、什么时候发生，更不可能把它制度化、程序化。

5. 多元化供给

也可以称为混合提供，指提供公共产品时不局限于某一种方式，而是各种方式的有机结合。混合提供方式是提供公共产品的一个基本方式，属于这一方式供给的公共产品主要有教育、医疗、体育、广播、文化等，政府一般会通过补贴的方式参与这类公共产品的供给。

（三）公共产品供求的均衡分析

政府供给的公共产品的最优规模是多少？即公共产品的供给量和供给价格应确定在何种水平上，才能满足消费者的需求，使消费者效用达到最大化？公共产品的局部均衡理论首先回答了这个问题，它是先通过对私人产品的局部均衡分析，再分析私人产品与公共产品供给的区别，推导出公共产品供给的局部均衡。对私人产品的需求分析可以用图 1－1 来表示。曲线 DA 和 DB 分别代表个人 A 和 B 对私人产品的需求曲线，两条需求曲线不同，表明他们的收入或偏好不同。对于私人产品而言，由于个人 A 和 B 都是市场价格的接受者，在既定的价格水平下，每个人需求的产品数量各不相同，此时，私人产品的社会需求曲线 $DD = DA + DB$。假设给定社会供给曲线为 SS，那么均衡价

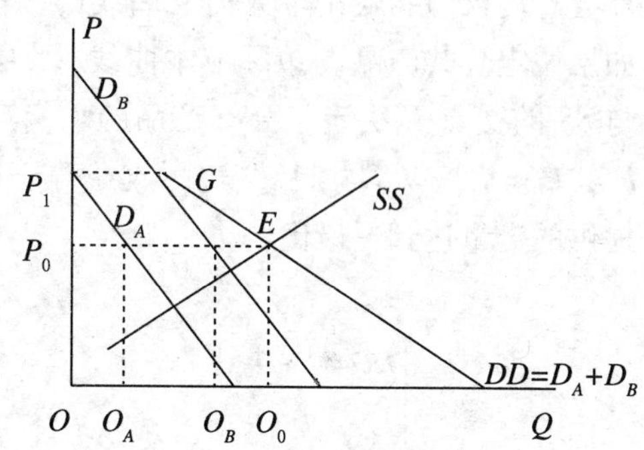

图 1－1 私人产品的最优供给

格 $P0$ 就在需求和供给相等的那一点 E 上。在该价格下，个人 A 的需求为 Q_A，个人 B 的需求为 Q_B，$Q_0 = Q_A + Q_B$。

公共产品的有效供给与私人产品有所不同。对公共产品的需求分析可以用图 1－2 来表示。曲线 D_A 和 D_B 分别代表个人 A 和 B 对公共产品的需求曲线。萨缪尔森称其为“虚假的需求曲线”，因为在实际生活中，个人不会表示他消费公共产品的边际效用是多少以及愿意付出的价格。由于公共产品具有非竞争性和非排他性的特点，它一旦被提供出来，每个消费者的消费量都是一样的，但不同个人对公共产品的效用评价则不同，也就是说每个人愿意支付的税收价格是不同的，这样，公共产品的社会总需求曲线就是个人需求曲线的纵向相加，$DD = D_A + D_B$。如果假定公共产品的边际成本曲线（供给曲线）是 SS，则 DD 与 SS 的交点 E 决定了公共产品的均衡产量为 Q_0，均衡价格为 P_0，$P_0 = P_A + P_B$，当社会边际收益等于边际成本时，公共产品提供的数量达到了最优。

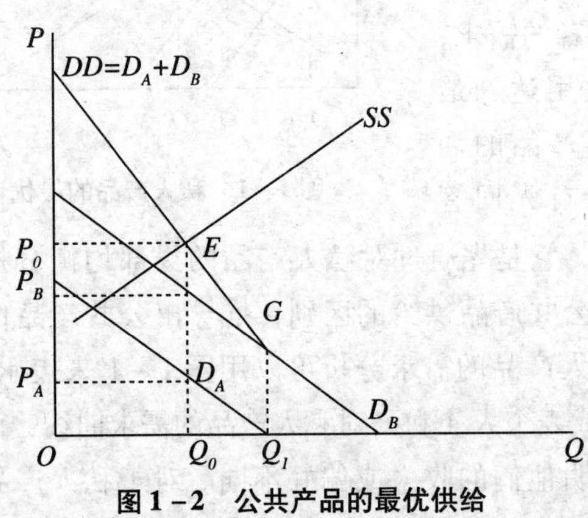

图 1－2　公共产品的最优供给

比较一下私人产品和公共产品最优供给数量的决定，可以看出，其基本相同点是都遵循 MR = MC 的原则，但是，它们还有一定区别。在私人产品最优供给数量的决定上，最优标准是每个消费者的边际利益等于边际成本；在公共产品最优供给数量的决定上，最优标准则是所有消费者的边际利益之和等于边际成本。

二、农村公共产品供给的基本理论

（一）农村公共产品的含义与特征

本书所要研究的农村公共产品是指在农村社区内的公共产品，它是相对于农村私人产品而言，用于满足农村公共需要，具有非竞争性与非排他性的社会产品。它一般是个体农民所不愿提供或提供不了，但又是社会和经济发展所必不可少的那些产品和服务，是全体农村居民共同利益的体现，如农村义务教育、农村公共卫生、大型水库、各种灌溉工程、农村道路等。农村公共产品是公共产品的一个组成部分，具有公共产品的一般特征，如效用的不可分割性、消费的非竞争性和受益的非排他性等。但由于我国农村经济社会发展和改革的特点，我国农村公共产品又有一些特殊性，具体表现在以下几个方面：

（1）多层次性。一方面，我国农村各地的经济发展极不均衡，从事不同产业和不同工种的农民，拥有不同的收入水平和不同的受教育程度，参照马斯洛的需求层次理论，其对公共产品的需求不同，这就决定了农村公共产品需求的多样性。如贫困地区，对道路、农田水利设施等农业基础设施的需求更为迫切；在解决了温饱正逐步迈向小康的地区，农民自身对教育的价值有了更为长远的认识，对教育的需求日趋多样化；而在实现了小康的富裕农村地区，则更侧重于追求文化娱乐设施和自我价值实现条件等高层次的公共产品。而且农村社区处于中国行政区划的最底层，农村社区的生产规模较小且经营分散，其本身具有边缘性和生产的分散性的特征，这又决定了乡镇以上各级政府提供的全国性或地方性公共产品都有覆盖到农村的可能，有些农村公共产品本身就是上级政府提供的公共产品的配套和延伸。因此，从覆盖范围的大小变化来看，农村公共产品也具有多层次性的特征。

（2）较强的正外部性。相对于城市公共产品而言，农村公共产品具有较强的正外部性。提供诸如农村道路、农村电网等公共产品，既优化了农村的投资环境，同时所产生的收入效应、消费效应和就业效应等，对启动农村消费、扩大内需和拉动经济增长也具有明显的作用。另外，农村公共产品的受益对象也不是封闭的，如大江大河治理和大型水利工程不仅能促进本地的水利设施建设，使本流域免受洪灾旱灾之苦，而且对全国的生态环境改善也大有益处；至于病虫害防治，如果不在本地得到控制，就会扩散到周边地区，造成大范围的损失。

（3）范围的相对外延性。由于农业是国民经济的基础并属于弱质产业、农民的贫困和农村的相对不发达，在城市中可以由个人或企业提供的一些产品，在农村却不得不由政府来提供，从而导致了公共产品提供范围的外延。典型的如在城市中，新技术、新产品的推广可能完全表现为企业行为，但在农村，农业新产品、新技术推广之初，由于农村居民对技术的信任度低，对新产品、新技术有一种排斥心理，造成新产品、新技术的市场需求不足，导致推广困难。但新技术、新产品对农业生产的全局具有战略意义，因此，这些农业新产品、新技术的推广往往需要政府出面来组织。

（4）低效性。从经济效益上讲，由于农村地域辽阔、农民居住分散，农村中的许多公共产品难以获得像城市公共产品那样高的回报。如农村道路、电网、电信系统的建设，由于投入大、利用率低，投资者靠征收使用费收回投资相对困难。但这些设施对农村社会、经济发展会产生巨大作用，而且农民有权获得均等的公共产品，即使经济效益低下，政府也应该采取措施提供。

此外，农村公共产品也具有相对性和动态性，所以不同的国家或地区在不同的历史时期，农村公共产品所包含的范围也就不同。如小型农业灌溉设施，在美国、加拿大等国家，是个人投资的内容，在我国当前一些经济发达的农村地区，也具有私人产品的性质；而对我国农村改革前的小农经济以及现在仍然落后的地区就构成了公共产品。

（二）农村公共产品的分类

农村公共产品的分类基本与公共产品的分类一样，有多种划分方法，但在实际生活中，一般更多地采用以下两种划分方式：

（1）根据在消费过程中的不同性质，农村公共产品可区分为纯公共产品和准公共产品。农村纯公共产品，是指在消费过程中具有完全非竞争性和非排他性的产品，典型的有农村基层政府（县乡级）行政服务、农村综合发展规划、农村信息系统、农业基础科学研究、大江大河治理、农村环境保护等。农村准公共产品，是指介于纯公共产品和私人产品之间，在消费过程中具有不完全非竞争性和非排他性的产品，主要包括：①在性质上接近纯公共产品的准公共产品，如农村义务教育、电力设施、小流域防洪涝设施、农业科技成果推广、公共卫生、社会保障等；②一般准公共产品，如农村高中（职高）教育、水利设施、医疗、道路建设、文化馆等；③在性质上近乎私人产品的准公共产品，如农村电信、电视、成人教育、自来水等。后两类准公共产品在相当程度上又可视为俱乐部产品。与城市公共产品相比，农村公共产品的明显特征是纯公共产品少、准公共产品（俱乐部产品）多，并且界限相对模糊，政府提供与否的收缩性较大。

（2）从受益和供给范围划分，农村公共产品主要可以分为全国性农村公共产品、地方性农村公共产品和社区性农村公共产品。全国性农村公共产品的受益范围分布于全国，主要包括全国性的农业气象服务、农业基础研究、大型农田水利工程、农业科技信息、国家农业发展政策和规划等；地方性农村公共产品仅限于特定地域空间的农村公共产品，由全国和农村社区之间的各个不同层次地方政府范围内的农村公共产品所构成，通常包括省、市、县和乡镇各层次政府管辖范围内的公共产品；社区性农村公共产品主要指具体的农村社区内部的农民个体不能解决，或解决后效率低、成本较大的公共产品，如农村社区内的灌溉设施、农田道路和农业生产设施等。

（三）农村公共产品供给机制

1. 农村公共产品的政府供给

典型的农村纯公共产品如农村社会治安、农村环境保护、农业基础科学研究、大江大河治理等，在供给中经常会存在搭便车问题。奥尔森在《集体行动的逻辑》一书中认为，集团越大，个人提供公共产品的消极性就越强，搭便车的潜能越大。“在集团中，没有任何个人的贡献能对作为一个整体的集体产生可感觉的影响，除非存在强制或某种外部诱导，否则集体物品肯定不会被提供。”[1]农村公共产品的政府供给就是政府通过正常的税收收入或者国有资产投资收益来为农村公共产品负担相应成本，它直接反映了政府的政策选择，同时也代表着政府

〔1〕 参见［美］曼瑟尔·奥尔森：《集体行动的逻辑》，陈郁等译，上海三联书店、上海人民出版社1995年版。

提供农村公共产品的耗费支出。[1]具体来讲，政府供给农村公共产品有两种模式：

（1）政府直接供给或生产公共产品，这种情况下政府既是农村公共产品的供给者也是生产者。政府可以通过国有企业直接生产供应所需的公共产品、直接经营某些基础设施与基础产业。政府直接生产公共产品，是政府进行社会资源配置的重要手段，对纯公共产品和一部分准公共产品的生产，是最优的选择。政府直接生产公共产品，一般是通过设立公共部门，公共部门生产什么，如何生产，生产出来的物品如何分配等一系列问题全由政府来决定，公共部门只负责执行。当然在很多情况下，由政府直接供给的物品或服务在提供过程中也需要社区（村集体）组织的配合，如低保户和特困户的报批以及钱物的发放等都由村委会来协助完成。

（2）政府利用市场间接供给公共产品。政府利用市场供给公共产品的方式之一就是政府购买。政府通过合约将公共产品的生产委托给私人企业，可以看作是政府向私人企业购买某产品，当然这种购买不同于一般的买卖关系，它是以政府与企业签订合约为前提的。除这种购买以外，政府还可以从市场上直接购买产品而不需提前签订合约。如政府可以直接购买市场上的商品，分配给贫困者。方式之二是政府经济资助，即当政府考虑到某些公共产品的社会收益与私人收益之间不对称时，会有选择地对提供这些公共产品的企业通过立法、财政补贴和行政限制等手段给予经济资助，以确保其提供对全体公民有效的公共产品。由政府资助的一个重要领域就是教育。在西方国家中，义务教育主要由政府承办，其他高等教育和职业教育中有

〔1〕方银水："中国农村公共产品的规范化政府提供模式研究"，厦门大学2008年博士学位论文。

一部分由私人承办，政府着眼国家利益，对私立学校给予一定的资助。为了鼓励私人企业向偏僻的农村社区提供必要的公共产品，政府也会采用补贴的办法来吸引投资者。如政府对私人承包荒山或沙漠给与一定的经济资助。在智利，政府采用了补贴拍卖法来解决这个问题。[1]

2. 农村公共产品的市场供给

在中国，随着改革的深入，私人也已经开始涉及公共产品的供给领域。张曙光指出，自改革开放以来我国大量公共事业由民间私人经营，尤其是最近几年，民办学校、私人诊所、私人公路掀起一波又一波的公用事业民营化浪潮[2]。我国政府采购制度改革从试点初创到全面实施，采购规模、采购范围继续扩大，大型建设项目如道路修建、市政设施等也逐渐向私人开放。内地有的省市甚至开始对一些重要路段的高速公路、农村的一些基础设施的投资权进行公开招标，给予一定的使用年限。当前在我国，农村公共产品的市场供给模式主要有以下几种：

（1）市场力量完全独立供给。一些具有排他性的农村公共产品可根据市场制度自主调节供给与运营，政府只需作适当的引导和校正。比如电力、电信等领域早已实行政企分开，将原有部门进行了公司制改造，使其走向市场化。电力公司、通信公司等企业出于盈利目的而供给了一部分农村准公共产品，并通过向消费者收费的方式收回成本。

还有就是私人供给公共产品，是指在没有政府介入和强制的情况下，私人为了盈利而自愿供给公共产品的情形，这种供给模式实质是市场供给的典型形式，即公共产品的投资、生产

---

〔1〕 雷晓康："公共物品提供模式的理论分析"，西北大学2003年博士学位论文。

〔2〕 参见张曙光：《探究心灵》，郑州大学出版社2004年版。

以及修缮由私人来单独完成，私人拥有所有权并通过收费收回投资。如农村私人医疗诊所、私人投资的幼儿园、小型水利设施等，这些都是由村民自己付费，主要由市场供给的。在这样一些领域，都是实行“谁使用谁付费”的原则。

（2）政府利用市场供给。即对公共产品的市场供给，政府给与一定的支持、扶持和补贴。相当多的公共产品特别是排他性较弱的公共产品，其供给很难通过项目本身获得利润，或者要经过很长时期后才能实现盈利，这时生产者就面临很大的风险。于是政府在公共产品的供给过程中和私人或市场形成了某种联合，通过经济资助的形式鼓励市场力量提供该公共产品，资助的形式主要有补助津贴、优惠贷款、税收减免等。政府经济资助的主要领域有科学技术、环境保护、教育、卫生保健等，如政府补贴私人治理沙漠、购买农用机械等。

3. 农村公共产品的社区供给

（1）农村社区概述。在经典社会学家眼里，农村是典型意义上的社区，通常是因自然地域形成的“地缘型”社区或相对封闭的“小区型”社区。在传统社会里，人们聚族而居、世代繁衍，自然的历史传承性、地域性、血缘和亲缘性是其共同的特征。在我国，农村社区也可称为“乡村社区”，是指以地缘为纽带、以农业生产为基础，基本由同质性劳动人口组成的社会结构简单、人口聚居程度不高、人口密度较低，是具有一定自然、社会经济特征和功能相对完整、独立的社会单元体系。我国农村社区通常以村民的最大聚居点为中心，并由这个中心辐射到社区边缘，其基本形式是村庄。我国农村社区基本上与行政机构对应，自然型社区较少。行政村是一种最基层的、数量最大的、涉及范围最广的民间组织，可以是一个自然村，也可以由几个较小的自然村组成，均设有自治组织——村委会，有利于协调一致地推行某项国家政策，能够动员起社会各方面的力量。本书中的农村社区，主要指从事农业生产的村民委员会所辖范围内的行政村和自然村，简单说也可以称之为村集体。

中国农村社区是农民从事农业生产和聚居的地方，除进行经济活动外，也进行政治、文教、风俗与社会活动，具有鲜明的特点。一般意义上的传统农村社区具有以下几个特点：①基本是自给自足的自然经济，居民以从事农业生产为主要谋生手段，经济活动简单，呈明显的季节性；②组织结构、经济结构单一；③居民血缘、地缘关系密切；④生活方式、风俗、道德受传统势力影响较大，乡村观念较强，传统文化积淀较深，家庭在生活中起重要作用；⑤熟人社会。社区成员异质性低，社会流动性小；⑥社区服务设施、物质条件等相对落后；⑦经济、文化、技术相对落后，人口素质比较低。但这些传统特点并不能完全从现代农村社区中反映出来〔1〕。我国农村社区是历经漫长的农业社会而形成的，具有较高的结构刚性和很强的体系柔性。即使战乱纷飞和朝代变革，农村社区也始终以较为稳定的结构和自然发展体系存在。在长期的农业生产和生活中，农村社区形成了独特的乡土文化和精神，这些都主导或影响着中国农村社会的发展。

（2）农村公共产品的社区供给。现实中很多农村公共产品，都是由农村社区集体供给的，即由村集体组织负责提供。在农村社区，一些公共产品由于仅存在于社区里，是居民的必需品，相对封闭，这些产品一般只能靠社区集体提供。提供多少、提供的质量以及提供时机主要由农村社区居民公共选择来决定，居民代表讨论、村民大会投票或者社区精英决策，都是社区供

〔1〕 陈万灵：“社区研究的经济学模型——基于农村社区机制的研究”，载《经济研究》2002 年第 9 期。

给公共产品的制度。这种供给方式在产品的适用性和生产效率等方面有自己独特的优势，主要有以下三种方法：

第一，社区完全投资直接生产。对于村级范围内的、与农民的生产和生活密切相关的公共产品，如村内道路的维护、沟渠的疏通与修缮、村民之间矛盾的调解等，由社区组织供给，成本更低、效率会更高，主要应由农村社区组织来负责提供。社区可以通过各种方式筹集资金，如村集体企业收入、土地承包费、外部捐助等，然后组织兴建公共产品，并不需要国家或农民出资，兴建起来的公共产品由村集体负责维护。

第二，社区和社区居民共同筹资兴建。这类产品主要是村级公共产品。如过去农民每年交纳的“三提五统”，用于村内农田水利基本建设、兴办集体福利事业、农村办学、计划生育、优抚、民兵训练以及农村交通。经济贫困的社区多采取集体摊派——如劳务摊派或以工代赈，共同承担公共产品的供给成本。当前的“一事一议”制度供给公共产品也属于这一类型。

第三，社区与私人的联合供给。指社区与私人通过有条件的联合来提供公共产品。社区可给予私人一些优惠政策如提供场地等，私人就可以以较低的价格来提供社区公共产品；或者社区从私人那里购买一定量的公共产品，再提供给社区成员等。另外，在富裕社区还可以由企业资助，对农田基本建设项目、路桥建设等费用进行补贴，以满足社区某些共同的利益。

4. 农村公共产品的自愿供给

在我国农村有一些个人自愿供给公共产品的情形，甚至形成了供给一些简单公共产品的习俗，把修桥、补路、办学校等誉为“积德”之事。在我国，农村公共产品的自愿供给主要有以下两种方式：

（1）私人自愿供给。私人自愿供给中的一种是出于自利目的，为方便自己消费而供给某种公共产品，如有钱人为自己修建的道路，利己同时他人也可以“搭便车”。其主要目的是为避免公共产品使用时的拥挤而愿意提供仅为个人消费的公共产品，但一些公共产品提供出来后，他人也可以搭便车。在公共产品供给短缺的情况下，人们往往会对提供这些短缺公共产品的个人或组织给予很高的社会评价，这一点正好迎合了企业宣传自己的需要。很多精明的企业家会选择通过供给农村某些急需的公共产品的方法来提升自己的社会形象，促进其产品或服务的销售。另外一种是完全出于利他目的而供给公共产品，如向“希望工程”捐款，甚至私人直接投资生产一些公共产品，如道路等。

（2）非营利组织提供公共产品。“非营利组织”（简称NPO）或被称为“非营利部门”（也被称为第三部门、慈善部门、自愿部门等），是指和公共部门、私人部门相对而言的另一部门，是通过志愿制度提供公共产品的各种非政府组织、非营利性的民间组织等，具有组织性、自愿性、自治性和非利润分配性等特征。相对政府而言，它是自愿性的社会互助组织。“在向社会提供公共产品方面，非营利组织的作用表现为草根性、灵活性和高效率。”〔1〕非营利组织作为对政府供给公共产品不足的有力补充，近二十年来发挥了积极的作用。非营利组织供给公共产品可以弥补政府失灵和市场失灵，为农村经济发展提供优质的产品。在亚非拉各国，以社区为基础的“草根组织”在诸多领域里为改善本地居民的生活质量做出了积极的贡献，这些领域包括改善卫生条件、提供清洁的饮用水、保护环境、普及基础教育、救助弱势群体等。〔2〕这些组织的资金来源主要

---

〔1〕 何增科：《公民社会与第三部门》，社会科学文献出版社2000年版。

〔2〕 王绍光：《多元与统一：第三部门国际比较研究》，浙江人民出版社1999年版。

依赖于各种社会捐款。社会各界、私人或企业通过将款项捐赠给非营利性组织，然后由其出面供给公共产品，这是一种完全出于利他目的的自愿供给。

三、公共产品供给研究综述

（一）国外研究综述

以亚当·斯密、约翰·穆勒、庇古、萨缪尔森、奥尔森等为代表的经济学家都认为，由于公共产品的非排他性与非竞争性，通过市场方式实现排他是不可能的或者成本是高昂的，并且在规模经济上缺乏效率，从而导致市场失灵，因此，大部分公共产品应该由政府提供。但以科斯、戈尔丁等为代表的经济学家却提出了相反的看法，认为市场也可以供给公共产品。另外，还有一些学者从社区供给、自愿供给及多元供给角度提出了自己关于公共产品供给的观点。

1. 政府供给

亚当·斯密在《国富论》中就曾这样论述："君主的义务，首在保护本国社会的安全……这种义务的施行……随着社会进步的过程，初则在战时由君主出钱维持，后则在平时亦由君主出钱维持不可。……君主的第二个义务，为保护人民不使社会中任何人受其他人的欺侮或压迫，换言之，就是设立一个严正的司法行政机构。……君主或国家的第三个义务就是建立并维持某些公共机关和公共工程。这类机关和工程，……就其性质说，设由个人或少数人办理，那所得利润决不能偿其所费。所以这种事业，不能期望个人或少数人出来创办或维持。……凡有利于全社会的各种设施或土木工程，如不能全由那些最直接受到利益的人维持，或不是全由他们维持，那么，在大多数场合，不足之数，就不能不由全社会一般的贡献弥补。”〔1〕从中可以看出亚当·斯密认为诸如司法机构、国防等以及一些公共工程应该由政府提供。约翰·穆勒在其著作《政治经济学原理》中认为在“一般性职责”情形下，即有关保护居民生命、人身和财产安全的法律制度的各项规定，以及作为自由放任制度先决条件的国家安全，(政府）可以适当活动；除此之外，“在很多情况下，政府……还可以行使权力来执行某些职责。之所以如此，仅仅是因为这有助于给公众提供便利”，他列举的例子包括铺路、道路照明、修建海港、灯塔和堤坝。他还写道：“没有人会出于自身利益动机来修建灯塔，除非可以从政府的强制性税款中得到补偿和收益”。〔2〕1932 年，庇古在其《福利经济学》中提到，私人建造灯塔的收益远远低于社会的收益，所以政府建造灯塔是必要的。〔3〕保罗·萨缪尔森在其《经济学》教科书中也表达了类似的观点。他认为：“灯塔操作人很难从那些受益人那里以购买价格的形式收费这一事实无疑会有助于使灯塔成为一种适合的社会或公共物品，而且灯塔的光芒帮助每一个能见到它的人。一个牟利的厂商不会去修建灯塔以赚取利润，因为除非克服巨大的困难，否则该厂商是无法从每一个灯塔利用者那里索取价钱的。这肯定是一种由政府自然地承担的活动。”〔4〕因此，政府被认为是有义务为公众提供公共产品的组织。

奥尔森的集体选择理论为这一观点提供了实证上的进一步

〔1〕［英］亚当·斯密：《国富论》，唐日松译，华夏出版社 2005 年版。

〔2〕［英］约翰·穆勒：《政府经济法原理》，金镝、金熠译，华夏出版社 2009 年版。

〔3〕［英］亚瑟·赛斯尔·庇古：《福利经济学》，金镝译，华夏出版社 2007 年版。

〔4〕［美］保罗·萨缪尔森、威廉·诺德豪斯：《经济学》（第 12 版），高鸿业译，中国发展出版社 1992 年版。

佐证。1965年，奥尔森在其《集体行动的逻辑》中指出：一个国家首先是一个为其成员——公民提供公共物品的组织。[1]斯蒂格利茨也认为，在大多数社会成员都愿意自觉遵守现行法律的前提下及私人厂商自愿（与政府）签署合同的条件下，政府有足够的理由和能力干预社会经济生活。[2]奥茨在《财政联邦主义》一书中，为地方政府的存在提出了一个分权定理：“对于某种公共产品来说——关于这种公共产品的消费被定义为是遍及全部区域的所有人口的子集的，并且，关于该物品的每一个产出量的提供给他们各自的选民，则总是要比由中央政府向全体选民提供任何特定的并且一致的产出量更有效的多。”[3]美国经济学家特里西也认为：“中央政府与地方政府所管辖的居民之间的距离阻碍了信息的有效、及时传递，因此，中央政府在提供公共产品中面临的不确定性就大，理论上就应当要求地方自治来实现社会福利的极大化。”[4]萨缪尔森也认为：“一种地方公共物品（如公园或图书馆）可以在地方一级上被有效地提供出来，那些提供给全国的公共物品（如国防或基础科学）的方案更可能在国家一级被有效率地设计出来。”[5]无论是集权还是分权，他们也都主张应该由中央政府或者地方政府来供给公共产品。

斯蒂格利茨也认为在一些相当严格的限制性假设下，竞争

---

〔1〕［美］曼瑟尔·奥尔森：《集体行动的逻辑》，陈郁等译，上海三联书店、上海人民出版社1995年版。

〔2〕［美］约瑟夫·E. 斯蒂格利茨：《政府为什么干预经济》，郑秉文译，中国物资出版社1998年版。

〔3〕［美］华莱士·E. 奥茨：《财政联邦主义》，陆符嘉译，译林出版社2012年版。

〔4〕See Ricard W. Tresch, *Pbulic Finance*, Business Publications, Inc, 1981.

〔5〕［美］保罗·萨缪尔森、威廉·诺德豪斯：《经济学》（第12版），高鸿业译，中国发展出版社1992年版。

性的地方公共产品均衡（如果存在的话）是有效率的；但更一般地，竞争性的地方公共产品均衡在社区个人分配、社区数量、提供的公共产品的水平和种类方面是无效率的。在一些地主或房东控制公共部门的社区，被提供的公共产品的水平和种类可能是不正确的，而且也是被没有效率地供给。相反，在一些租户控制公共部门的社区，在供给公共产品方面就没有效率激励。不仅不是每一个竞争性均衡都是帕累托最优，而且也不是每一个帕累托有效率的分配都能通过竞争性地方公共产品均衡来维持，提供公共产品的分权制度的优点也可能被极大地低估了。

2. 市场供给

灯塔常常因为被看作是（纯）公共产品的典型例证，长期以来被认为必须由政府来提供。但是科斯从经验的角度得出的结论却是与众不同的，他认为私人建造灯塔比政府更有效率。科斯在其经典论著《经济学上的灯塔》中指出，从 17 世纪开始，英国的灯塔一直由私人提供，并且不存在不充分供给的情况，政府的作用仅限于灯塔产权的确定和行使，管理灯塔的机构是领港工会——一个对公众负责的私人组织。“这些灯塔由私人建造、管理、集资和所有，所有者可把这些灯塔卖出或作遗产处理，政府的作用仅限于灯塔财产权的建立与执行。……但是建造灯塔的费用仍是来自于从过往船只收取的‘灯塔费’，而非一般的税收”。〔1〕科斯在这篇论文中旨在说明灯塔的私人收费是可能的。“科斯的灯塔”表明，即便是纯粹的公共产品由私人提供不仅是可能的，而且是更有效率的，从而在经济学界第一个反驳了公共产品只能由政府垄断的传统经济学观点，为人们建立起公共产品供给可以甚至应该引入市场制度的信念。

〔1〕 参见［美］罗纳德·H. 科斯：《论经济学和经济学家》，罗君丽、茹亚骢译，格致出版社 2010 年版。

与科斯的观点相似，德姆塞茨提出，在能够排除不付费者的情况下，公共产品可以由私人企业有效提供，并进一步认为，对于持有不同偏好的不同消费者，可以通过价格歧视的方法来对不同的消费者收费。〔1〕戈登·塔洛克也认为，没有什么产品或服务是由其内在的性质决定它是或者不是公共产品，存在的只是供给产品或服务的不同方式，即“平等进入”（公共产品可由任何人免费消费）和“选择性进入”（消费者只有满足一定的约束条件才可以消费），通过排他性技术可以把不付费者排除在外。〔2〕能否实现“选择性进入”关键在于技术水平是否能够达到，以及公众是否具有这样的意识。因此，戈登·塔洛克认为产品或服务采用何种方式供给应取决于排他性技术和个人偏好的多样化。可以看出，德姆塞茨和戈登·塔洛克是从技术的角度从理论上提出了私人供给公共产品的可能性。布坎南对美国农业社区的研究也表明，在收入水平提高的情况下，俱乐部产品可以通过私人集团化生产的方式提高其生产效率。萨瓦斯的研究更进一步表明，没有任何逻辑理由可以充分证明垄断性质的公共产品必须由政府机构来提供，而摆脱政府公共产品低效率和资金不足困境的最好出路，是通过积极实行公共产品的民营化，建立起公私机构之间的竞争。〔3〕甚至，亚当·斯密在《国富论》中也曾这样论述：“一国的教育设施及宗教设施，分明是对社会有利益的，其费用由社会一般收入开支并无不当。可是，这费用如由那些直接受到教育利益和宗教利益的人支付，

---

〔1〕参见［美］哈罗德·德姆塞茨：《关于产权的理论》，盛洪译，北京大学出版社2003年版。

〔2〕参见［美］戈登·塔洛克：《公共选择——戈登·塔洛克论文集》，柏克、郑景胜译，商务印书馆2011年版。

〔3〕［美］E. S. 萨瓦斯：《民营化与公私部门的伙伴关系》，周志忍译，中国人民大学出版社2002年版。

或者由自以为有受教育利益或宗教利益必要的人自发地出资开支，恐怕同样妥当，说不定还带有若干利益”。[1]

3. 自愿供给

实验经济学证明，人们在一定条件下，会产生合作倾向而不全是“搭便车”。以丹尼尔·卡尼曼和弗农·史密斯为代表的实验经济学家，证明了公共物品自愿供给的存在。乔·B. 史蒂文斯在其《集体选择经济学》一书中，对非营利性行为下的公共物品由私人自愿供给行为用奥尔森的理性选择方法及霍克曼和罗杰斯等人的利他主义动机进行了解释。[2]克里夫·兰德曼在他1995年提交给普林斯顿大学的博士学位论文中，将利他主义细分为功利主义（高度利他主义）、部分利他主义和混合利他主义——功利主义者把全部的外部性都考虑在本人的效用函数中，他们不会“免费搭车”；而部分利他主义和混合利他主义说明，人具有“经济人”和“道德人”的两面性，人们既有可能出于利己的动机而“免费搭车”，也可能出于利他动机将他人福利纳入自己的效用函数中，或在自愿供给公共产品过程中获得自我满足的效用。[3]利他主义将利己与利他两者结合起来，不仅可以说明不图回报的公共产品的自愿供给（功利主义），对有激励措施的公共产品的自愿供给（部分利他主义和混合利他主义）也有一定的解释力。

理性选择分析认为，人们主动资源提供公共产品的动力在于获得某种私人品或选择性激励。非纯利他注意模型假定，人

---

〔1〕［英］亚当·斯密：《国富论》，唐日松译，华夏出版社2005年版。

〔2〕参见［美］乔·B. 史蒂文斯：《集体选择经济学》，陈昕译，上海人民出版社1999年版。

〔3〕Cliff Landesman，“The Voluntary Provision of Public Goods”，http://www.no－nprofits.org/parlor/acknow/landesman/vpopg.huml.

们的捐赠行为会给捐赠者个人带来某种利益。例如在慈善晚会中，富人捐钱有很大一部分原因是出于获得名誉和声望的考虑。从公共物品与私人物品联合生产的角度解释自愿捐赠，人们贡献公共物品的原因在于同时可以消费私人物品而获得效用。例如人们在慈善商店购买东西，既为公共物品捐赠了金钱，同时又消费了私人物品，获得了效用，这种解释其实也可看成是一种非纯利他主义模型。奥尔森还注意到人们有时为了获得声望、尊敬、友谊以及其他的社会和心理目的而进行捐赠〔1〕；贝克尔则认为慈善捐赠明显会受到人们渴望避免被他人瞧不起或接受社会认可等因素的影响。〔2〕

4. 社区供给

奥尔森在其1965出版的《集体行动的逻辑》一书中，曾论述“组织的实质之一就是它提供了不可分割的、普遍的利益，一般来说，提供公共或集体物品是组织的基本功能”。这里的组织也可以包括社区。1975年，布鲁贝克尔从偏好显示出发，详细论证了契约前的排他性可以在社区范围内解决搭便车问题，构建了社区通过产前契约方式提供公共产品的理论，并提出了关键人物提供公共产品的方式。奥斯特罗姆的研究表明，自愿的、以社区为基础的契约安排同样能够提供解决公共资源管理的办法。〔3〕斯蒂格利茨认为，“在美国（和其他许多国家），公共经济活动是相当分散的，其中许多是由州政府和地方社区开展的。……因此，和企业里的竞争一样，社区里的竞争也发挥

〔1〕［美］曼瑟尔·奥尔森：《集体行动的逻辑》，陈郁等译，上海三联书店、上海人民出版社1995年版。

〔2〕参见［美］加里·贝克尔：《人力资本理论》，郭虹译，中信出版社2007年版。

〔3〕［美］埃莉诺·奥斯特罗姆：《公共事务的治理之道：集体行动制度的演进》，余逊达、陈旭东译，上海三联书店2000年版。

着相同的作用，它不仅确保了公共物品得以有效地供应，而且在公共物品的数量和种类上也更符合公众的要求”。〔1〕蒂布特则认为，人们为使自己的效用最大化，总想在全国范围内寻找地方政府所提供的公共产品与所征收的税收之间的最佳组合，当他们在某地发现这种组合符合自己的效用最大化目标时，他们便会聚集在这一辖区内进行生活和工作，并接受和维护该辖区地方政府的管理。这个过程就是所谓的“以足投票”。蒂布特写道：“正如我们可将（地方公共产品）消费者看作是走到一个私人市场上购买物品一样……我们将它置于走向一个社区的位置上，社区服务价格（税收）是在这种社区确定的。消费者不可能回避显示其在一个空间经济中的偏好。”〔2〕通过人员自由流动的竞争，就能达到如在市场上选购私人产品一样的效果，可以形成数量和质量最优的地方公共产品。蒂布特“以足投票”模型强调了个人或者社群可以从一个管辖区向另一个管辖区移居，这样社区（地方）公共产品的供给就可以达到最佳水平。

5. 多元化供给

亚当·斯密在《国富论》中曾说过：“这类公共工程的费用，似乎不必在通常所谓国家收入项下开支。……例如，在大多数场合，公路、桥梁、运河的建筑费和维持费，都可出在对车辆船舶所收的小额通行税；港湾的建筑费和维持费，都可出在对上货卸货船只所收的小额港口税。……凡利在一地一州的地方费用或州区费用（例如为特定城市或特定地区支出的警察费），当由地方收入或州区收入开支，而不应由社会一般收入开支。……维持良好道路及交通机关，无疑是有利于社会全体，

〔1〕［美］约瑟夫·E. 斯蒂格利茨：《政府为什么干预经济》，郑秉文译，中国物资出版社1998年版。

〔2〕参见曹荣湘：《蒂布特模型》，社会科学文献出版社2004年版。

所以其费用由全社会的一般收入开支，并无不当。不过由最直接受这费用利益的人负担，社会一般人的负担就要减轻许多了。一国的教育设施及宗教设施，分明是对社会有利益的，其费用由社会的一般收入开支并无不当。可是，这费用如由那直接受到教育利益或宗教利益的人支付，或者由自以为有受教育利益或宗教利益的必要的人自发地出资开支，恐怕是同样妥当，说不定还带有若干利益。”〔1〕从中可以看出，亚当·斯密对公共产品也有多元化供给的思想。

美国财政学家哈维·罗森提出，公共产品的公共提供和私人提供的选择取决于相对工资、材料成本、行政管理费用、偏好的多样性和分配问题。即使在产品有公共提供的情况下，在公共生产和私人生产之间也必须进行选择，决定公共还是私人生产哪种方式更有效率的关键因素是市场环境。哈维·罗森进一步认为私人品不一定完全由私人部门提供，公共品也可由私人部门来提供，由公共部门来提供并不一定意味着应由公共部门来生产这些产品。〔2〕美国政治经济学家文森特·奥斯特罗姆认为：“每一公民都不由一个政府服务，而是由大量的各不相同的公共产品产业所服务。……大多数公共产品产业都有重要的私人成分。”〔3〕

（二）国内研究综述

1. 公共产品供给机制

一种观点认为公共产品具有非排他性、非竞争性特征，政

〔1〕［英］亚当·斯密：《国富论》，唐日松译，华夏出版社 2005 年版。

〔2〕参见［美］哈维·罗森：《财政学》（影印版）（第 6 版），中国人民大学出版社 2003 年版。

〔3〕［美］文森特·奥斯特罗姆等编：《制度分析与发展的反思——问题与抉择》，王诚等译，商务印书馆 2001 年版。

府供给公共产品比私人供给更有效，由私人提供公共产品会造成资源配置缺乏效率。孙开认为公共产品的非排他性和非竞争性特征、免费搭车和交易成本诸因素的存在，决定了企业这一市场主体提供公共产品的不可行性（起码是低效性），而政府能够凭借其政治权力，通过强制性的征税，来解决非排他性和消费上的非竞争性问题，可以比追求利润最大化的企业更有效地提供公共产品。〔1〕方福前认为公共物品大都是由政府负责生产和组织供给的，因为由私人提供公共物品会造成资源配置缺乏效率。卢现祥认为由政府提供公共产品是因为由私人提供无法收费，或者说无法克服“搭便车”现象。〔2〕上述几位学者都主张政府是公共产品的主要供给者。但是，目前仍然坚持这种完全由政府供给公共产品观点的学者已经比较少了。

另一种观点认为，应努力寻求政府、市场和社会在公共产品供给领域的均衡点，通过技术创新解决排他问题，引入市场机制，将准公共产品供给问题转化为私人产品的供给问题。仲伟周对地方公共产品只由政府供给提出质疑，并相应提出地方公共产品私人供给和社团供给的可行性和制度安排。〔3〕仲伟周认为现实生活中，如果一种公共物品的供给能够惠及很多人，同时这种公共物品的供给费用又相当高昂，由政府提供此类公共物品会更有效率。相反，如果一种公共物品的受益范围有限，国民又有着多样化、柔软性消费公共物品的愿望和需求，将此类公共物品交与市场或者集团组织会更能实现最佳供给。〔4〕卢

---

〔1〕 孙开：“公共产品学说与分级财政理论”，载《山东财政学院学报》1999年第4期。

〔2〕 卢现祥：“我国体制研究趋势”，载《经济与信息》2003年第10期。

〔3〕 仲伟周：“论公共产品的私人供应”，载《当代经济研究》1999年第8期。

〔4〕 仲伟周：“论公共产品的私人供应”，载《当代经济研究》1999年第8期。

洪友认为从公共产品的内涵与外延看，单一的政府机制或市场机制以及单一的公共部门或私人部门，在公共物品供给过程中均存在失灵问题，有效率的制度安排应当是政府与市场复合调节，公共部门与私人部门混合生产。[1]黄恒学认为现代市场经济体系中公共产品的提供是多元的，政府、社区、私人企业、第三部门、国际组织都可以提供，国家是公民表达对公共物品的偏好和追求全社会福利最大化的有效机制，市场是个人表达对私人产品的偏好和实现个人福利最大化的有效机制，社区是居民表达对半公共产品（俱乐部产品）需求和实现社区福利最大化的有效机制。但国家、市场、社区在功能上均存在有限性，超出自身功能范围就会失灵，因而三者应互相结合。[2]樊丽明认为公共产品供给通过三种机制实现：政府供给、市场供给及自愿供给。但这三元供给框架中，纯公共产品由政府提供，市场供给不可能介入，自愿供给的补充十分有限；准公共产品领域，可以由私人部门参与提供，但在许多情况下和环节中，政府还必须发挥私人部门供给以及两部门联合供给等多元化方向发展。刘诗白也认为公共产品的生产和提供要发挥机构、团体、社区，特别是政府职能；公共产品生产形式多种多样，但都是根植于市场体制之中，通过多种方式利用商品关系和市场机制，搞好政府与市场力量相契合，由此提高公共产品生产效率和实现节约；把公共产品生产和运用市场力量对立起来的观点是错误的，而由政府包揽公共产品生产和纯粹用行政手段来组织公共产品生产等做法是不对的。[3]

---

〔1〕卢洪友：“中国公共产品供给制度的缺陷分析”，载《财政问题研究》2002年第5期。

〔2〕黄恒学：“论中国政府管理的WTO化”，载《中国经济快讯》2002年第23期。

〔3〕刘诗白：“市场经济与公共产品”，载《经济学家》2007年第4期。

从以上观点不难发现，公共产品是“市场失灵”的主要原因，也是经济学家用来证明政府干预合理性和有效性的经典例证。但是，不可否认的是公共产品供给也存在“政府失灵”，所以，公共产品不能成为政府排斥市场的借口，公共产品的生产和提供也不能长期游离于市场之外。因此，笔者较为赞同第二种观点，认为公共产品的供给应该是在政府主导的前提下，充分发挥市场、社区和私人的潜能，在政府供给、市场供给、社区供给和自愿供给之间建立起有效的选择机制与互补机制。

2. 农村公共产品供给机制

一些学者认为，由于农村公共产品固有的非排他性的特征，农村公共产品由政府提供常被视为理所当然，农村公共产品的供给基本限定在政府层面。但是，随着公共产品供给机制研究的深入和拓展，多数学者注意到了农村公共产品供给主体的多元化。如张军、何寒熙从制度经济学角度，运用制度变迁的理论分析了农村公共产品在改革后的诱致性变迁，认为农村制度的变迁影响着农村公共产品供给制度的变迁。在这种背景下，国家不再是公共产品的唯一供给者，农村公共产品的供给可以由政府和私人共同承担，并得出农村公共产品供给的三种不同的方式和主导模式：即政府主导模式、民间合作模式及私人模式。[1]张军、蒋琳琦考察了农村公共产品供给制度变迁的成本因素，分析了农村公共产品供给制度能否实现及其不同实现方式的条件。认为农村公共产品供给制度首先由政府供给向政府主导型变迁，而当经济和社会有了一定的发展，私人供给模式和民间合作模式就会应运而生，其中成本是阻碍创新的重要因

〔1〕 方福前：“经济人范式在公共选择理论中的得失”，载《经济学家》2001年第1期。

素。另外，张军、蒋琳琦还通过对中国浙江绍兴地区的实地案例调查发现，局部公共产品的有限外溢性孕育了中国农村社区解决地方公共产品供给不足的制度安排。认为随着农村公共产品供给制度的“诱致性变迁”，在中国的农村社区，政府、企业、农户在农村公共产品供给中扮演着不同的角色，乡镇企业成为社区公共产品供给的主要贡献者，私人和集体供给公共产品的举措受到了政策的鼓励，但地方政府仍是公共产品供给的组织者。黄志冲认为，在农村改革前，政府在我国农村公共产品供给中占主导作用。刘银喜、任梅依据公共产品理论和公共产品本身特性，从公共产品的受益空间、公共产品非排他性和非竞争性的相关度两个层面进一步论证公共产品多元化供给的可能性和公共产品供给主体的确立原则。[1]邢建国指出当所有公共产品供给均由政府部门承担时，公共产品供给规模及生产效率将难以实现帕累托最优；而公共产品私人供给方式的形成，有利于通过市场信号引导消费者的消费选择。因此，从公共产品投资效率改进来看，即使在纯公共产品范畴内，私人企业的进入或许不失为一种理性的政策选择。所以，公共产品供给模式可以由政府部门供给转向由政府和集体统一提供。改革后，这种政府供给机制不复存在，尤其是分税制后，农村公共产品的供给主体已不再是国家。而作为农村公共产品供给主体的县、乡政府，由于财政紧张，对农村公共产品的投入锐减。政府固然要提供农村公共产品，但农民和其他社会成员也可以进行生产和提供。因此，黄志冲认为，必须从公办民助、民办公助等方面创造新的农村公共产品供给机制，并对如何创造新机制提

〔1〕 刘银喜、任梅：“治理理论与公共产品的相关性探析”，载《中国行政管理》2006年第9期。

出了若干政策建议。[1]方辉振认为由于农村公共产品的基础性、效益的外溢性特征以及农村经济发展相对于城市的落后，因而必须强化政府在农村公共产品供给中的主导责任。[2]方银水通过建立一个生产函数绩效分析框架，进行计量经济分析，得出政府农村公共产品提供的顺序首先是农业科技投入，其次是农村扶贫支出，第三为农业综合开发等。[3]

另外一些学者认为，根据农村公共产品的不同属性和层次，农村公共产品供给机制应该是多元化供给主体以及不同主体间的相互合作形成的供给体系。赵丙奇认为应明确界定中央与地方政府提供公共产品的责任和范围，受益范围遍及全国的公共产品，由中央提供；而受益范围主要是地方的公共产品，则由相应层次的地方政府提供；具有外溢性的地方性公共产品则由中央政府和地方政府或各个受益的地方政府共同提供；对于部分准公共产品可以采用政府与市场混合的方式来提供。[4]熊巍认为公共产品的提供方式可以有多种：政府供给、私人供给、政府与私人共同供给。我国现行农村公共产品的供给体制是政府与私人（村集体组织）的混合供给。[5]由于农村公共产品的基础性、效益的外溢性，决定了政府应该是农村公共产品的供给主体，并且，各级政府提供农村公共产品的职责有着合理的

---

〔1〕 黄志冲："农村公共产品供给机制创新研究"，载《现代经济探讨》2000年第10期。

〔2〕 方辉振："农村公共产品供给：市场失灵与政府责任"，载《理论视野》2007年第8期。

〔3〕 方银水："中国农村公共产品政府提供结构的有限序研究"，载《理论与改革》2008年第1期。

〔4〕 赵丙奇："农村负担与农村公共产品供给"，载《经济问题探索》2002年第11期。

〔5〕 熊巍："我国农村公共产品供给分析与模式选择"，载《中国农村经济》2002年第7期。

分工。而且，要实行多元化的农村公共产品供给机制：农村纯公共产品供给责任应由政府承担，对于农村混合产品的提供方式要视其外部效益的大小来决定。陈永新认为要按照公共产品的类别、层次，确定城乡各类公共产品的供给主体，科学合理地划分各级政府提供公共产品的职责范围。要明确区分政府与农民各自承担供给责任的公共产品类别、范围，合理划分二者在公共产品成本支出上的责任界限。〔1〕国家应根据农村公共产品的不同性质，建立中央、省、乡、农民四位一体的农村公共产品供给体制，全国性公共产品应由中央政府提供，地区性公共产品应由地方政府提供，而社区性公共产品应由社区提供。同时还应该引入市场机制，开拓筹资渠道，积极鼓励民间资金投向农村公共事业，以拓宽农村公共产品筹资渠道，形成公共产品供给主体多元化格局。张秀生、柳芳、王军民也认为不应由农村社区的村民自治组织充当农村公共产品的主要供给主体，而应实行城乡一体化的公共产品供给体制，加大对农村公共产品的投入力度。〔2〕程又中、陈伟东论述了国家在农村公共产品供给中的角色与地位，认为将财政分配模式与公共产品分类模型结合起来，将界定筹资主体与定位功能边界结合起来，合理定位中央政府、地方政府、社区组织的功能边界。〔3〕两人认为根据现行财政收入分配模式，应确定三种不同的供给主体模式：中央政府是资本密集型产品供给主体，地方政府是技术密集型产品供给主体，社区组织和村民是劳动力密集型产品的供给主体。

---

〔1〕 陈永新：“中国农村公共产品供给制度的创新”，载《四川大学学报（哲学社会科学版）》2005 年第 1 期。

〔2〕 张秀生、柳芳、王军民：“农民收入增长：基于农村公共产品供给视角的分析”，载《经济评论》2007 年第 3 期。

〔3〕 程又中、陈伟东：“国家与农民：公共产品供给角色与功能定位”，载《华中师范大学学报（人文社会科学版）》2006 年第 6 期。

还有一些学者注意到了农村公共产品供给中出现的自愿供给。王绍光认为非营利部门绝不是无关紧要的，而是对中国的社会经济发展具有极大的意义。在市场和政府双双失灵的情况下，民间非营利组织可以拾漏补缺，提供一些公共物品。[1]李秉龙、张立承通过对中国贫困地区农村公共物品供给的研究，提出积极推动农村公共物品供给主体多元化改革，应建立财政、第三部门和农户三位一体的农村公共物品供给模式，缓解县乡财政作为农村公共物品单一供给主体的支付压力。[2]这是因为，在市场经济建立过程中，筹集公共产品生产和建设资金的环境发生了很大变化，因此，农村公共产品应实行多主体投资，可供选择的渠道、途径和手段也应该是多样的。李华认为我国农村公共产品的供给机制包括政府供给、市场供给和自愿供给三种方式。但是由于农村公共产品本身的经济属性、农村的低收入水平、分散化的经营方式等原因导致农村公共产品的供给采取以政府为主导的供给模式。[3]冯海波认为农村税费改革使地方基层政府面临着空前的财政压力，在这种情况下，农村公共物品的供给主体必须多元化，即由以往政府单一供给主体转变为政府、第三部门、私人等多元供给主体；而且公共物品的生产可由政府直接组织生产，也可由私人生产。[4]程蹊、陈全功认为，在多层代理和财政约束下，中央和地方政府均无法有效供给和管理农村公共品；同时，由于农村薄弱的市场经济和偏

〔1〕 王绍光："有效的政府与民主"，载《战略与管理》2002 年第 3 期。

〔2〕 李秉龙、张立承："中国贫困地区县乡财政不平衡对农村公共物品供给影响程度研究"，载《中国农村观察》2003 年第 1 期。

〔3〕 李华："城乡公共产品供给均等化与转移支付制度的完善"，载《财政研究》2005 年第 11 期。

〔4〕 冯海波："财政紧约束条件下的农村公共物品供给策略选择"，载《经济体制改革》2006 年第 1 期。

远的地理位置，以及私人资本趋利本性，决定了农村公共品供给和管理中的市场失灵。相反，建立在农户间相互信任基础上的村组社区，可以自我供给和管理小社区急需公共品，并且得到实践证明。所以，应鼓励和支持农村村、组社区发展，强化其新角色，汇聚政府、市场、社区力量，共建和谐的社会主义新农村。〔1〕符加林、崔浩、黄晓红通过对声誉理论的分析发现农户的声誉不仅能给农户带来直接效用，还具备信息效应与资本效应，对农户参与农村社区公共物品供给博弈的均衡路径产生重要影响。基于声誉损益的考虑，由农户自愿供给农村社区内的公共物品会是一个有效的结果。〔2〕

另外一些学者对农村公共产品供给体制的改革提出了自己的见解。叶兴庆对农村公共产品供给体制的形成、现行供给体制运作、农村公共资源筹资制度等进行了分析，认为现行的农村公共产品具有制度外供给、自上而下的决策机制、分摊机制具有累退效应等特点，并认为改革应统筹考虑制度内、外的成本分摊，更新农村公共产品供求的衔接机制，建立统一的、规范化的农村公共产品资源筹集制度。〔3〕雷原从增加农村公共产品的有效供给和减轻农民负担的目的出发，提出了改革农村公共产品决策制度与农村公共资源筹集制度的新思路：自下而上的决策机制和“费”改“税”。〔4〕王国华、李克强建议重新构

〔1〕 程蹊、陈全功：“农村公共品的供给与管理：社区角色定位”，载《中南民族大学学报（人文社会科学版）》2007 年第 5 期。

〔2〕 符加林、崔浩、黄晓红：“农村社区公共物品的农户自愿供给——基于声誉理论的分析”，载《经济经纬》2007 年第 4 期。

〔3〕 叶兴庆：“论农村公共产品供给体制的改革”，载《经济研究》1997 年第 6 期。

〔4〕 雷原：“农民负担与我国农村公共产品供给体制的重建”，载《财经问题研究》1999 年第 6 期。

造农村公共产品的供给体制，增加政府投资，激活民间资本供给公共产品。[1]在国家财政对农村公共产品的制度供给比例持续提高的情况下，为逐步减轻农民税费负担，应同时促进农民和其他民间主体对各种公共产品的供给，形成乡村公共产品的政府制度供给、农民适当缴费摊派的制度外供给（即农村社区公共产品的“一事一议”制度）以及民间主体的市场供给等多元供给格局。陈永新认为应该改变现行的自上而下的决策机制，建立一套自下而上的需求表达机制，充分反映各地区农村、农民对各种公共产品需求程度的差别。要加大政府投入，尽早实现公共产品供给的城乡平衡、平等。[2]冯海波认为在乡村社会的多重委托代理关系下，由于农民作为委托人不能对政府行为进行有效约束，形成了“供给主导”型的农村公共物品供给决策体制，客观上造成了农村公共物品供给和需求的错位。而要想实现公共物品的有效供给，则必须改变现行的农村公共物品供给决策体制，即由“供给主导型”向“需求主导型”转变。[3]方辉振也从减轻农民负担的角度提出了改革现有供给体制的具体做法：改变公共产品的供给决策方式，建立农村公共产品需求的民主表达机制；改变公共产品单纯依靠基层政府供给的不合理体制，建立主体多元化的供给体制：建立与事权相适应的财政支持和成本分摊机制；改变重城市、轻农村的支出

---

〔1〕 王国华、李克强：“农村公共产品供给与农民收入问题研究”，载《财政研究》2003 年第 1 期。

〔2〕 陈永新：“中国农村公共产品供给制度的创新”，载《四川大学学报（哲学社会科学版）》2005 年第 1 期。

〔3〕 冯海波：“财政紧约束条件下的农村公共物品供给策略选择”，载《经济体制改革》2006 年第 1 期。

政策，向城乡提供均衡的公共产品服务。[1]方银水认为创新农村公共产品供给体制应从识别公共产品供给决策机制和需求决策机制入手，建立有效的公共决策配置机制，充分尊重广大农民的需求意愿，保证供给的有效性。[2]赵丙奇认为就农村公共产品供给机制来说，政府往往认为自己是当然的供给主体，并且存在政府财力上移的趋势，必然导致供给权限的上移，结果很容易导致效率损失。因为政府特别是层级越高的政府，在农村公共产品的供给中，由于信息不对称问题的存在，会导致公共产品供给与需求的不对称，同时，项目申报和评审机制也难以避免寻租行为的产生。[3]在此分析基础上对未来政策选择进行简要讨论，提出应当用“政府筹资、民间供给”的新的筹资和供给机制解决税费改革后农村公共产品供给问题。

3. 简要评价

在对国内外相关文献进行梳理之后，笔者发现，国内外理论界对农村公共产品供给问题的研究存在着明显的差异。国外有关经济学、公共经济学等著作中，已经形成了相当完善的公共产品理论体系，对公共产品及其供给研究相当成熟，但专门就农村公共产品进行研究的则并不多见。这可能是由于在国外尤其是经济学研究水平很高的发达国家，工业化和城市化过程基本完成，而且不存在二元的社会结构，城乡之间的分割不像我国这样分明，公共产品供给在城乡之间的差异不如我国这样明显，农村公共产品问题已不是社会的主要问题，所以也就很

---

〔1〕 方辉振：“农村公共产品供给：市场失灵与政府责任”，载《理论视野》2007年第8期。

〔2〕 方银水：“中国农村公共产品政府提供结构的有限序研究”，载《理论与改革》2008年第1期。

〔3〕 赵丙奇：“农村负担与农村公共产品供给”，载《经济问题探索》2002年第11期。

少有农村公共产品和城市公共产品之分。在国内，关于公共产品研究大多都是在国外学者研究的基础上进行的，结论也都大同小异。但是，当前讨论农村公共产品供给问题的文献相对较多，研究视角也具有多样化的特征。国内关于农村公共产品的研究与国外学者的通常做法有很大不同，我国学者对农村公共产品供给机制的研究，有一些分别论证了政府供给、市场供给、自愿供给和社区供给机制；但大多都是从多元化角度出发，认为农村公共产品应同时采用多种机制共同供给，即公共产品的供给应该是政府供给、市场供给和自愿供给共同发生作用。这种研究方式的不足之处在于没有具体指明这几种供给模式的主次之分及相互之间的协调问题，同时对农村公共产品社区供给的论述很少，而且相关研究也没有形成全面、系统的理论体系。

第二章
我国农村公共产品供给机制的历史演变

一、人民公社时期的农村公共产品供给

在建国初期的特定历史条件下，我国广大农村进行了轰轰烈烈的土地改革，一度确立了农民对土地的私有产权。但这种私有产权结构既不符合现实生产力的发展要求，也不符合我国占支配地位的意识形态所界定的制度选择——建立公有制国家。因此中国共产党在全国按照自己的政治意识理念组织号召农民积极参与声势浩大的社会主义政治经济运动，强力推行乡村改造，建立了全国范围内的全新乡村基层组织。这一过程经过互助组、初级社、高级社的一系列试验和 1958 年的人民公社化运动，我国农村进入计划经济体制下社会主义集体化时代——人民公社时期，实现了中国农村政治结构、经济结构、文化结构前所未有的变迁。1949 ~ 1956 年间，农村集体经济尚未建立，以分散的小农经济为主要支撑，农村和农业的投入基本上来源于农户本身，各方面都处于低水平运营时期。随着 1956 年社会主义改造的完成，农业集体化制度在农村地区的建立，特别是 1958 年在全国各地以乡为单位普遍成立人民公社，确立了较高级的社会主义集体农作制度。1962 年 9 月中共八届十中全会通过的《农村人民公社工作条例修正草案》（简称“农业六十条”）规定：“农村人

民公社是政社合一的组织，是我国社会主义社会在农村中的基层单位，又是我国社会主义政权在农村的基层单位。”以条例形式确定了人民公社实行“政社合一”的组织管理制度，实行“生产资料归公社、生产大队和生产小队所有，经济核算以队为基础”的所有制结构，使生产队或生产大队是政权实体，也是经济组织，农民的劳动成果归集体所有。人民公社时期农村公共产品的供给在相当程度上是通过集体强制动员和行政拨款来实现的。

（一）人民公社时期农村公共产品供给的需求表达

“三级所有、队为基础”的集体所有制原则，是人民公社计划经济体制下农村政治经济制度的主要特征。公社集农村一切政治、经济和社会事务管理的大权于一体，对所属的生产大队和生产队实行严格的行政化管理，建立起有效的行政管理系统，能够调动绝大部分农村人力、物力和财力。生产大队和生产队，还是公社政权的基层机构，是政府权威和组织能力直达农户的基层机构。农村人民公社又是社会主义政权在农村社会组织的基本形态，公社党委会和它下面的总支部、支部是中国共产党在农村中的基层组织，在农村工作中居于领导核心，这样严密的组织形式下农村社会与中国共产党、人民政府紧密地连接在一起。从农民角度人民公社制度的确立，使自古以来生产和生活都以个体或家庭为单位的个体经营转为集体统一经营，不再是典型的个体经济，自由散漫惯了的中国农民身份也发生了翻天覆地的变化，由附着于土地的“个体的人”变成社会主义人民公社集体所有制下的“社会的人”和“国家的人”。高度集体化体制下农民没有经济的自主权，在生产中丧失了对生产资料的所有权以及由此带来的剩余索取权，甚至对自身拥有的劳动力也失去了支配权。农民利益单一，农民身份体现了高度的同质性，所以在公共产品的需求方面，积极性和主观能动性缺失，既缺乏对自身利益的表达意识，也很少有需求的差异。计划经济体制下政治顺从型政府使公社能够对其辖区所有经济活动进行统一规划和管理，农民对公共产品的需求就由人民公社或生产大队代为统一表达出，体现的是政府集体的需求偏好。集体利益高于个体（农民）利益是许多决策的出发点，所以农民或称为社员偏好和产权被忽视，只能无意识的完全被动的、无多少好恶的接受集体安排，没有自身的需求表达。

（二）人民公社时期农村公共产品供给的决策

人民公社建立了集生产资料所有权、使用权、收益权、处置权为一体的公有产权形式，实行高度集中的管理方式。在完全计划经济条件下，国家对农村全面深度控制。以土地集中为基础统一规划和安排干预生产经营内容，国家和集体几乎控制了农村中全部的物质资源和人力资源，所有的生产和农民的日常生活都只能按照已制定好的计划进行。农民作为集体劳动组织的成员，实际上是在集体劳作中以出售劳动力来换取自己和家人生活的必需品和“工分”，“工具性”明显，因为虽然是“国家的主人”，但他们在公共决策中处于失语境地。农村公共产品的供给由各级政府及其职能部门根据他们的政治、经济理性自上而下地作出决策，统一组织、安排，但公共产品的供给有逐级上报政府有关部门批准计划的环节，说明意见的形成具有自下而上的群众基础。但最终生产公共产品所需的生产要素、公共产品的投向和使用方式都只能通过政府的计划安排获得和解决，是典型的自上而下的供给决策，农民自身决策、市场作用基本被排斥在外。

（三）人民公社时期农村公共产品供给的筹资

人民公社时期，在国家计划安排中国防、外交等全国性的纯公共产品以及一部分跨区域的农村公共产品由中央政府统一提供，如公路、大型水利设施等，其他公共产品几乎全部供给责任由公社（包括下属的生产大队、生产小队）承担。农村财政管理体制在人民公社体制下几经变迁，1958 年人民公社化运动，取消了 1953 年以后一些地方陆续建立起来的乡镇财政，实行“财政包干”的管理办法，1962 年又被统收统支所取代，公社财政取消，1970 年一些地方公社财政又得以恢复，实行不同形式的财政管理体制。农村公社财政的资金来源于国家预算收入、地方预算外收入和公社社有收入三大项。国家预算收入，包括商业企业收入、公社税收的农业税、工商税、工商所得税、屠宰税以及其他收入的罚没收入等，一般采用“定收定支，收入上缴，超收分成，节余留用”的体制。地方预算外收入，包括农业税附加、工商税及工商所得税附加，实行县财政规定的“收入定任务，支出定范围，比例分成，一年一定”的办法。人民公社时期生产资料归集体所有，只给社员保留少量“自留地”，禁止社员从事任何个体经营性活动，压缩社员家庭副业，以及当时农村不发达的经济发展水平，致使税收是非常有限的，故人民公社国家预算内收入、地方预算外收入筹集的公共资源远远不能满足需要，而公社财政供给公共产品的职责通常仅针对公社一级，生产队和生产大队两级公共产品的项目支出大部分自我承担。可以说整个计划经济时期农村公共产品制度内供给不足状态明显。公社社有收入，包括公社企业利润及折旧基金上交、社办事业收入、生产大队的部分公积金上交及公社其他收入，公社社有收支按公社集体经济财务进行管理。通过以上分析，当时农村社区公共产品供给的筹资渠道除了公社财政外，主要依靠各级集体组织所筹集的资金，也即制度外筹资。制度外筹资与人民公社的分配制度密切相关。公社的分配制度实行供给制和工分制相结合，在工分制下，制度外公共产品的成本按两种方式分摊，物质成本由公积金和公益金支付，人力成本以增加总工分数、从而降低工分值的方式加以弥补。因此，对公社时期的制度外公共产品筹资的分析可从两方面进行：一是制度外公共产品物质成本的分摊。公社时期用于制度外公共产品物质费用的，包括管理费、公益金和公积金的一部分。由于公社制度框架中的分配程序是先扣除各项费用，再确定个人分配，因此从物质成本分摊的角度讲，公社所提供的制度外公共产品对社员个人而言是一个外生变量，决定制度外公共产品供给水平的主要因素，是政府的指令。二是制度外公共产品人力成本的分摊。公社时期制度外公共产品生产的最显著特征是大量使用劳动力，并成功地使用人力资本，劳动对资本的替代达到了无与伦比的程度。以工分进行分配的分配体制使得集体可以在需要时，决定提取公积金和公益金的比例用于村社公共事业的建设，这种资金筹措方式非常高效，并且由此给农民造成的负担是隐性的和间接的[1]。表 2－1 表明在人民公社时期集体组织在农村社区公共产品的供给中发挥着重要的作用，农村社区公共产品的制度外供给占有非常重要的地位。

表 2－1　人民公社时期主要农村公共产品的筹资渠道

公共产品项目	供给主体	筹资渠道
社队兴办的小型农田水利工程	人民公社	凡是社队有能力全部承担的，应自筹解决；对困难社队，国家给予必要补助
所有水利工程	国家、人民公社	新中国 30 年兴修的水利工程，国家总投资共 736 亿元，而社队自筹及劳动积累，估计达 580 亿元

〔1〕 林万龙：《中国农村社区公共产品供给制度变迁研究》，中国财政经济出版社 2003 年版，第 56 页。

续表

公共产品项目	供给主体	筹资渠道
教育部门举办的农村中小学	国家	国家预算支出为主，社区集体支出一部分，个人需承担少部分
公社卫生院	人民公社	实行“社办公助”，主要依靠公社集体经济力量
大队卫生所	生产队	几乎完全靠集体经济投资和维持
公社范围内的农业事业单位	国家、人民公社	国家财政预算内经费及公社社有资金
公社文化和广播事业	人民公社	公社社有资金为主，国家预算内支出适当补助

资料来源：《人民公社财政与财务管理》编写组：《人民公社财政与财务管理》，浙江人民出版社1981年版；程漱兰：《中国农村发展：理论与实践》，中国人民大学出版社1999年版；朱玲等：《经济转型与社会发展》，湖北人民出版社2000年版；林万龙：《中国农村社区公共产品供给制度变迁研究》，中国财政经济出版社2003年版，第53～54页。

（四）人民公社时期农村公共产品的生产和管理

人民公社本身“政社合一”的政治经济共同体本质，“三级所有、队为基础”的原则使农村公共产品的生产和管理主体是农村集体经济组织。人民公社可以无偿平调其下属单位人员、资金和物资，人民公社、生产大队、生产小队能够采用行政命令的方式组织动员农民参与农村公共产品的生产，如由公社或大队组织农民自己建设道路、水利设施、乡村学校以及进行土壤改良等。投劳所需的人工，大部分是义务的，仅有一小部分能得到工分报酬，由于这部分工分报酬数额较小，对社队来说几乎没什么经济负担。并且当时社队政治特征是集体利益高于一切，农村社区几乎所有的生产与生活资料归是社队的，“所有社员是一家”，广大社员具有高涨的革命热性和积极性、凝聚力，所以政府对动员社员从事农村公共产品生产具有极大的权威。人民公社集体经济组织既是农村公共产品的生产者也是管理者。农村公共产品的生产和管理制度具有“自我承担”、“自我生产”和“自我管理”的特点。

总体来看，人民公社时期的宪法秩序——集体控制的产权结构，决定了政府既是农村公共产品供给的决策者，也是农村公共产品的生产者和管理者，也决定了农村公共产品制度内和制度外双重筹资方式的产生和存续，此种供给是人民公社时期农村公共产品供给的有效保证，并为以后的农业生产经营奠定了物质基础。人民公社建立了组织比较健全、功能基本完善、低层次的农村公共产品体系。由政府动员并组织劳动力承担灌溉、防洪、水土改良等劳动密集型项目中，亿万农民自力更生、艰苦奋斗、战天斗地，把参加“农田基本建设”当作政治任务来抓，使农村公共产品的供给水平在新中国成立后 30 年持续上升。在其他领域，农村教育空前发展，一度形成大队办小学，公社办初中、高中的格局，民办教师大量涌现。农村学龄儿童的入学率和升学率攀升。

二、家庭承包制时期的农村公共产品供给

家庭承包制是20 世纪70 年代末期在中国农村推行的一项重要的改革，也是现行农村的一项基本经济制度。具体说家庭承包制是指农户以家庭为单位向集体组织承包土地等生产资料和生产任务的农业生产责任制形式。其基本特点是在保留集体经济必要的统一经营的同时集体将土地和其他生产资料承包给农户，承包户根据承包合同规定的权限，独立作出经营决策，并

在完成国家和集体任务的前提下分享经营成果，一般做法是将土地等按人口或劳动力比例根据责、权、利相结合的原则分给农户经营。家庭承包制的确立是诱致性变迁的成功典范，无论从制度变迁方式还是从供给内容，意义重大。

（一）家庭承包制时期农村公共产品供给的需求表达

20 世纪 70 年代末，在我国农村逐步确立了以家庭承包制为主的农村经济体制。家庭承包制成为我国农村主体土地经营形式，是对农地产权制度的重新安排，使得人民公社时期“三级所有、队为基础”财产占有方式转变为集体和农户共同占有的方式，集体和国家主导一切的状况得到改变，使农户成为新的农村微观经济主体，作为市场的主体一方，有自己独立的生产经营权、劳动自主权和剩余索取权，解决了农村经济发展中的利益主体问题，是对人民公社时期“国家全面控制农村各项资源产权”宪法秩序的改进。农民个人和家庭在农村经济社会生活中恢复了主体地位，成为自主的生产经营者。农村经济体制改革确立农户独立的经济利益，调动了农民及其家庭的生产积极性，极大地促进了农业生产力的发展。据有关专家根据生产函数的估计，1978～1984 年的农业总产值，以不变价计算，增加了 42.43%，其中 46.89% 来自家庭承包责任制实行所带来的生产率的提高。随着农业生产率的提高，农村居民财富迅速增长，基本消费水平有了明显攀升，农民对公共产品的主动性需求也显性增多，原来高度同质化的农民群体开始分化并表现对公共产品需求的差异性以及多样化趋势。但分散的农户在需要提供公共产品需要的资金时，由于涉及不同经济主体，往往会从自身经济利益考虑，存在“搭便车”的心理。这种情况下农民个体没有能力和缺乏动力去发起组织有效谈判，达成契约完成公共产品的供给。即使勉强达成了契约，执行也很困难。从一定意义上说家庭承包制下的村民委员会能够承担这一职责，村民委员会是我国农村村民依法自治管理本村经济和社会事务的基层民主制度，是村民自我管理、自我教育、自我服务的基层群众性自治组织，组织成员在组织内能够自由的沟通，发表自己的看法、主张和要求。按照《村民委员会组织法》其主要职责是：举办和管理本村的公共事务和公益事业；组织实施本村的建设规划，兴修水利道路等基础设施，指导村民建设住宅；依法调解民间纠纷，协助维护本村的社会治安，向人民政府反映村民的意见要求和提出建议等。村民委员会作为一种组织中介，本应该能够真正了解组织成员的利益需求，平衡协调各个体利益的关系，使个体农民利益表达群体化、农民群体利益表达一致化。但村民委员会在职能演进过程中，过度地被组织化，成为乡镇政府的执行机构，具备了准政府的功能，无法抵制乡镇政府自上而下的强制安排，使农民对社区公共产品的意愿难以表达，甚至有时还走到了农民的对立面，关闭了农民利益诉求的有效通道。

从基层政府来看，基层公权恣意扩张，漠视农民利益表达。不可避免地会对农民的各项权益形成侵害。如一些基层政府机构甚至执法部门高高在上，脱离群众，对农民反映的意见批评以及涉及农民利益的各种问题冷漠、冷淡视之，不予回应。甚至有时对表达自身权益的农民态度粗暴、施加压力，致使农民的公共产品的消费偏好无法表达、无处表达。另外，政府的行为表现出明显的赢利性和企业化趋势，其出发点往往是利益和政绩。政府官员通过对不同的决策规则和制度做出最有利于自己的反应，下达的各项达标、升级任务，在公共产品供给方面只提供一些能为自身带来利益的产品。这种状况下农村公共产品供给不是由乡、村社区内部的需求决定，而是由社区外部的指令决定，由农村基层政府官员的政治、经济需要决定。

（二）家庭承包制时期农村公共产品供给的决策

从法理的角度讲，农民作为农村公共产品的需求者、消费者、实际成本支付者，需求意愿最应得到尊重，决策的流程应该是从个体农民到村民委员会再到乡镇政府的自下而上的程序。家庭承包制时期仍是高度行政化的社会管理体制，农村公共产品供给的决策不是通过自下而上的民主做法，而是根据领导者的意愿、需求来供给农村公共产品和通过行政命令方式确定农村公共产品的供给内容，无法体现农民对公共产品供给的价值偏好。尤其在市场化改革进程中，规制的不完备，行政化的公共决策易发生“寻租”行为，即领导层利用职权获取控制权收益，以及机会主义和“搭便车”的问题。农村基层政府在政绩考核和经济利益驱动下，已成为既垄断权力又追求利益的行为主体，在财政资金的约束下他们关注的目标是个人职务升迁、权力范围扩大以及在职消费提高等。在公共产品供给方面倾向于提供能够为自己带来仕途升迁资本的公共项目或能够提供更大权力支配的公共项目。因此大多数现实情况是，其行为目标和农民追求的目标冲突，各级政府的实际决策中农民是失语的，农民被排斥在公共项目决策、运作和监督之外。我国县乡政府部门将确定的经济发展硬指标层层分解，下达县、乡和村，再由村将每一项指标落实到每个农民身上。而经济发展指标中涉及的农村公共产品的供给总量、供给结构和供给程序更是习惯由乡镇及乡镇以上组织以政策规定的形式下达，不仅带有很强的指令性，而且对不同类型、不同条件、不同发展水平的地区经常是按统一要求执行[1]。来自于社区外部与农民不具有切身

〔1〕张珺：《中国农村公共产品供给》，社会科学文献出版社2008年版，第79页。

利益的官员决策，难以反映农民的偏好，无法保证产出的公共产品适合农村各地的实际需求。而且不会和农民一样进行精细的计算以保证公共资源使用有效性，导致农村公共产品供给效率低下。

（三）家庭承包制时期农村公共产品的筹资

从人民公社到家庭联产承包，是集产权于一身的集体经营到产权分离的包干到户的变迁，产权制度变革引发了国家与农民之间分配关系的变化。“交足国家的，留足集体的，剩下的都是自己的”，形象地明晰了承包制后国家与农户的分配关系。由于农民使用的是集体的土地，随着土地使用权的转移，农户取代原生产队成为农业生产经营的主体，被转嫁了上交国家农业税的任务、缴纳提留款的义务以及承担人民公社时期由集体以工农产品剪刀差形式向国家所缴纳的暗税。因此，国家与农民的分配关系不仅表现农业税负、提留款、剪刀差上，还有一种更为重要的形式——制度外筹资方式〔1〕。因为农村收支情况表现为制度内财政所能筹集到的税收以及乡镇企业上缴的利润与庞大的农村公共开支相比，短缺明显，补足方式只能继续沿用人民公社时期制度外筹资手段，因此，这一时期农村统筹资金制度应运而生。承包制后公共产品资金制度外筹集主要来自农村劳动力分摊的“三提五统”和“两工”，通过农民投资和投劳形式实现低限度的公共产品供给，国家层面上主要通过政策对公共产品供给进行调控。

乡镇政府取代人民公社，按《宪法》规定其职责是：“领导本乡的经济、文化和各项社会建设，做好公安、民政、司法、文教卫生和计划生育等工作。”乡镇政府职责范围几乎涵盖了农

〔1〕 李华：《中国农村：公共品供给与财政制度创新》，经济科学出版社2005年版，第66页。

村社会生活的各个方面，乡镇财政相应成为农村公共产品筹资的主体。随着改革的不断深入，中国的经济结构和社会结构都发生了深刻变化，农业经济逐渐丧失比较优势，国家经济重心发生转移。乡镇政府税收的调节制度进一步弱化，农村的财政力量大为衰减，乡级财政不可能全部承受得了履行庞大的职责所需要的费用以及供给农村公共产品的重责。增加农村乡镇财力制度外的收入来自乡镇企业上缴利润和管理费、乡镇政府按照国家规定征收的其他收入、各种罚没收入等，其中主要的是国家明令允许的“五统筹”，即乡镇政府可以就办学、计划生育、优抚、民兵训练和交通这五项公共事业所需费用在全乡统筹。这五项公共产品的成本负担，没有被纳入公共收支的范畴，而由农民税外承担。1994 年开始的分税制改革，导致各级政府之间混乱的财权事权关系随着市场经济的发展而更加突出，乡镇财政缺口逐渐扩大，职能逐渐退化，并且由于缺乏强有力的财政预算约束制度，各级政府支出无度，造成了大量的财政资源浪费，使农民越发承受着与实际享有公共产品不匹配的沉重负担。中央财政上收财权、下放事权，基层财政顾及公共产品的供给的余力更为有限，为了弥补财政缺口，1995 年颁布的《国务院关于加强预算外资金管理的规定》公开承认了制度外筹资制度，使农民负担直接化、公开化。

村民委员会是村民的自治组织，有向本村村民提供社区服务和公益事业等公共产品的义务。作为社区代表，村民委员会承担着土地的某些统一经营或管理职能，如在承包合同中由集体承担的义务的履行和集体权益的维护、农业公共设施的改造、管理和服务的供给，土地使用权的分配、监督和调整等，在实际上演变为乡镇政府的派出机构，成了不是一级基层政权的一级政权。家庭承包制后，不仅“三级所有、队为基础”的经济组织结构消失，而且三级经济组织转变为各自独立的经济实体。村级组织作为独立的经济实体，财务收支不在国家公共收支范畴，用于村一级维持或扩大再生产、兴办公益事业和日常管理开支的各种费用，因而由村民自我承担。通常是公积金、公益金和管理费等“三项提留”或“村提留”。公积金用于农田水利基本建设、植树造林、购置生产性固定资产和兴办村集体经济，公益金用于五保户供养、特别困难户补助、合作医疗保健以及其他集体福利事业，管理费用于村干部报酬和管理开支。村提留既是集体统一经营的经济基础，又是村级公益事业的物质基础，属于村级组织提供的公共产品的农民分摊的成本。

乡、村两级组织除向农民分摊公共产品的货币成本外，还以活劳动的形式向农民分摊公共产品的部分人力成本，这就是义务工和劳动积累工。农村义务工主要用于植树造林、防汛抢险、公路建筑、修缮校舍等。

（四）家庭承包制时期农村公共产品的生产和管理

在行政体制上，我国实行中央政府、省级政府、地方政府、县、县级市和自治县构成的县级政府、乡、镇级政府五级政府体制。政府的基本职能主要包括资源配置、分配收入、稳定经济等，政府的资源配置功能主要是通过对公共产品的提供来实现的。乡镇政府是在原人民公社的基础上建立的，原来的生产大队则成为村的范畴，公共产品供给的职责也就自然地转嫁过来。在承包责任制下，农民相对政府和集体经济组织而言是具有独立利益的市场主体，逐渐拥有越来越多的生产和生活资源，而且自我意识越来越强，在公共产品需求上呈现出很强的“异质性”，从而通过自主联合来提供公共产品的行动也就会更多。而且随着社会经济的发展，尤其是市场经济的成熟，独立于政府之外有能力建设各种公共产品的公司和企业、民间组织还有私人大量出现。基于以上几种因素，承包制时期农村公共产品的生产和管理主体不再单一，多元化趋势明显。基于公共产品的特性公共产品的政府供给是一种传统方式，指政府以强制征税为主要手段筹集资金，安排政府支出以供给公共产品供本国或本地区居民享用的供给方式。采用这种生产和管理方式的公共产品一般是成本过高、外部效应明显的产品，具体如大型水利设施、农村义务教育、公共卫生防疫等。公共产品的市场供给是指营利组织以营利为目的，根据市场需求，采用收费等方式补偿支出，如自来水供应、乡村医院等。这种公共产品供给方式，一是可以极大地减轻政府的财政负担；二是可以在政府的管制或引导下形成具有竞争性的准市场，从而扩大消费者的选择范围；三是经营者具有相对充分的自主权，以盈利为其经营目标，并自担经营风险，这样就使经营者不仅有提高投资效率的内在动力，又有竞争的外在压力。公共产品的自愿供给是指公民个人、单位，以自愿为基础，以社会捐赠或公益彩票等形式无偿或部分无偿的筹集资金，直接或间接的用于教育、体育、济贫等公益用途，并接受公众监督的供给方式。

改革开放后，农村家庭承包制的实施，农村公共产品制度外筹资的承担对象由集体为主转向以农户为主，农村公共产品的供给主体实质是农户或农民本身。家庭承包的生产方式把农户割裂成一个个的个体经济，农户对集体公共设施相对漠然，更没有动力去自觉维护，出现了“公地悲剧”。所以在改革开放后的一段时间内，尽管农业发展、农民收入增加，一些地方的农村基础设施不仅没有得到改善，反而出现停滞、倒退，农村公共产品总供给水平下降。家庭承包制改革，动摇了原来人民公社制度在提供农村公共产品方面的制度环境和优势，后续供给未跟进，加剧了农村公共产品供给窘境。

三、农村税费改革后农村公共产品的供给

“交够国家的，留足集体的，剩下的全是自己的”，是“大包干”的经典分配原则。但却没有界定清楚“交够”、“留足”的客观标准，导致现实国家、集体与农民三者关系的不明确、不清楚，为后来一些地方集体单方面撕毁与农户的土地承包合同、随意向农民伸手、摊派留下了制度性缺陷和隐患，加重了农民负担。农村税费改革被称为继土地改革、家庭承包制改革后农村的又一场革命，是党中央、国务院在新的历史时期和农业发展的新阶段、为从根本解决农民负担问题、加强农业基础、保护农民利益、维护农村稳定、促进农村发展而进行的一项重大改革。2001 年到 2003 年，是农村税费改革试点范围不断扩大、政策不断完善的三年。2000 年 3 月，中共中央 7 号文件《中共中央、国务院关于进行农村税费改革试点工作的通知》下发，正式启动了全国农村税费改革试点工作。2000 年农村税费改革指导思想的核心是“减轻、规范、稳定”六个字，改革主要内容可以概括为：“三取消、两调整、一改革”。“三取消”，是指取消乡统筹和农村教育集资等专门向农民征收的行政事业性收费和政府性基金、集资；取消屠宰税；取消统一规定的劳动积累工和义务工。“两调整”，是指调整现行农业税政策和调整农业特产税政策。“一改革”，是指改革现行村提留征收使用办法。2001 年 3 月下发的《国务院关于进一步做好农村税费改革试点工作的通知》，对农村税费改革有关政策进行了完善。主要是针对取消统一规定的“两工”后出现的问题和农村教育管理体制问题。2002 年和 2003 年农村税费改革的重点是实现“三个确保”，即确保改革后农民负担得到明显减轻、不反弹，确保乡镇机构和村级组织正常运转，确保农村义务教育经费正常需

要，并且是衡量农村税费改革是否成功的重要标志[1]。2004年以后，农村税费改革进入新阶段，2004 年 3 月，在全国人大二次会议上，温家宝总理宣布“取消农业特产税，五年内取消农业税”。到 2005 年 12 月，除了河北、山东、云南外，有 28 个省（自治区、直辖市）免征了农业税，全国剩下的农业税及其附加只有约 15 亿元，只占全国财政总收入 3 万亿元的 0.05%，在国家财政收入中的地位已经微不足道。2005 年 12 月 29 日，十届全国人大常委会第十九次会议，宣布 1958 年 6 月 3 日通过的《农业税条例》自 2006 年 1 月 1 日起废止，提前三年兑现了原定五年取消的农业税。至此，在中国延续了 2600 多年的农业税终于寿终正寝，农村税费改革历经了规范农民税费负担、减征农业税和免征农业税等阶段。农村税费改革因其里程碑意义，对三农问题的解决影响深远，划分了一个中国农村发展历程的重要阶段，也使得传统农业生活和农村公共产品体制发生变化，确立了农村公共产品供给的一个重要时期。

（一）农村税费改革后农村公共产品的需求表达

农村税费改革以来相对于前两个时期，农村公共产品需求表达制度有了一定进步。一方面随着市场化改革的全面展开，公共产品供给主体已不再单一，在有农民私人参与的私人供给或第三方供给中，农民拥有了根据自身喜好表达公共产品需求意愿的权利，如是否同意加入企业、加入农户的新型农业合作组织等。另一方面政府向农民强制性提供公共产品和强制性收费的局面已经彻底扭转，表现为自愿与合作性质，农民在公共产品供给的选择上拥有了前所未有的自由。“一事一议”制度的创立，使农民在公共产品供给中可以行使决策权，有利于农民

[1] 王惠平：《中国农村改革与发展：从税费改革到经合改革》，中国财政经济出版社 2007 年版，第 29～32 页。

自身需求偏好表达，为农村异质性的公共产品供给提供了一种有效途径。但事实上，这个时期的农村公共产品需求表达制度并没有真正建立起来，“长官意志”的束缚没有完全摆脱。在农村公共产品供给中，资金密集型、影响力大的是政府供给项目，在这些项目中政府主位、越位，农民次位、缺位，供给决策中农民仍然缺乏表达自己真实需求偏好的机会。在“一事一议”项目中农民真正参与的决策不多，而且有些农村存在有事不议、没事乱议、议而不决的情况，更有甚者有些地方常年无法召开村民大会，连党的生活会也开不起来，“一事一议”自然形同虚设。另外，农民问题也是农民素质问题，农民对公共产品需求偏好存在短视性。只顾眼前不顾长远，付费者只对关系到眼前利益的公共产品感兴趣，愿付费购买农用固定资产、水利设施、农产品市场信息等直接有助于生产的公共产品；对于收益长远的如教育、废水处理、环境卫生及咨询服务等外部效应较强尤其收益具有不确定性的公共产品积极性不高。而农村居民由于个体差异如性别、年龄、职位的不同，必然会对公共产品需求类型产生影响，导致异质性需求突出，多样性凸显。如妇女更关注建好的学校，方便孩子上学；村干部希望获取更多的涉农政策、技术信息和乡村治理经验以促进农村经济发展等。总的来说，农民在许多方面处于“弱势”的地位，容易被弱化和边缘化，尤其承包制下分散的农户组织化程度低，需求表达更缺乏力度，不易被关注和采纳。

提高农村公共产品供给效率离不开农民对于公共产品真实偏好的表达，忽视农民对于公共产品的偏好，就必然会出现政府缺位、越位和错位同时并存的情况。不仅会造成公共产品供给过程中的低效率，也会给农民的实际生产、生活带来许多不便。

（二）农村税费改革后农村公共产品的决策

朱金鹤认为农村税费改革后，被众多学者和农民所诟病的“自上而下”的决策制度出现了一定程度的创新，即村内公共事务实行“一事一议”的筹资筹劳决策制度在某种程度上体现了“自下而上”的决策特点。尽管“自上而下”的行政决策制度没有出现实质变化，但有望出现“自上而下”与“自下而上”相结合的复合型决策制度。“一事一议”决策制度，其政策涵义是在农村地区村一级组织内兴办农田水利、村级道路等与农业生产、农民生活密切相关的，具有社区性的公共产品，如涉及费用收取、投工、投劳等问题，必须经过村民民主表决的方式进行决策，是一种制度外公共产品提供制度。“一事一议”使农民可以参与到公共产品的供给决策中去，根据各自资源状况和可承受能力，以对自己所从事的生产经营活动和所处的生活环境有利为条件，自主安排公共产品的供给与需求，从而在体制上实现了供给与需求的一致性，而且还有利于保证农民有足够的能力来承担村集体公益事业建设，以使公共产品的供求相衔接。前面已经分析“一事一议”制度在村庄决策中执行得不好，但随着农村公共产品供给主体越来越多元化、“一事一议”制度的完善，相对以往而言民主份额增大，农民以适当的方式参与决策势在必行。政府凭借转移支付形式向农村提供大部分公共产品，仍然是最大的供给主体，供给决策还是采取“自上而下”的政府强制性行政命令。决策主体不是农民的决策制度，必然导致农村公共产品仍是偏离农民的需求、向政绩转移，既阻碍农村经济的发展，也使农民对政府不满和抵触影响农村社会和谐。

（三）农村税费改革后农村公共产品的筹资

农村税费改革对农村公共产品筹资制度影响很大，首先，农村公共产品的筹集资金制度告别了制度内和制度外并行的历史，逐步取消公共产品的制度外筹资方式，以制度外筹资为主转变为制度内筹资。在一定意义上现在我们国家已经总体上具备了“工业反哺农业、城市支持农村”的能力，进入了以工促农、以城带乡的发展阶段。所以中央做出了对农村“多予、少取、放活”战略调整，坚持把解决“三农”问题作为国家预算安排和财政工作的重中之重。建设社会主义新农村的过程实际上就是加大对农村基础设施建设、农业科技研究、农村义务教育、农村文化事业等诸多方面的财政投入，就是加大对农村公共产品供给的过程。农村税费改革过程中，相关中央文件中涉及农村公共产品供给问题都体现这样一个原则，过去由农民承担的大部分农村公共产品成本转而由各级政府财政负责。2000年《中共中央、国务院关于进行农村税费改革试点工作的通知》中规定：取消乡统筹后，原由乡统筹费开支的乡村九年制义务教育、计划生育、优抚和民兵训练支出，由各级政府通过财政预算安排。2001 年《国务院关于进一步做好农村税费改革试点工作的通知》中要求，取消“两工”后，大中型水利设施修建和维护所需资金应在国家和省级基本建设规划中安排资金；由过去的乡级政府和当地和农民集资办学，改为县级政府举办和管理农村义务教育、教育经费纳入县级财政等。农民承担的公共产品成本减少，制度外供给状况得到改观。

其次，与农民利益密切相关的村内农田水利基本建设、修建村级公路、植树造林等集体公益性事业所需劳务，按照“谁受益，谁负责”的原则，实行“一事一议”制。农业部制定的《村民一事一议筹资筹劳管理办法》中没有规定筹资的上限，但各地在实践中，筹资最高不得超过每年每个劳动力 10 个标准工日，具体数额由村集体经济组织成员民主讨论确定；村内兴办其他集体生产公益事业所需资金，不再固定向农民收取，实行“一事一议”，最高不得超过每人每年 15 元；对于投资较多的公益事业项目，可以连续筹资，但不能超过 3 年。“一事一议”在实践中操作难度较高，“一事一议”是农村税费改革后以减轻农民负担为中心的配套政策，一方面要通过“一事一议”提供公共产品，另一方面还不能增加农民负担，目标的二元化及其内在冲突很难保证其制度绩效不下降，难以担负提供农村社区公共产品的重任。“一事一议”的村级公共产品供给方式改善了农村公共产品供需脱节的现象。

农村税费改革对农村公共产品供给制度起到了一定修复、改进作用，有人把农村税费改革形容为“单兵突进”，是指与其相关配套改革措施后续未出台，导致又出现了诸多问题，农村公益事业财政缺口就是大问题。农村公共产品建设和发展，需要财政的大力支持，以及适合市场经济的完备融资制度，这两方面构成了农村公共产品供给长效制度的主要内容。但目前，地方政府财政缺口问题难以解决，政府灵活运用市场规律、采用多种手段筹资的能力不足，资金使用和管理的低效率，都没有得到有效解决，无论是财政支持力度还是建立市场融资模式，都缺少常规的供给和保障。可以说税费改革从制度上遏制了乡镇基层政权制度外筹资的渠道，由于没有相关的配套措施跟进，国家通过转移支付给地方政府的财政支持难以弥补县乡财政因农村税费改革造成的财政锐减，所以不但没有消解农村公共产品供给压力，反而使农村公共产品的供给矛盾更为突出。

（四）农村税费改革后农村公共产品的生产和管理

税费改革后的农村公共产品供给已经进入国家公共收支系统，多体现为制度内供给。政府正逐步构建以政府为主导、以公共财政为主体支撑、供给主体多元化的农村公共产品供给的新框架。针对农村税费改革后农村公共产品供给资金短缺问题，近几年来中央政府努力加大农村公共产品供给的财政转移支付力度，农村公共产品供给状况有所改观，但还没有形成多元供给格局。在农村公共产品供给中，与农民合作的“一事一议”制度是另外一种重要供给方式，“一事一议”、谁受益谁承担有利于实现农民在公共产品生产与管理中的自主性，特别是通过村民委员会合理行使权限，使农民可以根据社区资源状况和自身可承受能力，自主安排公共产品的供给与需求，做到农民对公共资源使用过程的全程监督管理，保护合法权益，有利于农村集体生产和公益事业的良性发展。为促成政府为主的、市场的、私人的、第三方多元供给局面的形成，中央政府 2004 年以来发布的“一号文件”均对农村公共产品的非政府供给提出激励性措施。如：“对农民个人、农场职工、农机专业户和直接从事农业生产的农机服务组织购置和更新大型农机具给予一定补贴”的措施；“鼓励发展各类农产品专业合作组织、购销大户和农民经纪人”；“引导农民对直接受益的小型农田水利设施建设投工投劳，国家对农民兴建小微型水利设施所需材料给予适当补助”；“农户自建或自用为主的小微型工程，产权归个人所有，由乡镇人民政府核发产权证。对受益户较多的工程，可组建合作管理组织，国家补助形成的资产归合作组织所有。对经营性的工程，可组建法人实体，实行企业化运作，也可拍卖给个人经营”；“鼓励、引导和支持农村发展各种新型的社会化服务组织，推动农产品行业协会发展，鼓励发展农村法律、财务等中介组织”；“加快培育村镇银行、贷款公司、农村资金互助社，有序发展小额贷款组织，引导社会资金投资设立适应‘三农’需要的各类新型金融组织”；“积极引导社会资源投向农业农村”；“鼓励农民自力更生、艰苦奋斗，在统一规划基础上，按照多筹多补、多干多补原则，加大一事一议财政奖补力度，充分调动农民兴修农田水利的积极性”等等。为了改善农村公共产品供给不足状况，中央政府努力促成农村公共产品多元供给格局的实现，提出了有针对性的政策指引，也提出了诸多具体激励措施，使我国农村公共产品非政府供给呈现出快速发展的趋势，保证了在农民需求和异质性迅速扩大的背景下得以维持相对平稳。但农村公共产品供给形势不容乐观，非政府供给主体的具体激励措施现实操作性较差，加之农业的弱势产业地位，农村公共政策的缺失，农民有待提升的素质，使得供给主体相比较以往更加依赖于上级政府，影响供给效率的提升。

农村税费改革促使农村公共产品供给体制在筹资制度方面做出了调整，但仍没有触及各级政府在农村公共产品提供上财权与事权的分配问题，也没有涉及农民如何表达真实偏好的问题。

四、我国农村公共产品供给机制的比较与反思

（一）制度外为主的筹资机制使农民错推为农村公共产品的供给主体

（1）人民公社时期，农村公共产品供给既有制度内（财政）渠道，又有制度外（集体经济组织）渠道，而且主要以制度外渠道为主。表面上看，农村公共产品主要由人民公社提供，事实上农民在公共产品方面的投入被集体“包装”了起来，并被工分形式所掩盖，农民无从知道自己的负担。可见以工分制的非实物分配制度为基础的制度外筹资，造成农村公共产品供给的隐蔽性和间接性，掩盖了农村公共产品主要由农民自己提供的实质。

（2）实施家庭联产承包责任制后，“三级所有、队为基础”的集体所有制结构变为集体与农户共同占有，土地所有权虽然保留了集体所有的形式，但其使用权与所有权发生了分离，由

此确立了农民相对独立的经济地位。与此相适应，农民在农村公共产品供给方面的负担落在家庭和个人身上，且大部分货币化。可见，从人民公社时期到家庭联产承包责任制后，虽然农村公共产品的供给主体由人民公社变为乡级政府和村民委员会，但事实上农村公共产品的成本最终仍由农民承担。只不过实施家庭联产承包责任制后，农户作为经营主体和基本核算单位，成了自身劳动的支配者，农村公共产品的制度外筹资必须通过直接向农户收取的方式进行，而不再是集体收益的分配方式，农户农村公共产品负担显性化、公开化。从根本上说，农村家庭承包经营时期的农村公共产品制度外供给的特征没有根本改变，只是在供给方式上与公社时期有较大区别（详见表2－2）。

表2－2　人民公社时期和家庭承包经营时期公共产品制度外供给区别

	人民公社时期	农村家庭承包经营时期
筹资对象	集体组织	农户
直接性	农户隐形直接承担	农户直接承担
自觉性	“先扣除再分配”下的被动性	主动缴纳税收、提留、统筹
透明性	不知道自己承担了多少成本	基本清楚自己承担的成本
形式	物质成本和人力成本	有些人力资本可货币化
敏感性	农户对剩余多少不敏感，敏感的是剩余分配	农户比较敏感

（3）农村税费改革堵住了基层政府向农民制度外筹资的渠道，但与农村税费改革相联系的一系列配套改革滞后，基层政府财政缺口增大。一般地说，在资金约束情况下，基层政府要保证农村公共产品的供给，只有减少人员经费、办公经费等其

他财政支出，而这些支出又具有非常强的刚性且涉及官员自身利益，地方政府现实的选择只能是要么将提供公共产品的责任重新转嫁给农民，要么牺牲农民利益，减少农村公共产品和服务的供给。可见，农村税费改革后农村公共产品的供给依然是以农民自给自足为主，农民并未从实质上摆脱农村公共产品供给的责任。只是到最近几年，特别是自2004年后，随着综合国力的不断增强，财政支农资金的连年增加，政府才逐渐承担起农村公共产品供给的重要责任。

（二）“自上而下”的决策制度使农民难以表达自身的真正需求

人民公社时期，农村公共产品的决策者是社队集体，实行家庭联产承包责任制后，农村公共产品的决策者变为各级政府，无论是社队集体还是各级政府，农村公共产品供给都是采取非民主的、“自上而下”的决策程序，农民毫无例外地被排斥在公共产品决策、运作、管理和监督之外，难以表达对农村公共产品需求的价值偏好。所提供的农村公共产品往往反映的是政府部门自身利益需求而不是农民的真实需求，导致仅有的农村公共资源配置效率低下。税费改革后，农村公共产品的供给决策制度仍没有彻底改变“自上而下”的基本特征，只是随着村民自治制度的不断完善以及农民民主意识、法制意识和公共财政观念的不断增强，一些农村公共产品供给决策才逐步呈现出“自下而上”的新变化。

（三）政府投入不足使农民享有的公共产品和服务水平趋于下降

人民公社时期，广大农民具有高涨的政治热情和凝聚力，普遍认同集体利益高于个人利益，加之农村居民收入水平的平均化，农民对农村公共产品需求显示不明显。在此背景下，人民公社时期忽视农民私有产权的高度集中计划型供给制度，通过对乡村资源的高度整合，较好地举办了许多农村历史上未能办到的公益事业（上文已有论述），极大地改善了农业生产的基础条件，为农民提供了物美价廉的公共产品和公共服务。而实行家庭联产承包责任制乃至农村税费改革后，形成农村纯公共产品（主要表现为乡镇政府的行政支出）由政府财政承担，准公共产品或不能有效供给或得由农民自己承担的基本格局。由于政府资源分配的非农偏好，支农支出数量偏少，特别是农村税费改革后乡级财政捉襟见肘、入不敷出，而制度外筹资渠道也因农村税费改革得以规范而减少，导致村公共产品供给能力不断弱化。尽管税费改革后的现阶段，国家加大了公共财政覆盖农村的范围，财政支农资金在不断增加，并在一定程度上改善了农村公共产品供给不足的状况，但与政府长期投入不足而造成的巨大缺口以及农民对公共产品的强大需求相比仍显得杯水车薪。

表 2－3　三个时期农村公共产品制度安排比较

时期 项目	人民公社时期	家庭联产承包责任制时期（税费改革前）	农村税费改革后
供给主体	集体组织	农民	农民、政府、民间组织
决策主体	社队集体	各级政府	各级政府、农民
成本分摊形式	工分	货币、少量活劳动	货币、极少量活劳动
成本分摊特点	隐形	显性	显性
供给特征	不规范、大量投工	不规范、大量制度外筹资	规范、负担较为固定
供给绩效	较强	较弱	先弱后强

第三章
我国农村公共产品的政府供给机制

公共产品的非竞争性和非排他性，决定了公共产品应该由政府供给而不能像私人产品那样完全通过市场供给，因此，政府供给成为我国农村公共产品供给的重要方式。本章主要阐述我国农村公共产品供给中政府失灵的主要表现——供给总量不足、供给结构失衡等，并分析了产生这些问题的主要原因。在此基础上，构建我国农村公共产品的政府供给机制。

一、我国农村公共产品供给中政府失灵的表现

政府供给公共产品，并不意味着政府的经济行为本身是完美的，也不意味着政府一旦实行干预，市场失灵就会马上得到修正和弥补。分析表明，政府可以比追求利润最大化的企业更有效地供给公共产品，这也只能说明政府供给公共产品更具有合理性和有效性。但是，政府在弥补公共产品领域的市场失灵过程中，也难以避免自身的失灵。由于政府“理性经济人”的缘故，必然出现公共产品领域的双边垄断、信息不对称和预算最大化等问题，从而导致政府失灵。近年来，虽然国家加大了对农业的投入，财政用于农业的支出有了较大幅度的增长，但是，由于我国农业基础薄弱、农业效益比较低下，因而同当前农业发展的现实相比，财政用于农业的支出规模仍然偏小。而

且在财政支农支出中，主要依赖中央财政，地方财政配套能力较差，造成了农村公共产品总体政府供给不足、供给不均衡等困境。在我国农村公共产品供给中出现的较为严重的政府失灵现象，严重制约着农业的可持续发展。

（一）农村公共产品供给总量不足

新中国成立以来我国农村公共产品供给有了长足的进步。但相对于农村经济社会发展的总体需要及中国工业化总体进程，供给短缺、总量不足是客观事实。国家统计局调查数据显示，“十一五”期间，我国农村居民人均纯收入由2005年的3255元提高到2010年的5919元，增加了2664元，年均增长16.1%；2010年农村居民交通通信、医疗保健的人均消费水平分别为461元和326元，比2005年分别增长88.2%和94.0%，年均增速分别比同期农村居民人均纯收入高1.0和1.9个百分点。数据表明随着社会的进步与生活水平的提高，人们对公共产品数量要求越来越多，质量要求越来越高。但是目前我国农村公共产品的供给，远远不能满足农民的需要，总量不足明显。

农村基础设施薄弱。农村基础设施是农村任何经济活动不可缺少的物质技术条件，对农村经济增长有巨大的推动作用。供给合理能推动经济快速增长，降低生产成本，促使农村经济结构优化，有利于改善农村环境，并且农村基础设施投入可扩大内需，促进国民经济的健康运行。我国广大农村基础设施建设一直是农村公共产品供给的重要方面，但目前状况不仅新兴建的农业基础设施供给不足，而且原有的基础设施遭到不同程度的破坏。以农田水利设施建设为例，近年我国频繁发生干旱洪涝灾害，既有气候环境变化外因，也反映出我国农田水利设施基础维护、保养、管理不到位。农村的堤坝、水库、水渠等水利设施基本都是人民公社时期修建的，家庭承包制后以农户为基本生产单位对水利设施的维护能力有限；水利部门往往出于经济效益的考虑，在资金投入和水利建设方面，更加关注的是大型水利设施的建设和城市、工业用水的保障，对于农业用水缺乏投入。地方政府同样因为农田水利投资创造的 GDP 太低而不愿意把钱花在这方面。由于管理体制不健全、维护投入不足，众多小型水利设施长期处于无人管理的状态，功能丧失殆尽。这早已引起党和政府的关注，2004 年以来的中央“1 号文件”农村基础设施都是重点问题，2011 年中央“1 号文件”聚焦水利，并提出了要在“土地出让收益中提取 10%用于农田水利建设”，决心改变农田水利设施供给状况。又如，许多农村地区特别是经济较为落后地区仍以土路交通为主，即使在已建成的农村公路中，由于技术等级较低，又无后期养护，道路毁坏较为严重。

（二）农村公共产品的供给结构失衡

农村公共产品供给的数量、结构、空间布局等对农民的实际生产、生活等都存在影响。当前，我国不仅政府供给的农村公共产品总量不足，而且结构也严重失衡。

1. 农民急需的公共产品供给严重不足

当前，由于生产和生活需要，农民急需以下几类公共产品：与农业生产直接相关的公共基础设施，如农田水利设施、道路桥梁、大型农业机械；农业科技；市场供求信息。然而，自实行家庭联产承包责任制后，这几类公共产品的供给都严重不足。

（1）与农业生产直接相关的基础公共设施供给水平较低。多年来我国农业基建投资的数额始终偏低。长期的“以农补工”使我国农业基础设施严重不足，由于国家对农村基本建设投资不足，农村基础公共设施落后状况依然存在。而且改革后，随着集体经济形式的彻底解体，农民对公共产品出现了滥用情况，使这些产品一直处在超标准的运行状态下，导致其遭到相当程度的破坏，如农田水利设施年久失修、道路桥梁无人问津、大型农业机械肢解破碎等。

（2）国家对农业科研投入不足，农业科技总体水平较低。世界各国政府对农业科研的投资占农业GDP的比重平均约为1%，有些发达国家超过5%，发展中国家为0.5%，而我国仅为0.2%。我国科技对农业增长的贡献率为40%，也远远低于发达国家60%～80%的水平。由于目前农业科学技术研究及推广方面投资的严重不足，许多农业科技单位处于“有钱养兵，无钱打仗”的状态，严重削弱了农业科技的发展。而且目前的情况随着地方收支状况的恶化变得更糟。

（3）对农村通讯、信息产业的投入严重不足。缺少完整、规范的全国市场供求信息网络，有些农民甚至连周边地区的市场供求也不清楚。农民由于交通不便，信息闭塞，常常因缺乏市场供求信息而盲目生产，所以才会经常出现增产不增收的现象。当前随着互联网等信息产业迅猛发展，信息正在发挥前所未有的重要作用。由于相对落后，农村的信息传递渠道并不畅通，以合适的渠道提供全国性的市场供求信息，近年来已成为农民的迫切愿望。

2. 涉及农村可持续发展的公共产品供给严重短缺

这类公共产品主要包括农村的教育、医疗卫生、社会保障、环境保护等，它们对提高农民素质和保障农村的可持续发展具有重大意义。这些公共产品的严重短缺，不仅会损害农民的利益，而且直接威胁到国家的长治久安和经济的快速、持续发展。

（1）农村教育投入严重不足。农村教育包括基础教育和职业教育，目前这两种教育都存在一定的问题。基础教育在我国主要是指九年义务教育和普通高中教育，这一界定将它同职业技术教育、高等教育和成人教育严格区分开来。基础教育奠定一个国家国民素质基础，是一个社会发展不可缺少的部分，它对提高国民素质、培养各级各类人才，具有全局性、基础性和先导性作用。其中，义务教育的公共产品属性最强，国家的责任是不能推托的，一直以来我国政府对农村义务教育投入显然不足。国家将农村基础教育丢给地方政府，在地方政府财力有限的情况下，大部分农村的基础教育供给不足，学校的数量和教师的质量均无法满足农村发展的需求。虽然近几年国家加大了投入的力度，如推行“两免一补”等，但由于历史上的陈账太多，现状依然不容乐观。

在农村职业教育与成人培训方面，问题更严重。虽然目前国家已经启动了培训农民和农民工的“百县百万农民培训计划”、“阳光工程”等，但总的来看，政府对农民及进城农民工的成人教育和职业培训的投入远远不足，难以改变目前农村劳动力素质低下的现状。这种状况在很大程度上增加了农民转移到城市的难度，即使转移到城市的农民，由于自身素质的限制，大多也只能从事简单的体力劳动，人均收入也远远低于城镇居民的收入，而且因无法适应市场经济改革带来的变化，很难从农业向非农业领域转移。

（2）农村医疗卫生保障严重缺乏。新中国成立后，我国的农村医疗保健曾得到长足的发展，到20世纪70年代末全国绝大多数生产大队都办起合作医疗。“合作医疗”（制度）与合作社的“保健站”（机构）及数量巨大的“赤脚医生”（人员）一起，为我国农村卫生事业做出了突出贡献。与“赤脚医生”这个历史名词相伴随的农村合作医疗体系，曾给广大农民提供了最初级的医疗卫生保障，并被一些国外专家称赞为“开创了发展中国家人口大国较好解决了农村卫生问题”的中国模式。然而，改革后，我国农村医疗保障制度并未随经济的发展而发展，农民缺乏医疗保障成了制约农村社区发展的重要因素之一。

(3) 长期实行的城乡分治政策使我国农村社会保障问题严重。目前，我国城镇职工基本失业和养老保险制度改革已取得了很大进展，但在农村，农村社会保障资金严重不足已成为我国农村社会保障存在的主要问题。比如，失业保障体系在农村根本就不存在，使得处于失业半失业状态的农民没有可靠收入来源，生活贫困。千百年来，我国农民一直沿袭着“土地+家庭保障”模式，农民的生、老、病、死完全依赖于自身家庭及土地。家庭养老一方面加重子女负担；另一方面又强化了农民“养儿防老”的动机，这也是我国农村人口控制困难以及男、女性别比例失调的重要原因。在农村，如果依然坚持“就业靠土地，保障靠家庭”，无疑会阻碍农村社会生产力的发展和剩余劳动力的转移，影响整个国家和社会的进步和可持续发展。

(4) 环境保护措施不力，导致农村生态环境不断恶化。主要表现为：土壤肥力减弱、水资源匮乏、旱涝灾害频繁、环境污染严重等。虽然近年来，国家采取了一系列的措施，如退耕还林、退牧还草、南水北调等，使我国环境恶化的程度有所下降，但大部分农村地区仍缺乏保护环境的政策、措施和资金投入，尤其是一些地方政府单纯追求短期经济发展，甚至鼓励经济效益好但污染严重的企业扩大规模，提高产量，给农村的可持续发展造成严重危害。

3. 农民较少需求的公共产品供给相对过剩

尽管随着经济社会的不断发展，农民对公共产品的依赖性不断加大，但对不同公共产品的需求程度并不相同，对一些农民不需要或较少需求的物质性公共产品供给出现了相对过剩的情况。一些发展较落后的地区大力修建公共设施、农贸市场、歌舞剧院等，美其名曰“建设新农村”，提高农民的生产生活条件，实质上这些公共设施的利用率极低，浪费了大量钱财，而地方政府却乐此不疲，究其原因不外是领导可以因有此硬件而升迁，甚至还可以因此建设而致富〔1〕。

如果把政府的公共管理职能也当作公共产品的话，问题就更突出。目前，我国地方政府机构臃肿，人员繁多，有4.5万个乡镇，财政供养人员约1050万人，另有380万人的村干部〔2〕。这么多干部的存在，不仅占用了大量的公共经费，而且办事效率极低。对农民来说，这样的公共产品供给显然过剩，只能加重其负担。据农业部会同国家计委的调查统计，自20世纪90年代以来，由国家机关“红头文件”规定的要农民出钱出物的“达标”和名非“达标”实质却是“达标”的活动就有43项，加上地方党委政府下达的“达标”的活动就多达78项。大到小康县验收、教育“双基”达标、卫生达标、计生服务达标等，小到订报、灭鼠、改水、改厕等达标。但是，正如陈桂棣、春桃中所述：“这达标，那达标，上面从不掏腰包”。〔3〕

4. 部分劣质公共产品的供给损害农民利益

目前向农民供给的部分公共产品对农民不仅无益，反而有害。这些劣质公共产品的产生有两种原因：一是即使政府的出发点是好的，但结果不好。例如，政府的决策出现偏差，从而影响了资源的有效配置，供给的公共产品并不一定会使农民受益，就是所谓的“好心办了坏事”的情况；二是个人和部门寻租造成的。如个别政府官员为了谋取私利，借向农民供给公共

---

〔1〕 熊巍：“我国农村公共产品供给分析与模式选择”，载《中国农村经济》2002年第7期。

〔2〕 国风：“农民税负与农民负担”，载《求是》2003年第10期。

〔3〕 陈桂棣、春桃：“中国农民调查”，载《中国粮食经济》2004年第3期。

产品之际，中饱私囊，导致“豆腐渣”工程的出现；部分政府部门为了本部门的利益，在向农民提供良种、化肥时，以次充好，损害农民利益等。

二、我国农村公共产品供给中政府失灵的原因

（一）政府供给农村公共产品的意愿不强且不稳定

从前面的分析可以看出，政府在供给农村公共产品方面，并没有发挥应有的功能。为了更好地分析政府的行为，笔者尝试借助一个政府行为分析框架对此问题进行分析。现代经济理论认为，从“经济人”角度去思考政府行为有两个要点：第一，政府以自身福利或效用最大化为原则，为了实现福利或效用最大，会不断地根据需要调整行为；第二，与一般经济主体一样，政府也有多个需要实现的具体目标，不同时期，这些目标组合也不同，目标组合不仅受到问题轻重缓急的影响，而且还受预算的约束。基于此，王绍光和胡鞍钢[1]提出一个政府行为的分析框架，用于分析区域经济发展。他们认为，一国中央政府的介入是缩小区域差异还是导致区域经济发展更加不平衡将取决于政府的行为，即政府意愿和能力的搭配（见表3-1）。这一框架认为，如果不支付成本，中央政府是希望经济协调发展的，因为经济发展不均衡会给政府带来许多麻烦。其次，该框架假定政府是短视的，其更注重短期经济产出的增长，某些对长期经济增长有利的行为因往往需要较长的期限才能显现出效果，因此很难纳入某一届政府的效用函数。同样，从新中国成立后五十多年政府在农村公共产品供给方面的行为来看，该分析框架对我国农村公共产品政府供给也有相当强的解释力。

---

〔1〕 王绍光、胡鞍钢：“经济繁荣背后的不稳定”，载《战略与管理》2002年第3期。

在1950～1960年，我国处于一个弱能力、弱意愿的组合时期（即表3－1中的Ⅰ）。这一时期，虽然满目疮痍的旧中国留下的底子极其薄弱，考虑到计划经济所实行的赶超型战略，国家更愿意把有限的资源配置到工业，尤其是重工业和军事工业中，这就不得不源源不断地把大量的农业剩余向工业和城市转移。在这种情况下，政府供给的农村公共产品相对是非常有限的。

1961～1978年，是一个弱能力、强意愿的组合时期（即表3－1中的Ⅲ）。在这一时期，大跃进和随后的三年自然灾害给中国农业乃至整个国家造成的破坏是巨大的。短短三年，中国非正常死亡人口3000万，推迟出生的人口也有3000万。灾害也改变了中国的农业政策，从60年代起，政府开始改变一味从农业和农村“汲取”的政策，转而开始实行既从农业汲取又对农业进行大规模投资的政策。政府不仅在农村大搞农田基本建设，而且大力发展以新品种为代表的农业科技—杂交水稻就是这一政策的产物。在这一时期，政府供给的农村公共产品相对是比较多的。

表3－1　政府意愿与能力的搭配

		政府能力	
		弱	强
政府意愿	弱	Ⅰ	Ⅱ
	强	Ⅲ	Ⅳ

1979～2003年，我国处于一个能力不断增强与意愿相对较弱的组合时期（即表3－1中的Ⅱ）。改革开放以来，我国的经济增长率一直维持在较高水平，国力也不断增强（见表3－2），从财政收入看，80年代初国家财政收入只有1千多亿元，1999

年突破万亿元大关，达到11 444.08亿元，2003年又突破2万亿元关口，达到了21 715.25亿元。然而，我国政府对农业的支持仅随着实力的增强而略有提升，而且，大部分支出仍为生产和事业性经费，用于公共产品支出方面依然过少。有关资料表明，自1998年以来，我国农村财政政策资金用于涉农部门的事业经费开支占到了60%～70%，最高年份达到73%。80年代以来，农业基本建设支出增长缓慢；农业科研经费仅占农业总产值的0.2%左右，而美国、日本、英国等发达国家这一指标则达到1.6%～2%，科技三项费用在整个90年代几乎没有增加。全国财政性教育经费中用于农村的比重也很低，其中，农村小学所占比重2006年仅为20.9%；农村医疗卫生方面的支出情况也不容乐观，在2000年世界卫生组织对191个成员国（地区）的医疗制度所作的分指标评价中，中国在医疗费用负担的公平性方面排在倒数第4位。在这一时期，虽然政府因能力的增强，增加了一部分农村公共产品的供给，但相对其实力来讲，供给的数量还是远远不足的。

表3－2　国家财政收支总额及增长速度

年份	财政收入（亿元）	财政支出（亿元）	增长速度（%）	
			财政收入	财政支出
1978	1132.36	1122.09	29.5	33.0
1980	1159.93	1228.83	1.2	－4.1
1985	2004.82	2004.25	22.0	17.8
1990	2937.10	3083.59	10.2	9.2
1995	6242.20	6823.72	19.6	17.8
1996	7407.99	7937.55	18.7	16.3

续表

年份	财政收入	财政支出	增长速度（%）	
	（亿元）	（亿元）	财政收入	财政支出
1997	8651.14	9233.56	16.8	16.3
1998	9875.95	10 798.18	14.2	16.9
1999	11 444.08	13 187.67	15.9	22.1
2000	13 395.23	15 886.50	17.0	20.5
2001	16 386.04	18 902.58	22.3	19.0
2002	18 903.64	22 053.15	15.4	16.7
2003	21 715.25	24 649.95	14.9	11.8
2004	26 396.47	28 486.89	21.6	15.6
2005	31 649.29	33 930.28	19.9	19.1
2006	38 760.20	40 422.73	22.5	19.1
2007	51 304.03	49 565.4	32.4	22.6
2008	61 316.9	62 427	19.5	25.4

附：资料来源：《中国统计年鉴2008》、《2009年政府工作报告》，经整理得出。

2004年至今，逐步进入一个强能力与强意愿的组合时期（即表3－1中的Ⅳ）。这一时期，国家财政收入不断增加，2007年达到5.13万亿元，占当年GDP的比值达到19.86%，2008年更是突破6万亿元，达到了61 316.9亿元。同时，国家的意愿也不断增强，连续6个“一号文件”的发布、农业税的取消、对农业的各种补贴（粮食直补、农资综合补贴、良种补贴、农机具购置补贴）、教育方面的“两免一补”、“新农合”的出台等，都反映了国家支持农业的意愿。总的来看，这是一个不断增强的能力与意愿不断增强的组合时期。但是，社会公共需求不断增长与政府自身有限能力之间的矛盾，决定了农村公共产品的政府供给仍将维持一定时期的短缺状况。

（二）自上而下的供给决策机制存在缺陷

从人民公社、家庭联产承包责任制、税费改革到取消“农业税”，自上而下的供给决策机制始终贯穿于我国的农村公共产品政府供给之中。自上而下的公共产品供给决策机制是指公共产品的供给决策是由上级政府做出并层层下达到基层组织的，即农村公共产品供给范围、数量多少，都是由政府决定。也就是说，农村公共产品的供给主要不是由农村社区内部需求决定，而是由农村社区外部的指令决定，如乡镇及乡镇以上政府和部门下达的各种任务、布置的各项达标、升级活动等，而由此产生的大部分供给成本却通过向农民收取集资、摊派以及各种费用的形式取得。对大多数农村公共产品而言，自上而下的公共产品供给决策机制使农村公共产品供给效率低下。

通常人们认为，市场上活动的个人是“经济人”，而政治市场上的政府官员则是大公无私的“公仆人”。20 世纪 60 年代，以布坎南为代表的公共选择理论运用主流经济学的基本原理和方法分析了人的政治行为和经济行为，认为经济市场和政治市场活动的是同一个人，并不会因所处的位置不同而改变自己的特性，官员的行为同样遵循“经济人”的行为法则。“经济人”的特性会使其受到权力、地位、社会名望及其相关物质利益的驱使，从自身偏好出发，谋求个人利益的最大化，从而使他们的行为目标同整个社会福利最大化的目标发生冲突。

一方面，在政绩考核和经济利益驱动下，农村基层政府、权力部门已成为既垄断权力又追求利益的行为主体，其行为目标和农民追求目标的冲突，不可避免地造成农村公共产品的供给机制不能反映农民对公共产品的需求现状，导致农村公共产品供给结构的失衡和农村公共资源配置的低效率。根据靳涛（2003）的研究，现阶段中国地方政府官员的效用函数可以表达为下式：[1]

效用 = F ｛中央满意度［可观察发展指标，微观经济主体满意度］，地方垄断租金｝。

从这个函数可以看出，地方政府官员主要追求的是中央满意度和地方垄断租金。从追求中央满意度的角度来看，在目前的政治体制下，中央对那些不服从中央或者渎职的官员可以通过党纪、政纪、法律予以严厉的处罚，而对那些能够使中央满意的官员，则可以通过使其升迁等途径予以奖励。中央满意度是通过微观经济主体满意度和可观察发展指标来实现的。从我国的行政体制来看，微观主体和中央政府之间缺乏有效的沟通交流渠道，由于信息传递问题，微观经济主体满意度对中央的满意度影响很小，最终对地方政府影响也很小。这样一来，地方政府就会忽视微观经济主体的满意度，而尽可能将有限的资源（精力、时间、资金）用于提升可观察指标——如建设物质性的公共产品。所以，可以说地方政府或者部门官员就缺乏对需要较长的期限才能显现出效果的农村公共产品建设的动力。而从对垄断租金追求来看，因为各级政府部门和官僚具有经济人特征，追求的是部门和个人利益最大化，难免会忽视农民的实际收入水平和承受能力，借助政府权力的普遍性和强制性实现私利。比如利用公共产品自然垄断性和外部性的特点，将公共利益内部化、公共权利资本化，从而在公共产品供给中产生寻租、设租行为，增加了生产成本，降低了资源配置效率，形成腐败。另外，从政府规模看，公共经济学理论认为，政府有

---

〔1〕 靳涛："双层次互动进化博弈制度变迁模型——对中国经济制度渐进式变迁的解释"，载《经济评论》2003 年第 3 期。

内在不断膨胀的冲动。政府一般采用垂直的科层式管理模式，对各部门来说，只有不断膨胀本部门的规模才能获得更多的部门利益。农村公共产品的供给活动为乡镇机构膨胀、臃肿提供了依据和条件，结果是大量的公共资源被政府机构和人员臃肿所占有，实际上也削弱了农村公共产品供给的力度。

另一方面，现行体制下，村民委员会既要办理村务，又要执行政务，扮演着双重角色。“政务”执行的强制性造成了对“村务”的冲击，致使村民委员会过度组织化，村民自治组织成了具有行政权力的“准政府”，难以准确地表达农民的意愿，也对公共资源的筹集使用缺乏有效的监督。在我国现行的农村公共产品供给体制下，由于缺乏有效的供给谈判制度，农民无法在公共产品供给决策中体现自己的意志。公共产品的供给种类、数量及方式，都是由上级政府及其部门“为民做主”，仅仅依照自己的价值观，一厢情愿地设定农民的需要和想法，并把可能错误的想法付诸实践，甚至强迫农民接受。农民被排斥在公共项目决策、运作和监督之外，便无法体现其对公共产品的价值偏好。由于没有把广大农民的积极性、主动性和创造性激发出来，而只单纯地、强制地、被动地把农民作为农村公共产品买单的主要“付费者”，农民有效参与的不足，已成为农村公共产品持续增加的一大障碍。这样的决策机制必将导致公共产品供给不均衡和不公平。一方面受益人群分布不均，部分人享受过多，部分人享受不足；另一方面公共产品供需不匹配，农民需要的公共产品供给不足，而不需要的公共产品却被屡屡提供。

（三）政府财权与事权的不统一

根据公共财政理论，农村纯公共产品应由各级政府免费提供。但是，在实际中，中央政府与地方政府在农村公共产品供给责任划分上不尽合理。一方面，从中央到地方各级政府都有许多相同的供给责任，如教育、科学、文化、国防、卫生等，但是没有法律明确规定各级政府在供给责任上的具体划分；另一方面，各级政府和村民自治组织的供给责任也同样缺乏明确划分。本来应该由政府提供的公共产品或由政府与农民共同承担的公共产品成本，却完全由农民承担；本来应该由上级政府提供的公共产品却通过政府转移事权，交由下级政府提供，最终落到乡（镇）政府和农民头上。各级政府之间以及政府和村民自治组织之间供给责任不清，各级政府财权与事权不统一，特别是基层地方政府（乡镇一级表现更为突出）事权过多，而财权极其有限，其后果必然是互相推卸责任，并最终推到基层政府和村民自治组织头上，导致乡村两级负担过重，造成农村公共产品供给资金短缺，最终使农村公共产品供给总量不足。自新中国成立以来我国各级政府的财权与事权就一直存在着不对称性，而且在不同时期有不同的表现。如“一五”时期中央财政占到整个财政收入的7%，地方财政仅占22.3%；但从“二五”一直到“八五”时期地方财政所占比例又大大超出了中央财政收入。针对这种地方财政偏大的状况，国家为了提高中央财政收入，于1994年实施税制改革，从而使我国中央、省财权不断加大，地方财力明显地向省、市集中（见图3－1）。

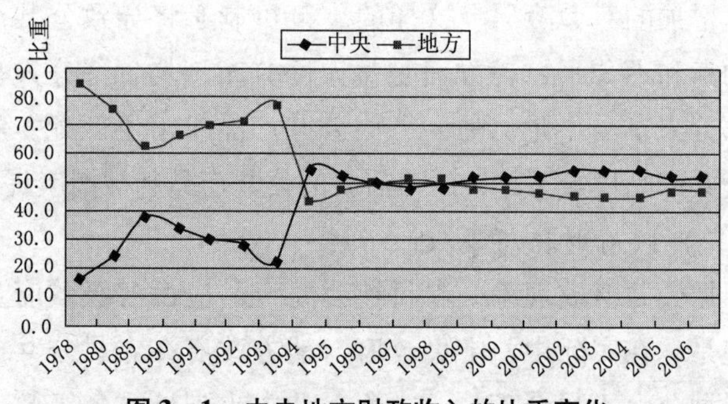

图3－1　中央地方财政收入的比重变化

在财力向中央、省、市集中的同时，许多本不应由乡镇承担的事权却继续存在甚至不断下移。乡镇政府被要求承担与其财权相去甚远的大量事权，如基础教育、计划生育、民兵训练等典型的公共产品，但中央政府却没有给予足够的转移支付。这些事权目前主要由乡（镇）政府以及村级组织承担，乡镇政府只好通过加重农民负担来强行完成。根据《中国财政统计年鉴2003》可以看出，中国71%的公共支出发生在省和省级以下政府，其中55%发生在县（市）、乡（镇）二级政府〔1〕，特别是农村公共产品基本上是由乡（镇）及村集体提供。如上世纪90年代以来，国家教育部以中央政府的名义要求乡村中小学校舍“达标”，每个乡镇至少需要200万元左右，而中央政府并不承担这笔支出。正是由于农村公共资源严重匮乏，导致乡村两级过度依赖借款发展当地经济和公益事业，形成了严重的乡村两级债务问题。据教育部统计，全国农村“普九”欠债高达500多亿元，其中70%左右是因新建校舍和“普九”达标形成的。〔2〕基于此，乡（镇）政府为了保障政府机关基本功能的发挥和日常工作的正常运转，节减农村公共产品的财政开支就成了当然的选择，这也造成了农村公共产品供给的资金短缺和总量不足。

三、农村公共产品政府供给的完善

从以上分析来看，由于制度上的不合理，才造成了政府对

〔1〕数字来源于中华人民共和国财政部主编：《中国财政年鉴》（2003年卷），中国财政杂志社2003年版。

〔2〕“全国农村‘普九’欠债500多亿，人大建议及早解决”，载中国政府网：http://gov.cn/jrzg/2007-06128/content-665721.htm，访问日期：2007年6月28日。

农民需要的公共产品供给不足。因此，要解决当前农村公共产品政府供给中存在的问题，就必须在根源上想办法。具体说，就是提高政府供给意愿，明确规定政府供给农村公共产品的责任，完善农村公共产品政府供给的科学决策机制。

（一）提高政府意愿，增加政府供给

政府作为公众利益的集中代表，是农村公共产品供给最重要的主体，中央财政必须承担起农村公共产品的供给责任，发挥主导作用。增加我国农村公共产品的根本途径就是提升政府对农业的支持意愿，增加政府对农业的投入，改变“说得多，做得少”、“雷声大、雨点小”的现状。

第一，大力增加对农民的教育投入。根据人力资本理论，我国农民之所以贫穷原因就是相对社会其他群体而言，其人力资本要低得多。毋庸置疑，素质低下、依赖传统农业维持生计的农民很难改变其贫困面貌。尤其是我国加入“WTO”后，农产品日益受到国际市场的影响，农民要想富裕起来，必须依靠现代农业而不是传统农业，但发展现代农业所必需的素质却是目前我国绝大多数农民所不具备的。所以，要改变农村的落后面貌，就要改造传统农业，要改造传统农业，就必须先提高农民素质。因此，当前国家应该加大对农村基础教育的投入，特别要加大政府财政对农村基础教育的转移支付。从2005年开始我国对贫困寄宿学生实行了“两免一补”政策（免除农村义务教育阶段贫困农民家庭学生的书本费、杂费，补助寄宿生的生活费）；2007年，农村义务教育已全面纳入财政保障范围，对全国农村义务教育阶段学生全部免除学杂费、免费提供教科书，对家庭经济困难寄宿生提供生活补助，使1.5亿学生和780万名家庭经济困难寄宿生受益。西部地区农村基本普及九年义务教育，基本扫除青壮年文盲攻坚计划如期完成。

另外，还应对农民进行各种职业教育、培训，而且从某种程度上讲，职业教育比基础教育更重要，因为基础教育发展的结果经常使农村的“精英”流向城市，相对而言职业教育、培训能更好地服务于“三农”。我国农业部门从1990年开始在全国主要为农村的骨干农民组织实施绿色培训，1999年开始组织实施跨世纪培训工作。到2003年已经有将近3000万的农民参加了培训，有近1000万的农民获得了证书。通过抽样调查，获得绿色证书的农民年收入比没有获得的证书的农民平均高30%，开展培训的村年收入比没有开展培训的村高30%。

第二，加大在农村社会保障方面的投入。在农村构建包括基本养老保险、医疗保险和最低生活保障在内的三道社会保障线，按照“低水平、广覆盖、有保障、严管理”的办法，建立农村最低社会保障机制。社保资金来源，可以采取分类原则予以解决，但主要还是应该由政府提供大部分投入。经济较发达的地区和城市郊区可由地方政府和农民按比例分担社保资金；经济欠发达地区可以由省财政补助一部分，地方各级政府和农民各分担一部分；对那些确实无力交付社保资金的贫困农民，可由政府补助解决。其中农民健康保障问题，更是一项复杂的社会系统工程，虽然直接效应不明显，但意义重大，影响深远。因此，政府应明确职责，加大对农村卫生的投入，加强农村公共卫生和基本医疗服务体系建设，尽快完善新型农村合作医疗制度。任何一项医疗制度的建立和推行，都离不开政府的组织和引导，这就要求对政府在医疗卫生领域的作用和干预内容进行重新界定，像预防免疫、妇幼保健、改水改厕等基本公共卫生服务属于典型的公共产品，必须由政府来提供。

第三，加大社会基础性投入。社会基础性投入的特征是投入金额大，受益面广，工期长，具有长远的经济效益、生态效益和社会效益，能提高农业综合生产能力，扩展农业生产可能性边界，但短期直接经济效益不明显。缺乏基础性投入的经营性投入必定是效益递减，甚至是无效的，从而其投入主体的投入积极性也会受到伤害。我国农业投入不足的原因就在于社会基础性投入不足，导致维持一定产量水平的生产经营性投入不断增加，投资主体收益下降，进而减少投入热情。生产经营性投入下降，必然使农产品产量减少，农业生产步入困境。不打破这种投入格局，农业生产摆脱徘徊局面是不可能的。因此，通过社会基础性投入可以实现经营性投入的经济效益和社会效益，从而实现农业生产力的提高。

第四，加强农业立法，克服农业投入的随意性。中华人民共和国成立六十多年来，国家对农业的投入政策变化不定，财政对农业的投入是根据即期农业发展的形势来决定的，有着很大的随意性。这种相机抉择的政策存在很大的弊端，当政府发现农业生产不景气，需要增加投入时，农业生产的停滞至少已有一两年的时间，等到政策实施，各方努力也要 2 年左右才能初见成效。因此，每次农业生产的波动都要持续大约 4 年至 5 年的时间，加上自然灾害和市场风险造成农业生产下滑的惯性，使农业生产一旦停滞便长期处于低谷。要使中国农业保持长期稳定的增长，必须运用法律制度规范政府的经济行为，减少各级政府制定和执行农业政策的随意性，规范各级政府的农业投资行为，同时利用中央财政资金向地方专项返还和中央地方配套的手段引导地方政府增加对农业的资金投入。

（二）完善农村公共产品政府供给的科学决策机制

由于我国农村公共产品自上而下的供给决策机制忽略了农民对公共产品的需求，导致现行农村公共产品供给中供给过剩和不足并存。为了提高农村公共产品供给效率，防止无效公共产品的过度供给和农民急需的公共产品供给不足，必须建立一种公共产品需求的民主表达机制，以充分反映农民的偏好。需要注意的是，按照“阿罗不可能定理”，期望借助公民投票选举的政治过程来建立公共产品需求的表达机制是不可能的，但公共选择理论通过变通的手段，选择外部成本与决策成本之和最小的投票规则作为最佳制度，从而使公共选择所要求的合作成为可能。特别是涉及直接关系农民生产生活的地方性公共产品，农民因急需或利害关系紧密，以及农民之间的信息不对称程度较低而不愿或较少隐瞒其偏好，在已经确定必须缴纳费用的前提下，做出的公共产品的偏好表达更具有真实性。另外这部分公共产品的受益范围较小，参与公共决策的人员相对较少，民主决策的效率更高。所以，就要充分发挥村民大会（村民代表大会）的作用，明确其作为农村社区最高权力机构对本社区事务享有的最终表决权。社区公共资源的筹集和公共产品的供给须经村民大会（村民代表大会）表决同意；对于社区公共资源的使用，村民大会（村民代表大会）也依法拥有监督权。同理，县、乡（镇）社区内的较大型农村公共产品供给也应建立听证制度，在广泛听取民众意见的基础上，由本级人民代表大会投票表决，常规性的公共产品也应接受人民代表大会的监督检查。因此，要加快农村基层民主建设，建立起良好的农村公共产品需求表达机制，使农民参与公共产品选择中来，优化农村公共产品供给决策。

（三）明确规定政府提供农村公共产品的责任

在我国，政府分为中央政府和地方政府，地方政府又分为省级、地市级、县级和乡镇级，在履行职责时，各级政府面对的服务对象不同。中央政府的服务对象是全国范围内的公众，省级、地市级、县级政府和乡镇政府分别面对的是省、地市、县和乡镇范围内的民众。乡镇政府作为最基层的政府，是最广泛、最直接与广大农村居民相联系的一级政府，其行为和价值取向，将直接影响广大农村居民的利益。同时，公共产品的层次性和地域性，影响不同层次政府的支出，也决定各级政府的相关事权。中央政府不能包揽一切公共产品的供给，地方政府不能、也无力承担不该由它们提供的公共产品。因此，就应该明确规定中央和地方政府提供农村公共产品的职责。

作为供给主体的各级政府间的责任划分的原则和依据是由农村公共产品构成上的层次性决定的。其中，中央和省两级政府应该成为保障农村公共产品供给的责权主体，凡属于实现公民基本权利、覆盖全国范围的农村纯公共产品，应由中央政府直接供给或由中央政府协同省级政府供给，如计划生育、农村环境保护、大江大河治理、农业基础科学研究、农村义务教育、拥军优属、民兵训练支出、农村卫生防疫及社会保障等全国性公共产品，由中央政府从强制性的税收收入中通过预算制度进行安排；凡接近纯公共产品的地方性准公共产品，应由省级政府直接供给或由省级政府协同下级政府供给；一些跨地区的公共项目可由地方政府承担为主，中央政府在一定程度上参与和协调；地（市）、县、乡镇三级政府既是承接上级政府事权下放的配套和实施主体，又是保障本区域范围内农村公共产品供给的责权主体，负责提供本区域范围内的地方性农村公共产品，如乡村间的道路、乡村公共场所建设、小流域的水利设施建设、地区内社会化服务体系以及信息工程建设等。

总的来看，鉴于我国农业在国民经济中的基础地位及其弱质性行业特征，我国政府必须对农业的发展提供财政支持。而且许多发达国家农业发展的实践也证明，农业增长与国家的财政支持之间存在着正相关关系。因此，在全面推进社会主义新农村建设的背景下，要坚持“多予、少取、放活”的方针，使财政资金投入向“工业反哺农业”、“城市支持农村”转变。只有强化财政对农业的扶持与保护职能，加大对农业、农民、农村的投入，才是解决我国“三农”问题的根本出路，才能使农村经济有新发展，农民生活有新改善，农村精神文明建设有新飞跃，农村民主管理水平有新提高，农村生态环境有新优化。

第四章
我国农村公共产品的市场供给机制

一、农村公共产品市场供给的必要性和可能行

（一）农村公共产品市场供给的必要性

1. “政府失灵”要求市场供给

政府作为一种供给，如同市场制度一样，其自身的运行以及向公众供给公共产品同样存在交易成本问题，而且政府供给中也会存在特殊利益集团的“寻租”现象。因此，政府供给公共产品在某种程度上是一个政治过程，其交易成本有时甚至比市场制度昂贵。随着社会的进步和发展，政府过度干预社会经济以及由政府垄断公共产品的弊端也越来越明显。尽管供给公共产品是政府的职责，政府也可以克服由市场供给公共产品所带来的效率损失。但是，现实中的政府行为并非完美无缺，由政府垄断公共产品的供给虽然解决了“搭便车”行为，却出现了“政府失灵”问题。公共选择学派认为：政府失灵是指个人对公共产品的需求在民主政治中得不到很好地满足，公共部门在供给公共产品时趋向于浪费和滥用资源，致使公共支出规模过大或者效率降低，预算上出现偏差，政府的活动并不总像应该的那样或像理论上所说的那样有效。正如公共选择理论所分析：“市场的缺陷并不是把问题交给政府去解决的充分条件……

政府的缺陷至少和市场一样严重。”在农村公共产品供给中的“政府失灵”表现在：政府的财政能力有限，不能满足全体农民日益增长的需要，公共产品在总体上供给不足；农村公共产品的种类无法满足农民的多元化需求；由于决策机制的失误，政府供给农村公共产品的效率太低；政府垄断农村公共产品供给，出现寻租、设租等腐败现象，造成资源的浪费和农村公共产品质量下降。成本高而效率低是政府供给机制难以适应公共需求变化的一个突出问题。一方面，政府公共产品供给以公共利益最大化为价值取向，以不直接盈利为目的，主要依靠税收维持其生产和运营，很难计算成本，因此缺乏降低成本、提高效益的直接利益驱动。另一方面，构成政府公共产品供给体系的众多机构或部门间存在的职权划分交叉、部门利益纷争、协调配合缺乏等问题，都影响着体系的运转效率。前几年电信、电力等行业的政府垄断导致公共产品质量低下、效率不高等问题是有目共睹的。而且随着社会对公共产品需求的日益增长，极易引发政府规模的膨胀，如乡镇政府规模的扩大，由此而造成越来越大的财政赤字，成为政府供给的昂贵成本。1994 年世界银行的发展报告指出，平均而言，发展中国家发电能力的 40% 不能用于生产，这是低、中、高收入国家中业绩最佳的电力部门的两倍；非洲和拉丁美洲铁路工人中有一半是多余的。在这种情况下，政府作为公共产品的唯一供给者就失去了合法性的依据。

2. 缓解农村公共产品项目的资金短缺

公共财政理论研究结果表明：公共财政支出随着经济发展有不断增长的趋势。公共支出的持续增长使世界各国都面临日益沉重的财政压力，主要表现在财政赤字严重。1998 年我国实施公共财政政策以来，财政支出占 GDP 的比重和财政收支差额都呈现持续增长的趋势。在这种情况下，政府面临着严重的财政压力，不可能供给所有的农村公共产品。而且随着我国市场经济体制的确立和不断完善，我国公共部门的改革也逐渐开始。如城市用水、电、气等基础设施建设逐渐允许民间资本参与投资和经营，公路、铁路、民航等领域也逐渐对民间资本开放。经过这些年对公用事业管制价格的改革，价格基本能按价值规律来制定，使得企业有一定的利润空间。因此，公用事业中的不少企业已由原先的亏损向合理的盈利转变且极为稳定。有了适当的利润，一些农村准公共产品领域对民间资本也会产生足够的吸引力。与此同时，其他竞争性产业日益摊薄的利润，也会使农村准公共产品领域（如水利设施等）成为资本的安全而预期稳定的最佳去处。因此，为了缓解资金短缺的压力，农村一些公共产品领域也可以参照城市的做法进行市场化。

3. 增强竞争意识，提高经济和社会效率

我国的投资结构长期以来不甚合理，基础性公共产品项目没有得到相应的发展，从而制约了社会经济的纵深发展。如果政府根据市场供求力量的比较，考虑市场平均利润率水平，建立起调节公共产品的市场价格机制，就可以将大量的企业资本吸引到公共产品领域中来，从而解决面临的资金短缺问题。同时，竞争机制的导入也可以全面降低公共产品成本，获得规模效益，提高社会生产效率，改进社会福利。对一些具有竞争性的农村公共产品，只有导入市场力量，才可能提高效率。政府部门与私营企业行为的区别主要在于各自追求的目标不同，政府不以利润最大化为目标，追求的是社会福利最大化，从而缺乏提高效率的激励机制。而私人资本以利润最大化为其追求的目标，客观上会努力增加收入、降低成本，不断提高效率。如果所供给的公共产品具有竞争性，那么私营企业之间的这种激励机制，就会充分地向政府证明自己能够更有效地供给这种产品或服务，竞争的结果将会更好、更有效地完成公共产品的供给。同时，由于供给同一公共产品的各企业之间存在竞争，使得政府部门更容易控制和衡量其业绩，只有那些成本低、效率高的企业才能最后与政府签约。在农村公共产品的供给上加强竞争也会提高政府的效率和资源的充分利用，显然有利于我国农村公共产品宏观效率的提高。

（二）农村公共产品市场供给的可能性

在传统的经济学理论中，由于公共产品具有非竞争性和非排他性，必须由政府供给，弥补市场供给的无效率和资源浪费。但是，在现实生活中除了国防等极少数纯公共产品外，绝大多数都是准公共产品或者称混合公共产品，尤其在农村。由于准公共产品的非竞争性和非排他性是不完全的，所以市场在供给这些产品上不一定失灵，也就是说准公共产品的性质使得其有可能不通过政府而由市场来供给。

1. 理论上的可能性

传统理论认为，市场在供给公共产品上是失灵的，公共产品只能由政府来供给。20 世纪六七十年代以来，一批主张经济自由的经济学家纷纷开始怀疑政府作为公共产品唯一供给者的合理性。德姆赛茨及科斯等人或从理论或从经验方面论证了公共产品私人供给的可能性，为公共产品的市场供给奠定了理论基础。如“科斯的灯塔”在经济学界第一次反驳了公共产品只能由政府垄断的传统经济学观点，为人们建立起公共产品供给可以甚至应该引入市场机制的信念。戈尔丁的研究表明，对于存在“选择性进入”的公共产品可以由私人供给。德姆塞茨也指出在能够排除不付费的情况下，私人企业能够有效地供给某些公共产品。萨缪尔森也认为，一种公共产品并不一定要由公共部门来提供，也可由私人部门来提供。因此，对于农村公共产品中进入成本低的一些准公共产品，比如农业技术的推广、农业机械的提供和服务等，可以按照市场原则由私人或企业作为供给主体。

2. 农村公共产品属性的变化

由于公共产品的性质会随着技术水平的变化而发生改变，导致公共产品与私人产品的边界变得模糊，这种不确定性决定了政府和市场都可以成为公共产品的供给者。公共产品能否通过市场机制有效供给，与公共产品的非排他性及其强弱程度有关，而技术进步则会使公共产品的性质发生变化。一方面，技术进步使得排除不付费者对产品的消费成为可能。例如，在有线电视技术发明以前，电视信号都是通过电磁波的形式向消费者传送，消费者对电视信号的消费是非排他的，此时的电视信号几乎全部由政府供给。但随着科技的不断发展，有线电视技术和加密技术开始出现，不付费的消费者就很容易被排除在有线电视的消费之外，在这种情况下，由私人投资兴办的电视台就涌现出来。另一方面，技术进步也使得准确计量成为可能，从而降低了公共产品的排他成本，对公共产品供给方式产生影响。有的公共产品虽然存在技术上的可排他性，但是因准确计量技术落后而导致排他的成本过高，使排他难以实现。现在技术的不断进步改变了这种状况，可分割、可计量的技术使得消费者对公共产品的消费量一目了然，由此便可根据消费量对消费者征收使用费，从而为私人资本参与这些公共产品的供给提供了可能。比如，电子收费技术的采用使高速公路排他成本大为降低，这就使得由私人投资兴建运营的高速公路开始出现并逐渐增多。水表和电表的出现使农村自来水、用电的市场供给也成为可能。

因此，技术的不断更新使有实力的私人企业能够进入原来只有政府才能进入的公共产品供给市场。相反，如果缺乏某种排他性技术，则私人供给的公共产品难免会陷入“公地悲剧”。在“科斯的灯塔”中，港口即是一种排他性技术，较为成功地将灯塔的“免费搭车者”排除在外。总之，随着技术的发展，现实中绝大多数农村公共产品都是以准公共产品的形式存在的，如农村的小流域防洪防涝设施建设、农业科技成果的推广、农村职业教育、农村水利灌溉系统、农村道路建设等，对这些准公共产品的供给，市场机制可以发挥一定的作用。

3. 市场经济的发展和完善

由于我国市场经济体制的建立和完善，以及政府对农民增收采取的一系列措施，农村公共产品及其供给机制的外部环境发生了很大变化，也使农村公共产品的市场供给成了可能。

首先，市场经济体制下获利渠道的合法化，为市场供给提供了可能性。如原来归集体所有的森林、湖泊等，由于市场经济体制的建立和相应鼓励私人承包政策的出台，私人可以通过承包森林、湖泊等公共产品而获利。同时，由于对资本收入的认可，民间资本以其天生的逐利性而开始进入投资领域。市场本身也在不断地发展，私人企业为了长期得到顾客，其机会主义的行为会不断减少，会努力建立自己的信誉以求得到更多的政府合同。

其次，具有计划经济色彩的供给模式的消失。人民公社时期，农村公共产品的供给依靠一种以劳动力替代资本的方法，由政府动员并组织劳动力承担灌溉、防洪、水土改良等密集型投资项目。随着市场经济体制改革的推进，农民逐步获得从事经济活动的自由并建立了追求合理化利益的市场理念，在公共事业上投入劳动的机会成本增加，要求得到的补偿金也随之提高，从而增加了公共产品生产的成本。像人民公社时期那样运动式地大搞水利建设的状况不可能再出现了，这也为新的供给方式的产生提供了可能。所以，在政府财力有限的情况下，农村公共产品供给中也出现了股份制、私有化等多种激励农民兴建中小型水利设施等公共产品的供给。这些供给给予农民一定的分享利益的权利，从而极大地激励了农民投资小型公共产品的热情。

最后，政府在一定程度上放宽了准入条件，使得有条件的市场力量成为潜在的公共产品供给者。现实中，制度供给不足也是导致公共产品供给不足的另一个原因。随着经济与技术的不断发展以及人们对公共产品多样性的需求，政府逐渐放宽公共产品供给市场的准入条件，允许有实力的市场力量供给公共产品就成为政府的必然选择。

4. 私人资本规模的扩大

技术进步增强了公共产品的排他性，这只是为公共产品的市场供给提供了前提基础，但是市场有没有能力去供给公共产品与私人资本的规模有重要关系。许多准公共产品行业往往是自然垄断型行业，这种行业的一个特点就是存在规模经济效应，因此这种行业一般只有一家企业或者少数几家企业存在就可以满足整个市场需求，电信、电力等都属于这种自然垄断型行业。要投资于自然垄断型行业的准公共产品生产，具有较大的资本规模是私人资本能够进入这些领域的必要条件。

随着我国市场化改革的发展，包括国内集体经济、私营经济、个体经济、股份制经济、外商投资、港澳台投资等在内的多渠道的私人资本大量引入并迅速成长起来。20 世纪 90 年代初，乡镇企业总产值的增长速度由 13.9% 攀升到 65.1%；私营经济在十四大后的发展更是惊人，一大批资产超千万元、超亿元的民营企业迅速崛起。非公经济这种奇迹般的发展意味着私营资本投资能力不断扩大和投资空间不断拓展。另外，民间资金也快速集聚，国内居民储蓄规模不断扩大，根据央行统计，2007 年，城乡居民储蓄总额已经达到 176 213 亿元，2008 年超过了 22 万亿元，这些都为私人资本规模的扩大奠定了基础。特别是我国的私人资本还具有相对集中的特点，沿海经济发达地区的私人资本聚集程度相对较高，因此在资金充盈的条件下，通过合理引导就很容易实现私人资本的集结，形成较大的投资规模。例如，在金融资本纷纷涌向大中城市和中心集镇的时候，浙江每年却有约 10 亿元的民营资本逆流进山，投资建设小水电站，从山区农村丰富的水力资源中获取丰富的经济收益。[1]

5. 人们的“利己”动机

如果一种公共产品具有一定的排他性，定价就成为可能；政府又不愿供给，而集团供给的谈判费用太高，集团成员之间存在较大的实力差距，以至于某些成员能独立供给公共产品，并且向其他成员收费也不存在障碍。此时，私人完全有可能供给这种公共产品，再向其他消费者收费以弥补成本，甚至创造利润，这种私人基于“利己”动机供给公共产品最著名的例子就是“科斯的灯塔”。我们常见的自来水供应和闭路电视也是这方面的例子，自来水公司和电视台通过供给公共产品并向使用者收费而获取了利润。如果其受益范围比较小，成本较低，那么私人完全有可能供给这种公共产品，再向其他消费者收费以获取利润。例如一些不存在收费困难的农村公共产品，如常见的农机具，往往就是私人供给的，而且供给的动机就是为了“利己”，通过这种方式发家致富的农民也很多。在很多农村社区出现的私人办学，职业中学和封闭式高中吸引了大量的生源。

---

〔1〕 樊丽明：《中国公共品市场与自然供给分析》，上海人民出版社 2005 年版。

乡镇企业在其发展过程中也针对社会化服务不足的现象开拓了自己的经营范围，弥补了农村公共产品的不足。

公共产品公共性程度的不确定性为政府有计划地退出准公共产品市场、依靠市场生产公共产品提供了内在依据。因此应该重新审视公共产品只能由政府供给的传统观点，摒弃把政府作为公共产品唯一供给者的观念，用发展的眼光，根据公共产品公共性的程度及市场发展的水平等，动态地选择供给者。随着经济的发展、技术的进步、公共产品消费需求量的变化等因素的改变，政府与市场都可以作为公共产品的有效供给者。

二、我国农村公共产品供给中市场失灵的原因

市场失灵，就是指在某些外在因素的影响下，使市场在自由运作下不能使资源的配置达到最优化的状态，特别是不能按最优化原则提供公共产品。造成市场失灵的可能原因包括：公共产品、垄断和寡头、外部性、排他性及信息不对称等。由于农村公共产品大多都具有外部性，因此不可避免地也会出现市场失灵。实践证明，在市场经济条件下，市场机制虽然可以在私人产品领域及一些公共产品领域很好地发挥作用，但由于公共产品具有非竞争性和非排他性，很容易出现“搭便车”现象，受市场竞争不完全性等固有缺陷的影响，在很多公共产品领域中往往会出现市场失灵，使得公共产品无法通过市场有效提供，从而导致公共产品的市场供给要么严重不足，要么就是质次价高。在我国农村基础设施、医疗、教育、卫生等方面，都不同程度地出现了这种情况，市场力量在农村公共产品供给中的作用并不是很大。这种局面的形成，其中确实有政府失灵的原因，但也和农村公共产品的市场供给不足有很大的关系，也是我国农村公共产品供给中市场失灵的重要表现。

（一）市场难以组织和实现公共产品的有效供给

现代产权理论认为，对于大部分私人产品来说，市场的确是一种有效率的资源配置机制。市场可以通过价格机制较优地分配那些个人独占的、可分割的、具有竞争性的资源。但是，市场化的资源配置是以消费者的偏好为依据，对于消费者偏好在市场上反映不出来的公共产品，如国防和警察等，市场很难进行资源的分配。这是因为，一方面，由于公共产品具有效益上的不可分割性，也就是说谁投资不见得谁受益，或者说个人收益与社会收益有巨大的差异。另一方面，公共产品具有使用上的非排他性特征，即提供公共产品的个人或企业难以阻止其他人免费享用该公共产品。比如，农村村内的硬化道路作为一种公共产品，全体村民都能享受，投资者难以采取措施去排除某些未投资的主体如过路人对硬化道路的享用权，而且从成本效益上来看，他们也没有必要或者不值得采取措施去排除某些人的享用权。比如，在农村我们常常可以观察到这样一种现象，某个村修了硬化道路后，常常会在某些街道的入口处设置一些障碍限制路过的重型车辆进入，但对轻型车辆如摩托车一般不加限制，因为这样做的成本太高了。

萨缪尔森说："每个人对该产品的消费不影响对他人的供给，但是无法将任何一个享受者排除出去，或者该排除的成本太高了，以至于我们无法支付。"〔1〕由于"经济人理性"，绝大多数人都希望自己不花钱而能使用公共产品，即"搭便车"，最后个人的理性导致集体的非理性，所有人都不愿提供公共产品，所以，追求利润的市场很难提供某些公共产品。

---

〔1〕 参见［美］萨缪尔森、诺德豪斯：《经济学》，萧琛主译，人民邮电出版社2008年版。

（二）农村公共产品正外部性的存在

外部性是独立于市场机制之外的客观存在，不能通过市场机制自动削弱或消除，往往需要借助市场机制之外的力量予以校正和弥补。显然，经济外在效应意味着有些市场主体可以无偿地取得外部经济性，而有些当事人蒙受外部不经济性造成的损失却得不到补偿。正外部性常见于经济生活中的“搭便车”现象，即消费公共教育、公用基础设施、国防建设等公共产品而不分担其成本。由于市场机制的主体——企业的目标是追求自身盈利最大化，而为社会提供公共产品往往会使其收益小于成本，因此，企业就不会愿意供给公共产品。通过意识形态信念和道德教育固然能够使之弱化，但作用毕竟有限。例如，医疗服务是一种公共产品，是全社会每个成员不论是否购买都要享用的产品，由市场供给就会出现失灵。预防和控制传染病传播的措施——例如环境卫生项目、疾病监测等对整个社区都有益。对一个孩子提供免疫服务保护的不仅仅是接受免疫的孩子，而且也保护了孩子周围的人。由于很难将个人排除在受益者之外，因此在完全市场机制下，如果政府对医疗产品部门投资不足将导致医疗市场在“看不见的手”的调节下供给不足，因为没有一家私人企业能够不以利润最大化为目的而向消费者提供免费或低费用的医疗产品。

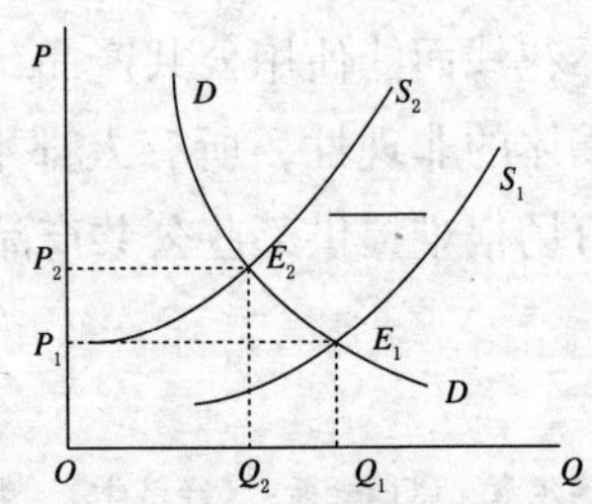

图 4－1　农村医疗市场的有效供给不足

在图4－1，假设医疗服务的市场需求为DD，企业的初始供给为S_1，均衡点是E_1，均衡价格和均衡产量分别为P_1和Q_1。由于医疗产品的外部性，使得生产者获益甚微。于是生产者通过减少产量、提高医疗产品价格来增加收益这种行为使供给曲线向左移动，从而达到新的均衡E_2（P_2，Q_2），但是医疗市场上产品的供给却严重不足。通过这个分析也同样可以解释目前农村医疗中出现的很多问题。

（三）我国市场发育不够成熟

公共产品市场化的顺利推进需要完善的市场经济体系。但与西方高度成熟的市场经济不同，我国发展市场经济时间不长，一个完善的市场经济体系还没有完全建立起来。有学者研究指出：1999年中国经济的总体市场化程度不会超过50%，2010年中国经济市场化水平接近60%；2020年达到70%，成为准市场经济国家；2030年达到80%，成为成熟市场经济国家。[1]由此看来，我国目前的市场化程度并不高，农村市场化的程度就更低了。而且，对私人资本的市场准入仍旧存在若干“禁区”或者设置苛刻的条款，从而导致了市场上私人资本难以进入某些公共产品的供给领域。例如，在电力、电信等领域，私人资本目前尚难以顺利进入，金融、卫生等新型服务行业的民间投资也同样存在进入困难。

（四）农民收入过低

收入水平提高不仅可以改变公共产品的属性，而且可以使一些公共产品在小范围内实现排他性消费，成为所谓的“俱乐部产品”，从而使公共产品的市场供给成为可能。而我国农民过低的收入却难以使市场供给成为可能。收入低使得供给公共产

[1] 刘国光：“中国经济增长形式分析”，载《经济研究》2000年第6期。

品的主体难以通过收费来弥补成本，在农村经营公共产品的利润微薄。与城镇居民相比，我国农村居民的收入明显过低，收入低必然导致支出水平也降低。在这种背景下，农民的消费原则具有生存取向的特点，他们对很多公共产品如平整的道路、良好的电视信号等的需求愿望并不迫切。因此，通过市场向他们出售公共产品势必会出现收费难的问题。同时，收入低也使他们生活非常节俭，常常尽可能减少开支，比如电费、电话费等的支出，这就使在农村经营公共产品很难获得较高的利润。所以，农民的低收入也会影响农村公共产品的市场供给。

三、农村公共产品市场供给的完善

在农村公共产品供给方面，德国很早就采取了政府采购和私人供应的双重体系。在德国，虽然人们认为提供公共物品是政府的责任和义务，且乡村公共物品供给的资金完全由政府预算提供，但政府并不禁止私人捐款和由私人提供某些公共物品。〔1〕一些重要的社会服务领域不是由公共机构直接提供，而是通过政府委托给非政府组织、企业或私人等来完成，通过内部市场化加强供应者之间的竞争，从而提高供给的质量和效率，政府在此过程中只起监督和管理的作用。〔2〕因此，我国也应该采取措施完善农村公共产品的市场供给。

（一）确定适合市场供给的农村公共产品

公共产品的公共属性的改变，使之具备了私人产品的属性，这就为市场供给公共产品奠定了前提条件。例如中国的固定电

〔1〕 赖海榕：“乡村治理的国际比较——德国、匈牙利和印度经验的启示”，载《经济社会体制比较》2006年第1期。

〔2〕 杨瑞梅：“德国乡村公共物品供给体制对我国的启示”，载《中共杭州市委党校学报》2006年第3期。

话业务长期以来一直由电信局承办，往往认为其原因在于规模经济，一个理由就是每个用户家中接入两条或多条不同公司提供的电话线是资源浪费。但是，中国铁通与电信的竞争打破了这种说法，已经有许多用户同时采用两个公司的相同业务。当条件具备时，某些原来由政府提供的公共产品就会改由私人市场提供。那么，市场提供农村公共产品需要具备哪些条件呢？

一方面，市场供给的农村公共产品一般应是准公共产品。由于纯公共产品一般具有规模大、成本高的特点，政府可利用其规模经济及“暴力潜能”优势较为经济地提供。而私人提供纯公共产品不是交易成本太大就是不可能，如产权、收入分配政策等供给就不能由私人提供。准公共产品的规模和范围一般较小，涉及的消费者数量有限，因此达成契约的交易成本较小，从而有利于公共产品的供给。例如社区内一些志趣相同的人共同出资兴建小型娱乐场所等。正如布鲁贝克尔等人所认为的，这容易使消费者根据一致性同意原则订立契约，自主地来提供。

另一方面，在公共产品的消费上必须存在排他性技术。这即是戈尔丁提出的公共产品使用上的“选择性进入”方式。纯公共产品如国防等，由于同时具有非排他性和消费的非竞争性，因此很难排除“搭便车”等外部性问题。共同资源产品如公共渔场、牧场等也存在这个问题。而具有排他性技术的产品，由于存在着“选择性进入”方式即排他性技术（如音乐厅的门票），可以有效地将“搭便车者”排除在外，因此，可以大幅度地降低私人提供的交易成本，从而激励私人市场提供某些公共产品。比如农村社区内的电力、小型水利设施等就具有排他性技术，因而就可以由市场很好地供给。

（二）注重引入市场机制

将市场机制引入农村公共产品供给领域，就是在政府等公共组织承担供给责任的前提下，把市场激励机制和企业管理手段引入农村公共产品供给之中，构建政府诱导与市场竞争相结合的新模式。实现农村公共产品的市场供给，取决于农村公共产品的市场需求机制和供给激励机制。从市场需求机制看，市场经济是产权的运行，是个人利益的追求和实现，只要市场获利机会存在，农村公共产品的市场供给就成为可能。从市场供给激励机制看，只要政府对私人提供农村公共产品给予必要的补贴或税收等方面的优惠激励政策，农村公共产品的市场供给也就成为可能。引入市场机制，完善农村公共产品的市场供给，具体要从以下四个方面加以推进：

一是完善相关制度，实行产权制度改革，创造良好的制度环境。市场若想成功地提供公共产品必须要有一系列制度条件来保障，其中最重要的供给是产权。按照阿尔钦的定义，产权是一个社会所强制实施的选择一种经济品的使用的权利〔1〕。市场经济体制下产品有效供给的实现，受制于一个基本前提——产品产权必须明晰。只有明确界定私人对某一公共产品的产权，并且有一系列供给来保护产权的行使，这样私人才有动力提供公共产品。因此，按照“谁投资、谁所有、谁受益”的原则，实行农村小型基础设施产权制度改革，对部分农村准公共产品采取拍卖、租赁、承包、股份合作等形式转让给个人或企业去经营，授予其一定年限的产权收益权，以此来调动民间资本参与公共产品生产和建设的积极性。市场经济所需要的制度基础，除了产权制度之外，还需要相关的法律基础，以规避市场扩张风险，使经济人能够建立确切的交易预期，降低交易成本。以科斯的灯塔为例，私人从国王那里取得修建灯塔的专利权，即

〔1〕 参见［美］罗纳德·H. 科斯：《论经济学和经济学家》，罗君丽、茹亚骢译，格致出版社2010年版。

是从法律上获得了对灯塔的产权，由此以法律手段保障了私人修建灯塔的权益。

二是出台优惠政策，引导农村公共产品的市场供给。由于某些公共产品具有高成本、非营利性等特点，政府可以对农村准公共产品的市场供给者给予补贴、奖励、减免税收和信贷优惠等激励政策，引导各种经济成分投资农业基础设施建设，鼓励各类工商企业增加对公共产品生产的投入，扩大供给规模。如地区性的农业病虫害防治、中小型水利工程和农业机械推广等，通常既有社会收益，又有生产者个人收益的特点，属于准公共产品的范畴，可以在政府补贴的基础上，按照“谁受益，谁负担”和“量力而行”的原则，由市场主体进行生产。再如，针对沙漠治理问题，政府可通过补贴的方式来激励私人主体投资于沙漠绿化。

农村公共产品市场供给在政府政策激励下的生产可见图4－2。如图4－2所示，政府对公共产品生产者提供补贴后，生产者的私人边际成本降低，供给曲线由 S_l 变为 S_2，农村公共产品的市场供给水平从原来 Q_1 提高到 Q_2，此时政府成为公共产品市场供给的“隐性合伙者”，分摊了部分农村公共产品的投资成本和投资风险。

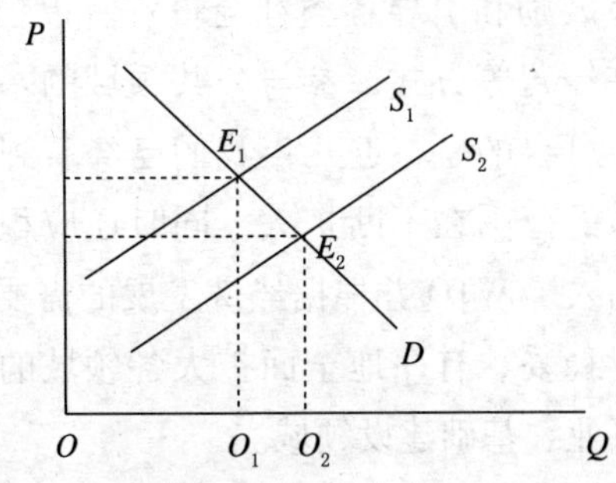

图4－2　政府激励下的农村公共产品市场供给

三是拓宽市场筹集资金渠道。在农村公共产品生产和建设过程中，利用市场渠道筹资还处于刚刚起步和探索阶段，可采取的做法主要有：利用资本市场筹资，如发行长期基本建设国家债券；成立旨在推动某项公共产品生产和建设的专向发展基金；开征专项使用税；向金融机构融资：出售资产使用权、经营权和冠名权等。最近几年利用国债资金实施的农村沼气、乡村道路、节水灌溉、人畜饮水、村水电、草场围栏等“六小工程”，对改善农民基本生产生活条件就发挥了重要作用。

四是消除市场准入上的体制障碍，启动农村公共产品供给市场。市场经济主体进入公共产品领域的主要障碍，不是资本规模上的障碍，不是能力上的障碍，而是市场准入上的体制性障碍。虽然私人、民营企业等在传统制造业和传统服务业占据重要地位，并且在高新科技产业也成为后起之秀，但是，在某些行业尤其是基础产业及新型服务业等领域，事实上还存在着进入壁垒。鉴于此，除少数涉及国家安全、经济与社会稳定的公共产品仍由政府供给以外，对其他公共产品，政府应该尽快出台平等进入基础领域的法规文件，在法规制度上予以明确和放开，消除行业的部门垄断、地区垄断以及行政垄断，为企业营造良好的投资环境，从而真正吸引民间资本进入公共产品领域。另外，应该鼓励和引导各类社会投资者以独资、合作、联营、参股、特许经营等方式，参与公共领域的基础设施和公益事业项目建设。可喜的是，近几年我们已经看到了民间资本投资公共产品设施的范围在不断扩大。同时还应积极利用外来资金，我国已经加入了 WTO 并根据经济发展的需要和加入时所做的承诺，积极、稳妥、有序地全面扩大各领域的对外开放，其中也包括公用事业、基础建设领域。

因此，这就要求，凡有盈利力、市场能解决的农村公共产品供给，就要取消对私人资本进入的限制，通过市场的办法去解决；凡盈利能力低、市场不能完全解决，但政府提供优惠政策后市场可以解决的农村公共产品供给，就要吸引、激励私人资本进入，尽量通过市场的办法去解决；凡不能盈利、市场能解决的农村公共产品供给，也要想办法引入市场机制，以降低成本，提高效率。

（三）发挥政府在农村公共产品市场供给中的作用

尽管农村公共产品供给部分推向市场，但农村公共产品市场化不能“操之过急”，市场解决不了公共产品外部性问题，农民自己解决不了“搭便车”问题，集体行动也会出现不一致，某些农村公共产品由市场供给并不意味着要完全脱离政府，政府仍然是公共产品的主要供给者和组织者。因此，市场化不是推卸政府在公共产品领域中的职责，而是为了更好地满足社会对公共产品的需求，在市场供给农村公共产品的具体过程中，政府的作用不可或缺，从韩国的“新村运动”中我们可以清晰地看到政府的政治权威在供给农村公共产品中的重要作用。在公共产品供给上不存在市场和政府的完全分野，实际上，二者的作用是互补性的。“市场”和“政府”必须双管齐下，才能最大限度减少二者的“失灵”。为了能够真正实现农村公共产品的市场供给，改善农民的生活状况和农村经济发展的环境，政府还应发挥着至关重要的作用。

第一，继续深化农村改革，规范农村财政管理体制，完善农村公共产品供给决策机制和农民需求表达机制。只有切实贯彻中央政府关于深化农村改革的决议，并通过精基层政府机构，减少吃饭财政，优化财政支出结构，规范转移支付制度等财政管理体制，才能真正增加农民收入，发挥农民收入增加的效应，为农民接受市场供给的公共产品提供条件。而且在农村公共产品市场供给过程中，必须建立一套相应的农民需求表达机制和农民自主决策机制，准确及时反馈农民的需求偏好，保障农民在与自身利益密切相关的公共产品供给决策中的发言权，这样市场才能准确地供给农民真正需要的公共产品。

第二，建立和完善相关的教育体系，对农民加强教育和引导，使其能够并且愿意接受市场供给的公共产品。除了经济发展水平外，农村公共产品的供给状况还与当地农民的文化教育程度有关。从社会的角度来观察，教育对增加农民收入和促进农村经济社会发展的作用通常是通过以下几个路径实现的：①更高的教育水平有助于提高农民的生产率，因而在劳动力市场上获得更高的回报；②教育水平的提高有助于帮助农民改善自身的健康和营养状况，从而提高生活的质量；③教育水平的提高能够帮助农民拓展生活的空间；④农民及其子女教育水平的提高也有助于促进整个社会的发展，增强社会的凝聚力，并给人们之间的平等发展提供机会。舒尔茨认为，教育可以扩大农民的眼界。我们有理由相信：受教育程度高的农民，对制度变迁的反应能力较强，对公共产品供给的长远利益认识较为清楚，从而有接受通过市场供给公共产品的可能。经过中华人民共和国成立后近六十年的发展，我国农村正规的基础教育体系已经基本建立起来了，但是职业技术教育、培训等方面的发展还相对滞后，我国现存劳动力中有80%左右没有接受过任何培训，而同时，80%以上的职业学校正面临生存危机，农林中专更是难以为继〔1〕，这些数据说明农村职业技术教育、培训体系还需要进一步完善。

第三，政府应对市场供给公共产品可能出现的某些负外部

〔1〕 占盛丽、董业军：“社会主义新农村职业教育与培训”，载《教育发展研究》2005年第23期。

性问题进行必要的规制。公共产品的市场供给者，由于理性经济人的特点以及制度约束的缺失，可能会做出某些有违公共利益的行为。私人取得某一公共产品的产权后，可能形成某种垄断优势，且凭借这种垄断优势，可能会提高此公共产品消费的准入价格，如提高灌溉用水的收费等；还有可能不对消费者提供完全信息，从而欺骗消费者；此公共产品在使用过程中还可能产生环境污染等负外部性。针对可能会产生的这些负外部性问题，政府有责任对这些市场供给者进行必要的规制，以切实保护农民的权益。政府允许市场供给某些公共产品，决不意味着政府在此方面责任的让渡。因此，出于公益的目的，政府的干预行为是非常必要的，必须加强对市场提供公共产品的制度约束。

第五章

我国农村公共产品的社区供给机制

自实行村民自治以来，我国对农村公共产品的供给并不能满足农民的需要，不少农村公共产品基本上是由社区，即主要是村集体组织供给的，因而，社区在农村公共产品供给中发挥着很大的作用。但是，目前我国农村社区供给的公共产品数量仍然很少，社区供给基本处于空白状态。

一、农村社区供给公共产品的可行性

（一）农村公共产品社区供给的理论依据

施蒂格勒从中央与地方分工合作角度详细论述了地方政府提供公共产品的必要性与合理性。他认为：与中央政府相比，地方政府更接近公众，比中央政府更了解辖区内的居民需求和偏好；各地区居民有权通过投票对公共产品供应的水平和数量进行选择。因此，施蒂格勒主张，既然由中央政府统一提供公共产品不经济，为实现资源配置的有效性，决策应该在低层次的政府中进行，由各地方自行确定本地公共产品的数量和种类[1]。显然，施蒂格勒的主张对农村公共产品社区供给问题的分析同样适用。

---

〔1〕参见［美］施蒂格勒：《生产和分配理论》，晏智杰译，华夏出版社2008年版。

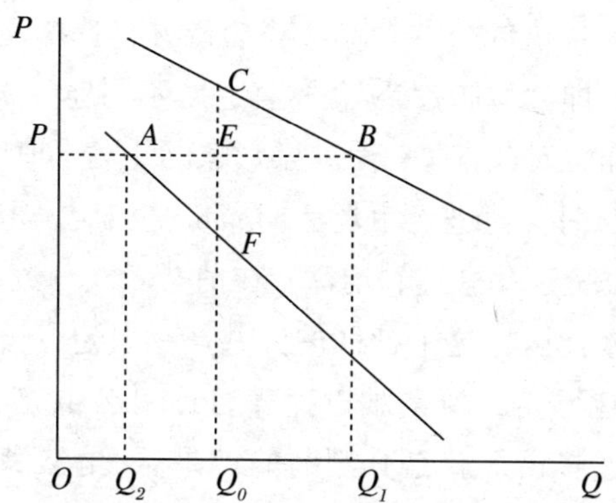

图 5 -1　由中央政府或高层级地方政府统一供给公共产品的福利损失

从图 5 -1 我们可以更进一步地看出地方公共产品由低层级政府或者社区而不是中央政府或高层级地方政府供给的必要性。曲线 D_1 和 D_2 分别代表两个地区居民对公共产品的需求，假定公共产品的提供成本是不变的 OP，则第一个地区居民的公共产品需求量为 Q_1，第二个地区居民的需求量为 Q_2。中央政府或高层级的地方政府为了公平起见，在两个地区居民的需求量中取一个折中水平 Q_0 来提供公共产品。这样，对第一个地区居民来说，中央政府或高层级地方政府的公共产品供给小于其需求，其福利损失为 $\triangle CEB$；对第二个地区居民来说，中央政府或高层级地方政府对公共产品的供给超过了其需求，福利损失为 $\triangle AEF$。从中可见，由中央政府或高层级地方政府统一提供公共产品会造成各地区的福利损失。而如果由低层级政府或者社区根据其辖区内居民的偏好，以不同的价格提供不同数量的公共产品，两地居民的境况都能得到改善，并能消除福利损失。

在 Tiebout 模型中，社区居民会对不同社区提供的公共产品和税收水平进行对比，以选择最适合自己居住的社区，如果个人不满意社区提供的公共产品，将会离开，选择适合自己偏好的辖区居住，即“以脚投票”。这样，对不同地区来讲，也是一种激励。蒂布特对此作了一个非常形象的比喻，他说：“个人在购买私人产品时，他进入市场，产品价格已定，根据价格他决定购买多少私人产品并达到均衡。在消费者充分流动的前提下，让消费者进入社区，这个社区的公共产品已定，公共产品的价格（税收）也已定，他也难以掩盖自己对公共产品的真实偏好，他是否选择留下就是其判断的结果。”虽然满足蒂布特模型的假设前提有很多困难，比如社区居民对社区的充分信息、足够的流动性以及不考虑工作和其他社会因素选择居住点都是不现实的，而且对我国大多数农民而言，打算经常搬家或迁居别处的人毕竟是少数，但是也不能排除这种人的存在，比如一些年轻人或有“企业家”精神的农民选择离开农村到城市生活。

社区供给模式实际类似布坎南的俱乐部供给模式，这是一种集体合作供给模式。该理论认为，俱乐部是一个组织，向成员提供可供分享的产品和劳务——集团内部的公共产品，这些产品和劳务在集团内部具有非排他性、非竞争性和不可分割性，并按平等的原则向其成员收取费用，所收的费用用于产品和劳务的分摊，其成员既是投资者，又是消费者。出于相同个人偏好而参加到同一俱乐部的成员，对集团提供的产品评价大致相同，集团蕴含的特有的激励和制约机制能够消除各成员的“搭便车”动机，促使集团高效提供公共产品。这便是集体合作或者俱乐部形式供给的理论依据。农村公共产品的外部性使社区内每个成员预见到从集体内部提供的公共产品中获得的个人收益会超过提供这些产品的成本，这便成为农民采取集体合作供给公共产品的现实吸引力。这种方式作为政府供给不足和私人无力承担公共产品费用的补充，具有资金聚集效应，能满足社区对公共产品的需求，实现了公共产品供给者、决策者和使用者的高度统一。这种合作方式主要是以农民为现实融资者，在社区内部融通资金，以集体资金为主，并吸收农民资金入股。这一供给模式，不仅可以将融资的收益与风险较好地结合起来，克服外部性，也降低了交易费用，包括简易的手续，节省的时间、精力和社区成员相互熟知带来的低廉的交易费。同时，长期共同生活形成的乡规民俗、家庭亲情等观念也降低了监督成本。

（二）农村公共产品社区供给的现实条件

1. 社会转型中农村社会问题凸显引发多样化公共产品需求

受社会转型的影响，农村社会问题凸显出来，这些问题大都是公共产品问题。能否处理好这些问题事关农村的发展与稳定，对整个国家的繁荣与昌盛、对国家计划的实现有着直接的影响。

（1）农村社会空壳现象严重。实行家庭联产承包责任制，特别是市场经济以来，农民解除了被困在土地上的束缚，人口流动大大增强。农村社会空壳现象主要体现在随着社会转型，在城市第二产业比较利益的吸引下，农村人口飞速地向城市流动，有知识、有文化的农村青壮年劳动力进入城市，使得农村社会主要由老、少、妇构成，这引发了一系列社会问题。首先，农村老年人沦为弱势群体，得不到关照。子女外出，老人精神生活差：孤独、无人照管，更有甚者由于社会转型使得传统的儒教文化的影响淡化，代际关系出现了松散化，维系农村传统养老机制的道德力量也在发生改变，子女赡养父母的意识也淡化，物质保障缺乏。其次，留守儿童引发的社会问题严重。由于父母远离家乡，留守儿童大多是由隔代老人照管，足够的科学理论已经证实隔代照顾有较大缺陷：隔代老人文化知识缺乏使其没有足够的能力来辅导小孩，出现了留守儿童学习成绩跟不上、学习习惯差的情况；虽然大多数留守儿童心理状况基本健康，但他们容易产生自卑感，甚至出现自闭心理；留守儿童没有安全感，成为受各类犯罪侵犯的高危人群。据公安部最近的一项统计表明：农村留守儿童中男孩是拐卖对象，而女孩受到性侵犯比率相对较高，在被拐卖儿童群体中，居第一位的是流动儿童，居第二位的是留守儿童；留守儿童犯罪率较高，据资料显示，留守儿童的犯罪率比一般儿童要高出 20 个百分点。再次，家庭不稳。妇女留守农村，丈夫在外务工，夫妻长期分离，妇女孤独寂寞、精神文化缺乏，在伦理缺乏下出现了再婚、与他人非法同居等一系列社会问题，造成离婚增加、单亲家庭增加，导致社会不稳。最后，农村治安状况差。农村社会空壳，青壮年的外出，使得单个家庭无法保护自身的安全，也给不法分子可乘之机。媒体多次报道犯罪分子专门寻找青壮年劳动力缺失的农村，肆无忌惮地从村庄将牲畜或钱物偷走。这对老人照顾服务、青少年儿童服务、治安服务等需求提出了新要求。

(2) 农村社会分层。“社会分层主要是指社会群体、社会成员因社会资源占有的不同而产生的层化或差异现象，特别是建立在法律法规基础上的制度化的社会差异体系。”[1]实际上就是社会资源分配不均，地位不同的群体或个人占有不同的收入、职业、教育机会、声望等等。总的来说是职业差异引起收入差距拉大，从而改变声望与教育机会等。当然原有的代际间

[1] 李强：“当前我国社会分层结构变化的新趋势”，载《江苏社会科学》2004 年第 6 期。

差异也会产生收入与职业差距。实行改革开放以来，特别是实行市场经济以来，原有单一的按劳分配原则得到了改变，使得按照包括资产和知识等生产要素进行分配的原则占有重要地位，致使那些有资产、有知识、有文化、有背景、有头脑的人先富起来了。就收入差距而言，地区之间的收入差距巨大，同一地区内部收入差距明显。在农村，由于社会分层、职业分化和收入差距拉大，使得原有的农村公共产品由单一的同质性需求转化为多样化的异质性需求。这必然要通过不同的社会阶层与利益群体的参与，来表达自己需求，从而提供多样化的公共产品。

（3）家庭小型化。实行计划生育以来，人们的生育观念的变化使得家庭小型化出现，核心家庭增加，家庭类型呈现出“4－2－1”状况，户均人口减少。如图5－2，从20世纪80年代以来，我国平均每户的人口逐年减少，现在基本维持在户均3人，也就是每对夫妇平均只有一个孩子。这会导致一些社会问题，如在农村，会使传统农村的赡养难以为继：一对夫妇除自己外，至少还要赡养5口人，即子女和夫妻双方的父母，如果祖辈健在，赡养的人口会更多。据调查，我国老年人口还有增加趋势，农村人口占总人口的比重和农村的老人占全国老人的比重分别为71%和75%。到2030年，60岁以上的农村人口数量将由目前的1.05亿增加到2.33亿。[1]农村青年夫妇经济压力和精神压力将会增大，甚至可能引发家庭“经济危机”，因此急需一种新型养老服务模式。

---

〔1〕 王彬：“家庭结构变化对农村家庭养老制度的影响因素分析”，载《农村经济与科技》2008年第2期。

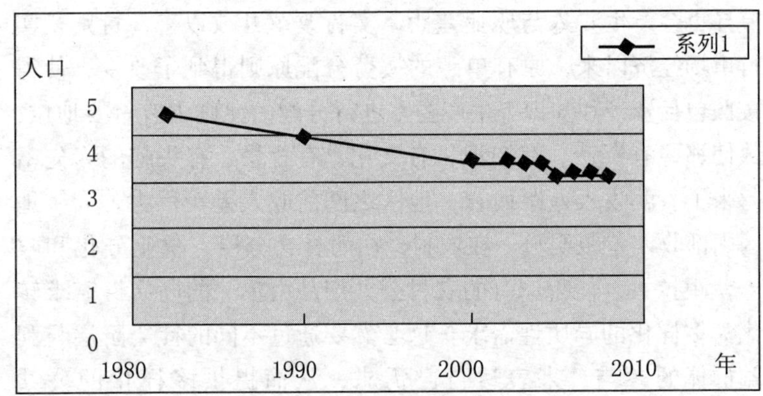

图 5-2　平均每户人

数据来源：根据人口和计划生育统计公报及中国人口信息网综合整理而得。

(4) 农村社会风气蜕变。现在的农村有一句顺口溜“三分之一的时间种田，三分之一的时间赌钱，三分之一的时间过年”，说明了农村社会风气恶化，农民满足于现状，但也从另一角度反映了农民的生活单调，农村娱乐设施缺乏。农村包产到户后，劳动生产率得到了极大的提高，农村的空闲时间多了。特别是 21 世纪以来出现了抛秧、机耕、机收等，更使得劳动时间大量减少，休闲时间大量增加。这关系到新农村建设、关系到农村风气与农村社会和谐发展，所以对社区娱乐等公共产品需求提出了极高的要求。

社会转型所出现的这些问题，实际上就是与此对应的公共产品需求问题，它引发了对农村社区保障、养老、救济、社会治安、农村娱乐以及农村环境污染等多样化的公共产品需求，因此需要改变社区机制予以提供。

2. 发达的经济是农村居民充分参与合作的条件

任何一项制度的实施，都必须有与其对应的经济制度作为基础。在新中国成立的初期，整个国家一穷二白，人民公社控制着农村所有资产，公众处于一种被动的附和性的参与。家庭联产承包责任制实行后，整个国家也较落后，集体经济出现了空壳，农民也不富裕，出现了各自分散、各自为己的现象，有关社区整体利益的公共产品参与严重不足。当把“蛋糕”做大，国家经济实力增强、集体经济发展、居民富裕了，居民解决生计问题、进入发展阶段后，出现了更高层次的追求，合作、参与意识明显增强。因为在经济充分发展后，居民的需求异化，为了得到自己的公共产品，居民会积极主动地参与博弈，合作提供公共产品。同时，财富的增加会使得居民之间的信任增加、联系的网络增大，亦即社会资本存量增加，而信任增加、网络增大会减少集体行动困境、增强其行动的能力。

通过对我国不同地区的村民自治、“一事一议”的执行状况的考察，我们可得出结论：居民对政治生活的关注需要一定的物质条件和物质手段作为保障。富裕地区的参与程度与达成一致性的合作协议的可能性要明显高于贫穷地区。在一些经济基础薄弱、集体经济缺乏的地区，由于经济实力不够、村民自治组织的权威也严重不足，社区和社区村委会（居委会）对居民缺乏吸引力、凝聚力和感召力，居民对社区干部的信任程度低，薄弱的经济基础打击了村民的政治参与热情，使得村民的政治参与程度与参与能力相应地降低。社区缺乏为村民提供优质公共产品的能力，而居民自己也是“吃饭经济”，无法通过共同合作出资来提供公共产品。而在发达农村，情况则明显地不同，居民为了集体利益、为获得自身服务需要或为扩大自己的声誉与信任，会争相参与。调查数据显示：收入与居民参与具有很强的相关性。对“一事一议”的调研数据证明：在“一事一议”中，富有农村参与“议事”达成一致协议的比重明显高于贫困的农村。农民人均收入在3000元以下的农村有关公共产品的“一事一议”成功比率的差异较小，3000元以上开始出现差异，农民人均收入越高合作成功比率越高，且成功比率有加速趋势。人均收入每增加2000元，合作成功率平均增加6%。特别是农民人均收入达到8000元后，社区“一事一议”中所提出的公共产品基本会得到居民的认同。同时，经济发展了，教育水平提高了，健康水平也提升了，人力资本的素质得到提高，这也为社区供给打下了基础。

3. 国家权力回归社会为农村公共产品社区供给提供了空间

在国家与社会高度聚合下，就农村而言，农民依附于国家，国家决策代替了农民的决策，农民没有话语权，社区也不能为自己的发展进行策划。此时，国家没有给社区及其居民留下参与公共产品的权利和机会。只有权利回归社会才能为社区供给公共产品腾出空间。权利回归社会是公民当家做主的前提，是公民扩大参与和提高社区自治能力的条件，也是公共产品效率得以提高的条件。正如塔洛克等多人倡导“把所有权从官僚机构那里夺过来送到社区去”，认为应将社区力量导入国家发展网络中，形成共同治理结构。[1]

第一，人民公社的解体为农村公共产品社区供给提供了机遇。新中国成立以来，我国各个时期的领导人非常重视发扬民主，给予人民当家做主的权利。但是，在政社合一的历史背景下，在国家与社会高度整合下，农民只是集体的一个生产要素，集体领导农民，而农民无权指挥集体，农民此时无参与权可言。只有当政治与市场、社会（社区）分离时，社区及其居民才能发挥作用，广泛的参与才成为可能。家庭承包责任制的实行，

〔1〕 参见［美］戈登·塔洛克：《公共选择——戈登·塔洛克论文集》，柏克、郑景胜译，商务印书馆2011年版。

使农民获得了索取生产的剩余权，使“三级”所有失去了基础，人民公社的解体也是理所当然。人民公社解体后，农村出现了权利真空。但与此同时，国家权力的上移给农村社区发展创造了一定空间，社区自治的能力不断提高，为了弥补国家权力的真空，为满足农业生产、农村发展、农民生活的需要，以社区为纽带的民间组织如宗族、专业合作社应运而生。更有甚者，随着政府职能的转变，国家权力层层下放，政府将原属于社会的权力归还给社会，回落到社区，出现了村民自治，实行了“一事一议”制度。这大大加强了社区的平台作用，促进了公共产品供给的居民的合作，促进了居民的参与，为公共产品社区供给打下了基础。

第二，农村居民权利意识的增强为公共产品社区供给提供了条件。由于人民公社的解体，国家不断地推行民主，使得人们的权利意识、民主意识大大增加，农民维护自身权利和利益的思想与能力提高很快，这为社区供给创造了条件。

第三，法律界定社区与国家权力为社区供给提供了法律保障。为了确保农村居民的权利，国家颁布了《村民委员会组织法》，规定了村务公开，确保农民享受权利，用法律形式保证农村居民对本社区范围内公共事务的自治权，在公共产品上社区实行“民主选举、民主决策、民主管理和民主监督”四项民主制度有利于社区作用的发挥。

4. 政府由控制向服务的转变赋予了社区农民更多的参与权

公共产品社区供给中的关键是农民参与、农民决策，而农民的参与和决策必须保证农民享有真正的权利、享有公民权，也就是农民作为公共产品的决策主体应该是平等、独立、自由的，具有独立的自由人身份，在决策时有话语权，能够自由地表达意志，不受外界的干预。为此，必须建立公民社会，使得农民拥有正常的公民身份。而建立公民社会的前提是政府由政治全能主义的控制向现代的服务关系转变。当前我国政府正由控制型向服务型转化，服务型政府成为我国行政管理改革的价值取向。全国人大会议的《政府工作报告》多次明确提出促进我国公共行政系统由传统型向现代公共产品型转变的思想。实现公共产品社会化是我国构建服务型政府的有效途径与实践方向。其中社区是微观型社会，社会是由无数个社区组成的，社区供给改革是全球发展趋势，也是我国公共产品型政府建设的要求。公共产品社区供给是公共产品社会化的实现形式，能优化政府公共产品结构、提高服务效率。

就农村而言，我国国家权力不断从农村退缩，对农民、农村的控制大大减弱，而服务思想大增，给予农民极大的自我决定权。农业税的免除从另一个方面说明政府放松了对农村的控制，减少了对农民的索取，转向对“三农”的“多予少取”、加强服务思想，推动了农村民主建设，保障了农民在村内公共事务中的发言权。由于农民拥有财产，而要使农民让渡私人财产、提供公共产品，就必须以社区为平台，听取农民的声音，由农民自己当家做主、民主协商决定资金的投入方向，决定公共产品的配置，真正实现公共产品农民决策机制。

二、我国农村公共产品社区供给不足的原因

一方面，社区的优势是在“地方性的”公共产品供给上，其受益者被局限在本地；另一方面在社区资源管理能力低的国家里，社区的作用也很有限，难以有效地供给公共产品，因此，社区在供给公共产品方面也会出现不足的情况。改革前，村集体也是农村公共产品的主要供给者。但当时由于经济发展水平有限，农民能够享受到的公共产品的水平是很低的，主要包括

道路、初级医疗卫生等。改革开放以来，家庭联产承包责任制的推行及人民公社制度的解体，一方面使乡村集体的经济功能弱化，另一方面把社区集体财产“分光吃净”，削弱了集体提供公共产品的能力，使集体在供给公共产品方面有心无力，供给的公共产品越来越少甚至没有。

（一）传统社会资本治理机制日渐式微

中国传统乡土社会是一个社会变迁较少而且变迁速度很慢的社会，由于累世聚居而形成了以传统亲属关系占重要地位的熟人社会，熟人社会有其内在秩序和社会行动逻辑。随着农村经济体制改革和现代化进程的推进，传统乡土社会发生了巨大变迁，传统熟人社会逐步变成半熟人社会。传统的对农民行为有约束作用的软规范，如宗族意识、村庄认同、面子观念等逐步解体，村庄社会的关联度大大降低，农民越来越精于理性计算，农村传统社会关系渐渐解体，现代社会关系却没有完全建立，从而造成了当前农村的社会危机，降低了社区集体合作能力，影响了农村公共产品供给的效率。

1. 农村社会关系日渐松散

中国的传统社会结构和人际关系是一种差序格局，在这种差序格局中，家庭构成了社会合作最基本的单位，它有利于促进家庭内部的协作。宗族是聚居在一个地域的血缘团体，是传统社会的一种重要治理形式。由于户籍等政策的约束，城乡之间人口流动性不强，农村社会长期维持在一个相对稳定的状态，血缘亲属关系占据着重要的位置，村民之间讲究面子和人情，村规民约、地方舆论、宗族惩罚等比正式制度更好地约束着村民的行为，不守规则的村民会被边缘化，农村社会在一定程度上可以维持内在的自我平衡。然而，伴随着农村经济体制改革的推进和人口流动的加剧，农村社会关系网络日趋松散，传统农村社会的稳定结构逐步被打破，舆论、道德约束、宗族惩罚等传统治理机制在逐渐丧失。

近年来，以个人权利为本位的现代性因素逐步渗透村庄，对传统的家庭伦理形成极大冲击，传统的“父慈子孝、夫义妇顺、兄友弟恭”局面被打破，“父子不亲、婆媳不容、夫妇不和、兄弟不睦”的问题经常出现，家庭内部的亲和力在弱化。同时，现代生产生活方式的导入，使农民从繁重的多人合作生产活动和家务活动中解放出来，大家庭逐步解体，核心家庭逐渐增多。而作为传统乡土社会自在秩序的宗族，由于受到外界的冲击逐渐断裂为碎片。这些离散趋势强化了农民的自我观念并增加了相互合作的难度。

2. 农村差序格局理性化

传统农业社会存在很强的互惠观念。在相互交往过程中，农民利他行为大多不是出于事前理性的计算，而是源于感情交往和道义协助。农民之间超越家庭、宗族的互惠互利行为，培育了村民对社区的归属感和认同感，强化了村庄的关联，形成了社区集体行动的能力。随着市场经济的深入发展，农村社会分化加剧，不同利益群体和阶层的利益意识不断被唤醒、强化，农民之间交往的功利性色彩愈加浓厚，利益逐步成为人们的行为规范，人们不再一味追求互惠承诺带来的荣誉，往日“守望相助、疾病相扶”的互惠合作传统逐渐被利益所取代。社区成员之间的心理交往距离不断扩大，人际关系逐渐冷漠化，传统乡土社会内在的道德和声誉约束机制逐渐瓦解。

在当前的中国农村，理性化已经被演绎成为一个极端的表现。贺雪峰、罗兴佐曾经利用“农民特殊的公正观”进行概括：“农民不在乎自己得到多少及失去多少，而在于其他人不能白白从他的行动中得到额外的好处。”[1]农民不是根据自己的实际得利来计算，而是通过与他人受益的比较来权衡自己的行动。这种过度的理性化趋势，对传统的风俗礼仪和互惠制度形成了极大冲击，大大增加了农民合作成本，降低了社区集体行动能力。

3. 关系信任机制弱化

信任是村庄治理的重要机制。所谓信任，就是指当个体面临预期损失大于预期收益的不可预料事件时，所作出的非理性选择行为。信任是合作的心理基础。良好的信任关系能促进合作，这是因为信任能超越现有的信息去总结出行为预期，用带有保障性的安全感去弥补所需要的信息，从而减少社会交往的复杂性，降低合作成本。

乡土社会的信任是一种亲缘信任。在“差序格局”的社会结构和人际关系网络中，每个人的位置都是相对固定的，人们根据亲疏远近来确定对他人的信任程度。这种信任关系的产生，“并不是对契约的重视，而是发生于对一种行为的规矩熟悉到不假思索的可靠性”。[2]这种建立在熟悉度和感情联系基础上的信任关系，在村庄自有的惩罚与激励机制的维护下，促进了社区的稳定和合作。但是，随着人口流动和现代法律权威的介入，传统人际信任受到极大冲击。随着家庭、宗族所提供的原始社会资本的减少，依附于传统规则和理念的人际信任关系被削弱，传统关系网对个人的约束力也随之降低。人际信任约束力减弱的同时，制度信任并没有相应地建立起来，而是处于缺失或不

〔1〕 贺雪峰、罗兴佐：“论农村公共物品供给中的均衡”，载《经济学家》2006年第1期。

〔2〕 林万龙：《中国农村社区公共产品供给制度变迁研究》，中国财政经济出版社2003年版，第87页。

完全状态，农村信任关系由此出现断裂。人们的风险预期增加，没有信心去追求长期利益，因此更多地选择短期行为，削弱了信任机制的约束力。

(二) 社区内制度的变迁

20世纪70年代末以来，以家庭承包责任制为核心的农村经济体制改革，彻底改变了人民公社体制下的生产经营格局，重构了农村微观经营主体，推动了农村生产力的跨越式发展。但是，随着农村制度的非集体化变革，农村集体经济大多难以维系，部分基层组织陷入瘫痪或半瘫痪状态。实行分税制改革特别是取消农业税后，我国不少地区县乡财政普遍陷入债务危机，提供公共产品的能力弱化，农村公共产品供给的主体责任逐渐由基层政府向农村社区转嫁。

1. 村庄治理机制的变迁

20世纪60年代初，我国确立了“三级所有，队为基础”的人民公社体制。人民公社具有政权实体和经济组织的双重身份，拥有社内绝大多数资源的控制权，对社员的社会生活实行严格控制。在这种“强国家弱社会”的模式下，农村公共产品主要由政府通过行政命令的方式提供，公共产品的供给数量和结构由政府决定。由于农民不是完全独立的利益主体，没有生产资料的拥有权，也没有剩余索取权，对公共产品缺乏主动需求，也不存在需求差异，而且在集体主义价值观的影响下，个人利益服从集体利益，农民的权利意识并不强烈，因此不存在严重的供需错位的问题。

20世纪80年代初，随着农村制度的非集体化变革，农村集体经济大多难以维系，部分基层组织陷入瘫痪或者半瘫痪状态，原来依附于集体经济的公共产品供给机制逐步瓦解。“据1998年民政部对全国17个省数百个村庄的调查，村级组织处于瘫痪的约占30%，部分贫困地区甚至高达50%。”集体经济的衰落和基层组织的涣散，使农村基础设施和公共服务状况不断恶化，直接影响到农业生产的发展和农村社会的稳定。在这样的背景下，1987年通过《中华人民共和国村民委员会组织法（试行)》，使得村民自治的原则得以确定。1998年颁布的《中华人民共和国村民委员会组织法》，使村民自治成为农村社区的基本制度。村民自治的最初诱因是为了解决改革后农村公共产品供给不足问题。实施村民自治后，农村公共产品供给状况有了一定程度的改善，但在根本上并未有大的改观。这是因为，村民自治制度的变迁，没有完全解决“搭便车”现象，导致社区很难形成集体行动。

2. 村级组织角色的转变

按照《村民委员会组织法》，村委会不属于国家行政单位，只是村庄民主决策的组织者和执行者。可在实际操作过程中，不少地区的村委会逐步演化成协助乡镇政府办理“政务”的类政权组织。村委会不仅要办好“村务”，而且要协助乡镇政府办好“政务”。为了完成“政务”，政府赋予了村委会一定的强制性权力。由于权力具有无限扩张的特点，村委会为了完成“政务”，被赋予的权力逐渐向“村务”和其他领域扩展，提升了村委会在村民中的威信，强化了社区集体行动的能力。

取消农业税后，县乡政府职能发生了变化，村委会也逐步去行政化，依靠政府强制力动员社区资源的能力下降。同时，由于上级转移支付有限，村集体收入越来越少，根本无力动员社区资源开展公共事业。由于缺乏必要的物质基础和政治权威，说教和道德规劝成为村委会促使搭便车的村民重新选择的主要工具，但“村民不会被村干部的动情谈心所打动，他也可能不将以公道为基础的社会舆论放在眼里，他唯一害怕的可能是村干部所借重的来自上级政府的强制力量”。[1]村委会的逐步去行政化，削弱了社区对搭便车者的约束力，导致村委会牵头举办农村公共事业难度加大。

3. 社区内部监督与惩罚

目前，村干部从职位获得的收益主要有社会性收益和经济性收益。社会性收益如声望、权威、政治社会抱负等；经济性收益如工资、寻租收入等。在农村人口流动频繁化和农民日益理性化的背景下，声望、权威等社会性收益的重要性在下降；在几次经济体制改革后，村干部获得的经济性收益也在不断下降，甚至在村级负债严重的地区，村干部的工资收入也很难保障。由此对村庄治理将会产生两个方面的负面影响：一是在外部就业机会增多、村干部收益得不到保障的情况下，更多的农村精英选择外流。农村精英的流失使社区对搭便车者的监督和惩罚能力大大下降。二是由于村干部既不能获得正当的经济收益，又很难捞到非法的好处，往往会“做一天和尚撞一天钟”，而不是积极地去监督并惩罚搭便车者。同时，实行村民自治制度后，村干部由村民选举产生，村民对村干部的连任有投票权。对部分希望连任的村干部而言，一般不愿意得罪村民，在面对村民的机会主义时，往往也不会进行监督和惩罚。

对于农民个人而言，由于实施监督和惩罚会导致较高的个人成本，而带来的好处却是其他村民都可以享受，在农民日益理性化的情况下，农民对村干部和其他行动者的监督与惩罚通常也难以形成。张克中、贺雪峰对此曾做过如下论述：“在农民处于原子化的境况下，在任干部是强势的力量。因为原子化的农民是分散的，是难以集体行动的，是组织起来成本极其高昂

〔1〕叶兴庆：“论农村公共产品供给体制的改革”，载《经济探究》1997年第6期。

的群体，他们每个人面对着那些明显从村集体中乃至从他们自己身上牟取好处的行为时，都充满了不满，却都不会行动。他们的不满只是在心中，每个人都期待他人去抗议村干部的不良行为，为村庄利益上访。”如果不是危害到自身和家庭利益，农民不会动用自己的资源去监督惩罚以维护集体合作。村干部和村民的这种行为选择可能导致社区内部陷入惩罚的“二阶困境”，提高集体行动成本，降低社区公共产品的提供能力。

（三）“一事一议”制度的缺陷

当前农村公共产品的社区供给主要通过“一事一议”的制度执行，虽然这种制度对农村公共产品供给起了很大作用，但是，该制度在执行过程中却存在一些缺陷，直接影响了执行效果。

1. 农村公共产品社区供给制度——“一事一议”制度的形成

所谓“一事一议”，是指在农村兴办农田水利基本设施、植树造林、修建和维护村级道路等集体公益事业时，所需资金和劳务要通过村民大会或者村民代表大会集体讨论、研究，实行专事专议的办法筹集部分资金。作为一种公共产品供给制度，“一事一议”是随着我国农村公共产品供给制度的变迁而逐步形成的。“一事一议”已经在我国存在上千年了，并非近几年才出现，早在我国封建社会中，“一事一议”实际就已经存在了。在封建社会，农村是自然村，特点是以血缘组织为基础，以族居或熟人共同体的方式存在，主要靠宗族、血缘等关系维持。当对公共产品如道路、治安有需要时，乡绅或族长一般会出面发起村民就公共产品的相关问题进行讨论。由于血缘、宗族以及对团体保障的依赖性，农民即使贫困，对公共产品的需求不如乡绅望族那么迫切，但一般也不会反对集体讨论。除了经济利益的诱导之外，农村社区的人文传统、意识、宣传示范作用也是不可忽视的，核心人物的带头作用在建设基础设施的动员中对成员具有相当正面的作用。这样，有钱出钱，没钱出力，所需的公共产品就建成了。在封建社会，熟人共同体的传统组织形式如宗族等，具有组织成本低、社区治理有效而农民又接受的特点，因此，可以较有效地供给一些公共产品。当然，由于封建社会经济相对落后，供给的公共产品不论在质上还是在量上都无法与现在相提并论。

新中国成立后至改革前，我国农村公共产品的供给水平持续上升。究其原因，一方面，当时农村实行的人民公社制度具有提供公共产品的组织优势〔1〕；另一方面，为了解决粮食问题，国家必须向农业投资。改革开放后，家庭联产承包责任制迅速取代了人民公社制度，人民公社制度下的生产队、生产大队、公社逐步成为政权实体，不再是经济组织，乡村财政可支配的经济资源较改革前已十分有限。由于现实的需要，在改革之初，我国形成了乡统筹、村提留、“两工”并存的农村公共产品供给体制，向农民分摊公共产品的货币成本和大部分人力费用。然而，由于农村行政体制改革的不配套等原因，较改革之前，农村地方政府的机构、人员迅速膨胀，为了维持农村地方政府正常运行，无疑需要巨大的开支。在这种背景下，乡统筹、村提留、“两工”逐渐丧失了应有的供给公共产品的功能，而蜕变为乡、村两级组织为了自身利益向农民伸手、损害农民利益的工具。为了减轻农民负担，中央2000年开始在安徽推行税费改革试点，根据《中共中央、国务院关于进行农村税费改革试点工作的通知》（中发［2000］7号文件）精神，制定了《安徽省农村税费改革试点方案》，其中明确规定到2003年取消“两

〔1〕 叶兴庆：“论农村公共产品供给体制的改革”，载《经济研究》1997年第6期。

工”，取消“两工”后村内兴办集体和公益事业，要通过村民大会或者村民代表大会集体讨论、研究，采取“一事一议”的办法筹集部分资金，地方政府对村内采取“一事一议”生产公益事业的投劳数额进行上限控制。至此，“一事一议”作为我国农村公共产品的供给制度正式开始实施了。

随着农村税费改革的进行，各个省份在短时间内就纷纷取消了“两工”，将农村社区的诸多公共产品建设项目推向了市场。地方政府的本意是想彻底减轻农民的负担，防止农民负担的反弹。从这样的角度来说，两工的取消确实限制了乡村基层组织可能伸向农民的“黑手”，农民得到了“负担减轻”的好处。但是，关键问题是“两工”取消后农村社区的公共产品建设是否能够顺利进行？“一事一议”制度能否真正发挥作用？

2. “一事一议”制度供给农村公共产品的绩效分析

在我国绝大多数农村，“一事一议”已经成为农村公共产品的主要提供形式并承担着重要的功能。但是，通过对河南省东部L县已经实施“一事一议”制度的4个样本村180个农户样本开展实地调查，发现“一事一议”制度本身的缺陷限制了其作用的发挥。

（1）“一事一议”制度的操作不够规范：

其一，议事程序不够规范。第一，关于项目发起人，按照《村民一事一筹资筹劳管理办法》的规定，一事一议筹资筹劳事项目可以由村委会提出，也可以由1/10以上的村民或者1/5以上的村民代表联名提出。但在已实施“一事一议”制度的样本村中，有超过90%的议事项目主要由村干部发起，由村民和村民代表提出的议事项目较少。同时，议事项目发起过程也不是很规范。按照相关规定，提交审议的项目，必须向村民公告并广泛征求意见。但在实际操作中，通常是村干部提出议题后，直接召开村民大会或村民代表大会进行讨论，这是造成在议事过程中难以形成决议的重要原因。第二，关于议事程序，大多数样本村开展“一事一议”的程序是：村干部首先提出议题，然后由村民代表讨论，最后投票决定是否通过。在已实施“一事一议”制度的样本村中，只有少数村采取召开村民大会由村民直接投票的方式。从议事程序上看，大多数村出于方便性考虑选择召开村民代表大会进行讨论投票，这符合相关规定。但在参加会议的人数和投票通过的标准上比较随意，议事程序不尽规范。

其二，议事内容不够完备。多数样本村审议事项内容不完备，主要集中在筹资筹劳标准、项目开工和完工时间等方面。对于项目实施后的公共设施看护问题，也只有少数村商议过，重建轻管的现象比较普遍。而对筹集资金的管理，在议事中几乎没有提及。由于缺乏有效的资金管理制度，有些村出现“议事”资金被平调、挪用现象。关于议事项目实施的保障问题，大多数村没有规范性的制度规则。以议事后的资金筹集为例，村民在议事项目通过后可能不缴纳或者不按时缴纳筹资款，大多数村对此并没有规定相应的惩罚措施，从而导致了资金筹集难成为“一事一议”制度实施中的一大难点。

其三，议事效果不够理想。

首先，召开会议难。有些样本村有几千人口，召开村民会议或者村民代表会议的难度比较大。尤其在农村劳动力大量外流的情况下，召开会议的难度进一步加大。一些村干部为了减少麻烦，选择维持现状不发起议事项目，造成议事项目减少。

其次，筹集资金难。第一，农民整体收入水平比较低，涉及出钱的事情通常困难较大。第二，缺乏明确规则的约束，造成项目资金难到位。第三，“一事一议”采取多数票通过的原则，一些没投赞成票的村民在筹资过程中会不肯交钱；一些投了赞成票的村民在出钱时又反悔或推迟交款，并引起其他村民的效仿，导致一些项目因筹资不足无法开工或者中途停工。

再次，达成决议难。随着农民群体的日益分化，对公共产品的需求差异也慢慢拉大，造成难以统一意见达成决议的局面。

最后，项目看护难。在大多数样本村通过的“一事一议”提案中，很少提及公共设施建设完工后的管护问题，尤其是管护资金来源及可持续的问题，造成项目完工后公共设施的后续管护状况不理想。

（2）村民对“一事一议”制度的认知和参与度不高。

其一，村民对本村公共产品的满意度较低。村民对本村基础设施和公共产品的现状满意度不高。对本村水、路、电等基础设施的满意度，受访村民中认为完全满意的占 32.8%，认为基本满意的占 40.6%，认为不满意的占 26.6%。对本村医疗、卫生、教育状况的满意度，受访村民中认为完全满意的占 28.3%，认为基本满意的占 49.5%，认为不满意的占 22.2%。总的来看，无论是对水、路、电等基础设施还是对医疗、卫生、教育等公共产品，持完全满意态度的农民只占 30% 左右。当被问及是否需要增加本村的基础设施和公共产品投入时，84.5% 的受访村民回答需要，回答不需要和不知道的村民只有 12.2% 和 3.3%（见表 5－1）。这表明，村民对本村公共产品的整体满意度较低，对增加公共产品投入的需求较大。

表 5－1　村民对公共产品的满意度调查表

公共产品满意度	频数	百分比（%）	有效百分比（%）
对水、路、电等公共设施是否满意			
完全满意	59	32.8	32.8
基本满意	73	40.6	40.6
不满意	48	26.6	26.6
对医疗、教育、卫生等公共产品是否满意			
完全满意	51	28.3	28.3
基本满意	89	49.5	49.5
不满意	40	22.2	22.2
对公共设施和公共产品是否需要增加投入			
需要	152	84.5	84.5
不需要	22	12.2	12.2
不知道	6	3.3	3.3

资料来源：笔者实地调查所得，下同。

其二，村民对“一事一议”制度的认知度不高。当受访村民被问及是否听说过“一事一议”制度时，67.2%的受访者回答没听过。在121个回答没听说过的受访村民中，有的村民只是没听说过“一事一议”这个词，还有的村民因不清楚实施的制度叫“一事一议”而做出了否定回答。在进一步询问是否了解“一事一议”制度的具体内容时，回答“听说过”这项制度的受访村民中，35.6%的受访者回答“了解”，回答“不太了解”的受访者占39%，25.4%的受访者回答“不了解”（见表5－2）。这表明，听说过“一事一议”制度并了解其内容的受访村民只有样本总数的11.7%，没有听说过和听说过但不了解其内容的受访村民比例达到75.5%，说明目前村民对“一事一议”制度的认知度不高。

表 5-2　村民对"一事一议"制度的认知度调查表

对"一事一议"制度的认知度	频数	百分比（%）	有效百分比（%）
听说过	59	32.8	
了解	21	11.7	35.6
不太了解	23	12.8	39.0
不了解	15	8.3	25.4
没有听说过	121	67.2	
总计	180	100.0	

其三，村民对"一事一议"制度的参与度较低。通过对听说过"一事一议"制度的受访村民的进一步调查，发现作为倡导者曾经提起某议事项目的受访者只有3人，只占5%。从受访村民参与投票的情况来看，受访村民或家人参加过"一事一议"投票的有32人，占54.2%，没有参加投票的为27人，占到45.8%。这表明，样本村村民对"一事一议"制度的参与度不高。出现这种情况的原因可能是，当前"一事一议"制度在实践操作中没有规范运作，而是采取了多种变形形式，比如，村民小组长代替村民投票，或者村民选出代表委托投票等，村民没有机会直接参加投票。其他方面的原因还有村民因外出打工参与投票困难，或者村民参与投票的意识本就不强等等。

为了进一步了解村民参与"一事一议"的自由度，对回答自己或者家人曾经参加过"一事一议"投票的受访村民做了跟进调查。其中，93.7%的受访村民回答是自愿参与投票。当被问"是否只要您愿意，您就可以自由地选择投赞成票或者反对票，没有任何人干涉"时，84.4%的受访村民给出了肯定答案。在被问及参与投票时是否有过被他人要求必须投赞成票或者反对票时，87.5%的受访村民做出了否定回答（见表5-3）。综合来看，虽然村民对“一事一议”制度的总体参与度不太高，但是，村民在投票选择上却有比较大的自由，参加投票的受访村民绝大多数都是自愿参加并且是自主投票。

在考察家族势力对村民投票行为的影响时发现，村民在参与“一事一议”投票时并不完全自主，一定程度上会受到家族行为的影响。当被问及“在投票时是否曾出现过本意想投反对票，但是看到同姓的大多数人投了赞成票，最后改投赞成票的情况”时，32 个受访村民中有 7 个人回答出现过，占 21.8%（见表 5－3）。这一比例高于村民被他人要求投赞成票或者反对票的比例。

表 5－3　村民对“一事一议”制度的参与度调查表

“一事一议”制度参与度	频数	百分比（%）
是否自愿参与投票		
是	30	93.7
否	2	6.3
是否可以自由投票		
是	27	84.4
否	4	12.5
不知道	1	3.1
是否曾被他人要求必须投赞成票或反对票		
是	4	12.5
否	28	87.5
是否曾因同姓的大多数人的意见而改变投票意见		
是	7	21.8
否	25	78.2

其四，村民对“一事一议”制度的认可度较低。在听说过

"一事一议"制度的受访村民中，被问及这项制度是否有实际作用时，32 人做出了完全肯定的回答，只占 52.5%。这表明村民对"一事一议"制度实际作用的认可度并不太高。关于贿选和操纵选票等情况是否可以避免，在对全部受访村民做了详细解释后进行了调查，结果显示只有 62 人，即 34.4% 的受访者认为贿选或操纵选票的现象可以避免，认为不可以避免的受访者为 84 人，占到 46.7%，其他 18.9% 受访村民回答"不知道"。实际操作过程中的不公正影响了村民参与"一事一议"的积极性。

（四）农民需求表达机制不完善

需求表达是公共产品供给的核心议题，是指采用一种灵活的公共选择机制使每个参与者都有一种动机去显示其真实偏好。这种机制能解决搭便车问题，实现帕累托最优结果。换言之，需求表达就是消费者通过某种机制将自己对公共产品的真实需求表达出来。从理论上讲，要实现公共产品供给的效率，一个关键条件是每个消费者都愿意真实表达对公共产品的需求偏好，以及供给主体能准确识别和剔除虚假的需求偏好信息。当前，我国农村公共产品供给的低效率，很大程度上是因为缺乏有效的需求表达机制，农民的需求不能正确表达。

在当前中国，农村公共产品供给的主体责任逐渐向农村社区转移，"一事一议"制度则是农村公共产品供给最基本的工具，也是农民自我供给农村公共产品最主要的方式。面对人数众多、高度分散、需求多元化的农民，农村社区要想有效率地提供农村公共产品，必须解决农民需求表达难题，设计一个有效的、可靠的个人需求表达机制。

在对公共产品需求表达的研究中，西方经济学家提出了各种各样的理论方法，"用手投票"、"用脚投票"是比较常见的需求表达机制。

1. “用手投票”与农民需求表达

投票是投票者在公共资源的众多使用途径中做出选择的过程，它能将个人对公共产品的需求偏好转换成“生产什么、如何生产和为谁生产”的集体选择。通常的投票规则有一致性原则和多数票原则两种。所谓一致性投票原则，是指一项决策只有在全体投票人一致赞同或没有任何人反对的情况下才可能获得通过的一种投票原则。由于一致性原则下的投票是一个持续讨论、妥协，直至达成一个能表达所有投票者利益的议案的过程，该原则的执行成本很高，还可能出现投票交易，因此这种原则在现实中很少得到实施。实践中采用较多的是多数票原则。所谓多数票原则是指一项决策只有经过一半以上投票人的赞成才能获得通过的一种投票原则。在当前的制度条件下，农民主要通过“一事一议”投票方式来表达对公共产品的需求，该制度采取的是超过1/2的多数原则。

按照“一事一议”制度规定，社区供给公共产品的规模和结构由受益者即农民投票决定。这种投票机制为农民表达对公共产品的需求提供了一个制度化渠道。通过对备选方案的连续投票，农民的偏好表达其中，最终通过的方案将是汇总了不同农民偏好的“集体偏好”。但是，在多数票原则下，投票循环难以避免，投票机制很难反映群体的社会偏好。假设参与投票的只有农民甲、农民乙和农民丙，三人按照多数票原则在A、B、C三个方案中进行投票选择。用1、2、3分别表示每个农民的偏好强度，依次为强、中、弱。三个投票者的偏好顺序见表5-4。

表5-4　投票者的偏好次序

偏好顺序	投票者		
	农民甲	农民乙	农民丙
1	A	B	C
2	B	C	A
3	C	A	B

如果从A、B、C三个方案中任意选择两个，按照简单多数原则，即如果两个或两个以上的农民选择某个方案，那此方案就能获得通过。将这个方案与剩下的方案进行比较，同样根据简单多数原则进行投票，此时就会出现“投票循环”。假设先在方案A和方案B之间进行投票，农民甲和农民丙都偏好于方案A，方案A获得通过，A>B。当投票在方案B和方案C之间进行，农民甲和农民乙都偏好于方案B，方案B获得通过，B>C。当投票在方案A和方案C之间进行，农民丙和农民乙都偏好于方案C，方案C获得通过，C>A。由以上分析可以看出，在使用多数票原则对A、B、C三个方案投票时出现了投票循环，没有一个方案可以获得超过其他方案的多数票，从而造成社会偏好无法确定的结果。

针对如何克服投票循环，一些学者进行了多种尝试。比如，布莱克就认为，“只要进行单峰偏好限制，就可以产生投票原则的可传递结果，即当投票者的偏好都是单峰型时，多数票原则就能产生一个稳定的结果”。所谓单峰型，“是指投票者的偏好排列如同一座只有一个峰顶的高山，它只有一个上坡面和最多一个下坡面，而不能像群山那样起伏不断，如果有上坡又有下坡时，也必须是先上坡后下坡，不能先下后上”。按照单峰偏好标准，只要把农民丙的偏好次序改为B>A>C，投票者的偏好就都变成单峰型，如图 5－1。

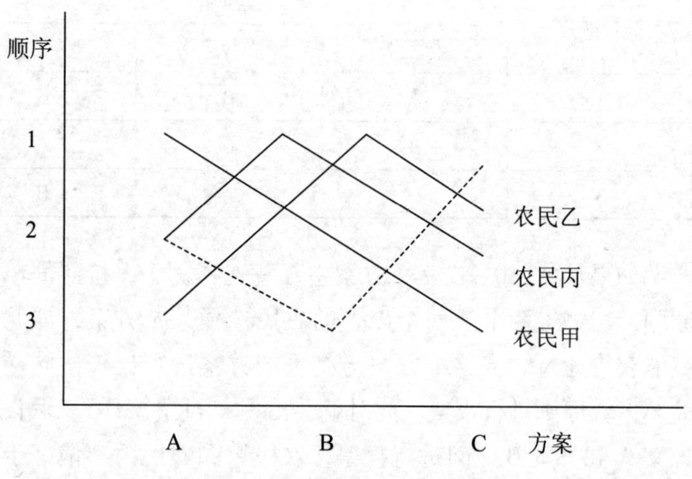

图 5－1　投票者的单峰型偏好

按照多数投票原则，在方案 A 和方案 B 间进行投票时，B > A；在方案 B 和方案 C 之间进行投票时，B > C；在方案 A 和方案 C 间进行投票时，A > C，由此产生的结果是 B > A > C。这表明，在投票者均为单峰偏好时，多数原则可以产生唯一的集体选择方案，从而克服了投票循环。

通过单峰偏好来克服“一事一议”投票循环具有逻辑上的可行性。但是，“只有在决策的焦点是某一单一议题时，它才适用，如果议题不止一个，单峰偏好的性质就失去了其意义”。出现投票循环的概率主要取决于备选方案的数量，备选方案越多，出现投票循环的可能性就越大。当前，我国农村劳动力大量向城市流动，对“一事一议”制度而言，一方面，农村人口的大量流出导致召集村民会议变得非常困难，制度实施的交易成本增加。为了节约成本，不少地区采取“多事一议”代替“一事一议”，村民每次可能需要对两个或两个以上的提案进行投票。这种做法增加了投票循环的可能性。同时，这种投票方式也可能造成投票交易，对于提案有不同偏好强度的投票者，就那些与其关系重大的提案进行投票交易，在这种情况下，多数投票原则很难真正反映农民的需求偏好。

另一方面，农村人口流动对“一事一议”投票循环的影响还表现在增加了投票者偏好的异质性程度。投票者偏好的异质性程度与投票循环发生的概率直接相关，投票者的异质性程度越高，发生投票循环的可能性就越大。农村人口的流动，使农民之间的收入水平、社会经历以及价值观等，都出现了较大程度的分化，农民的异质性程度提高。在这种情况下，按照多数票原则进行投票，出现投票循环的概率就会增加，进而影响了农民需求偏好的顺利表达。

2. “用脚投票”与农民需求表达

对地方公共产品而言，决定效率水平的机制可以不是通过投票箱的选举，而是通过社区间的“用脚投票”。“用脚投票”概念最早来自于蒂布特。蒂布特认为，人们愿意聚集居住某一地方政府周围，因为他们想寻找地方政府所提供的服务与征收的税收之间的一种合理组合，以使自己的效用最大化。如果全体居民都能进行自由的流动，地方政府之间就会在公共产品和税收的组合上相互模仿、相互学习，由此产生的结果是：地区内资源实现最优配置，有相似偏好的居民聚集在一起，公共产品会以最小的成本被提供，整个社会实现福利最大化。不过，在蒂布特的理论里，得出这些结论需要满足许多假定性前提：(1)居民能在社区之间自由流动；(2)居民能拥有社区间收入－支出模式差异的完全信息，并能对此作出反应；（3）可供居民选择居住的社区很多；（4）不考虑对就业机会的限制；（5）各社区提供的公共产品不存在外部经济；（6）每一种社区服务模式都是管理者根据该社区原有住户的偏好来设定。在上述条件得到满足的情况下，居民“用脚投票”将会导致一个有效率的结果。但现实中，蒂布特模型的假定很难得到满足。比如，居民无法自由流动、迁移有成本、社区数量有限等等，这在很大程度上限制了模型的解释力和实用性。

关于农民“用脚投票”问题，蔡昉认为，对于大多数发展中国家而言，“用脚投票”这种退出机制是农民对城市偏向政策不满达到一定程度后，比较常见的一种反应。“这种追求福利改善的行为，因其是以个人行动的方式进行的，所以能够避免免费搭便车现象，不至于陷入集体行动的‘数量悖论’。”[1]在当前城乡统筹发展的背景下，户籍制度的松动、土地流转制度的逐步完善、城市就业环境的改善等，都为农民退出社区“用脚投票”表达需求提供了理论上的可能。但是，事实上目前我国农民“用脚投票”的现象并不多见，由于存在各种制度和非制度条件的限制，农民很少会选择以退出或迁徙作为表达自己需求偏好的一种手段，“用脚投票”理论的适用性比较有限。分析其理由，主要有以下几个方面：

一是农民自由流动存在制度障碍。居民在社区间自由流动是“用脚投票”机制发挥作用的重要条件。“事实上，只有流动性生产要素的所有者才具有用脚投票权，不可流动或流动成本很高的生产要素所有者对地方政府提供的公共产品不具有选择权和退出权。”因此，如果流动性不足，农民很难“用脚投票”。在户籍制度松动之前，“退出”的大门对我国农民而言几乎是完全关闭的。近年来，在经济社会大转型的背景下，户籍制度有

---

〔1〕 蔡昉：“城乡收入差距与制度变革的临界点”，载《中国社会科学》2003年第5期。

所松动，但地区之间特别是城乡之间二元分割的状况仍十分明显，外来人口与拥有城市本地户口的居民在社会保障、社会福利等方面存在较大差距，阻碍人口迁移的因素并没有完全消除。户籍制度以及附加在该制度上的社会福利制度，增加了农民流动成本，限制了人口在不同社区之间的自由迁移。当前，农民可以出外打工，但完全迁徙却很难。因此，即便农民有退出社区迁往更符合自己偏好的社区的意愿，客观条件也使这种迁移变得不可行或代价高昂。

二是农民自由流动成本很高。蒂布特假定要素的迁移是无成本的，这在现实迁移活动中很难满足。当前，农民需要为迁移付出很高的成本，包括搬迁费、异地安家费、子女新增的教育费用、求职成本费等，还包括与故土、亲友分离所产生的心理成本。不仅如此，农民选择退出社区，就会失去最基本的生产资料和最可靠的社会保障。在目前的土地制度下，农民享有的土地承包经营权是与“成员权”联系在一起的，农民一旦离开农村获得异地户口，就必须放弃原有社区的土地承包经营权。土地对农民而言，既是基本的生产资料，也是最可靠的社会保障。这无疑给农民的迁移设置了一个无形的退出障碍。高昂的流动成本决定了农民不会仅仅为了自己或家人享受更高质量的公共产品而搬离长期居住的社区。

三是农民自由退出很难实现公共产品的有效供给。在蒂布特看来，“用脚投票”不仅是一种偏好表达机制，而且也是一种“压力机制”。地方政府由于面临税收最大化与选票最大化的双重约束，会尽可能地提供满足居民需要的公共产品，以争夺居民消费者。但是，目前，农村社区之间、农村社区与城市社区之间并不具备充分的竞争性。其中的一个关键因素是农村社区竞争缺乏内在激励。取消农业税后，村集体的收入主要依赖转移支付和村集体创收，与农村人口数量的关联度不大。农村人口的外流或增加不会造成村集体经济收入的显著变化，村委会也就不会为了阻止社区农民退出或争取外来人口的进入而展开竞争。因此，即使农民“用脚投票”行为发生，也不一定会带来公共产品有效率供给的结果。

综上所述，“一事一议”制度存在着一定的缺陷，在现实操作中有一定困难，不是议不起来，就是议而不决，仅靠“一事一议”供给农村公共产品、兴办公益事业存在一定困难，效率并不高。

三、农村公共产品社区供给的完善

“一事一议”本来是解决农村公共产品供给不足的方案，而且在重大项目如村级道路硬化等方面，的确可以发挥一定作用。然而，正如前面所分析的，由于组织、交易成本高，“一事一议”实际难以实行。在我国农村的不少地区，村级组织不但难以向村民收取费用，反而还得替村民垫付一些费用。例如，村级组织有时不得不为特困户垫付合作医疗费用。

当前，一方面农村公共产品完全由政府供给也不完全合理：一是农村公共产品毕竟有很多是地区性的公共产品，完全由政府供给缺乏理论依据；二是当前政府的目标函数以及约束条件使政府不可能像美国那样为农村供给全部公共产品，把希望完全寄托在政府身上是不现实的。另一方面，依靠农民集资供给公共产品也存在诸多问题，尤其是中西部落后地区的农民，由于收入低，生活贫困，他们根本就拿不出兴办公共产品所需的资金。在贫困地区我们经常可以听到“要想富，先修路”，但问题是，贫困地区修路谁来买单？因为穷所以没钱修路，因为没钱修路所以更穷，这些地区似乎已经陷入了贫困的恶性循环。

如何打破这个恶性循环？政府固然要有所为，但社区的力量也不应忽视。

（一）为社区确定稳定合理的收入来源

当前，政府的公共财政还未能覆盖到农村，在没有国家财政支持的情况下，村集体要负担着社区服务与社会管理等公共职责，如落实计划生育、义务教育、征兵、优抚、救灾救济等各项政策的社会管理职能，以及人员工资、道路维修整治及部分社会保障等开支。社区管理和公共开支也随着经济的发展、生活质量的提高及人口状况的变化不断增加。社区组织要实现其社会管理职能，必须要有一定的经济收入来源来保障公共开支，因此，应该采取措施稳定和扩大农村社区的收入。

无论是村庄基础设施还是集体福利，都需要有合法稳定的公共资金来源。村庄集体收入的来源可以分为五类——村庄集体经济（经营）收入、村庄集体资源（租金）收入、政府的各种资助、村民集资和社会各界的捐助五大类。在上述这五项资金来源中，目前看来，比较可靠的就是村庄集体资源收入和政府资助，而从长远考虑，政府资助还是主要的方面，其他只能作为辅助的来源。

第一，目前村庄集体经济收入非常少甚至没有。原因在于，近年来随着我国由卖方市场转为买方市场，集体企业在八九十年代的优势已不复存在。因此，原来在卖方市场下经营不错的集体企业纷纷出现困难，尤其中西部不少农村在发展集体企业中不但未能获益，反而因此背上了沉重的包袱。当前在我国创办企业的资金、技术、人才门槛，较卖方经济时代已大大提高，对于负债累累的村级组织而言，发展集体企业显然已成为不可能。因此，我国大部分村庄尤其是西部省份的集体经济收入几乎是零。但是，有条件的地方，如东部沿海地区集体企业发展还不错，村庄可以通过收取租金或者股息得到一些村庄集体经济（经营）收入。

第二，集体资源（租金）收入有一部分但数量不多，主要是集体土地租金（租给村庄外部）、出售集体所有的树木、水资源、村民承包集体土地的承包费等，收入规模在几千元到几十万元之间。因为分田到户的原因集体资源也越来越少，这部分收入的比重也在不断下降，但是，一些村庄还能够用这有限的资金投入到诸如清扫村庄街道等很小的公共产品上。而有一些村集体还可以将拥有的未分给私人的土地承包给个人收取承包费。另外，部分村、组在重新分配土地的过程中，把因升学和死亡而减少掉的人口的土地收归村组，不再分配，而采取出租的形式收取租金。目前土地已经成为农村社区经济发展的主要依靠，较发达地区已逐渐社区化管理的农村集体组织也迫切渴求能经营存量不多的集体土地，使农村社区的公共开支有稳定的来源。因此，必须根据实际情况重新制定有关土地政策甚至修改法律法规，在合理的土地利用总体规划范围内允许农村集体将土地用于直接经营，获取收入来源，用于农村社区的公共开支。

第三，政府资助方面，大多村庄都能够获得政府财政转移支付的一部分，数额不等。政府的其他资助主要是支持村庄建设和扶贫，名目繁多，情况差别巨大，数额差别也很大，出资部门也千差万别。政府有很大的资金潜力帮助村庄发展，但是资助渠道不清晰，而且数额总体上来讲也远远不够。虽然目前对大多数村庄来说还只是很小的一笔收入来源，但从长远看力度会越来越大，而且这也是政府应该做到的。

第四，村民集资只在“一事一议”或个别的情况下发生，而且数额不大。村民集资可以成为村庄公益建设的重要源泉，但前提条件是村民有一定的经济能力和村级治理能够让村民放心出资，而且仅靠村民集资是不够的。所以，政府应该考虑配合村民自治进行直接到达农村社区的资金扶持，这样既能提高国家转移支付资金的使用效率，又能提高农村社区公共产品的建设能力。

第五，社会各界的捐助。部分村庄能够偶尔获得，主要是某些发展项目或者社会企业或一些富有的个人以及一些非营利组织的捐赠。外界的捐助虽然不经常存在，但村集体还是应该尽力争取如由于升学、经商等离开农村在外发展的个人和一些企业等的支持。以合理的制度设计创造集体收入，并以此作为公共产品收入来源的思路是可供借鉴的。在不加重农民负担的前提下，应因地制宜地为农村社区组织创造合法稳定的收入来源。而且，政府要逐步承担村委组织实现种种社会管理和公共服务职能的开支，并为农村提供所需的公共产品，解决社区组织的双重职能问题。

(二) 完善“一事一议”制度

虽然“一事一议”作为农村公共产品供给的一项制度，在现实操作中还存在困难、效率不高、通过“一事一议”供给农村公共产品失效的现象，在陕西等地也都非常普遍。但是，在现行制度背景下，需要肯定的是，“一事一议”筹资筹劳供给农村公共产品的制度，有重要的现实意义。一方面，有利于遏制过去那些名目繁多的搭车收费问题，从而有力地减轻农民负担；另一方面，“一事一议”制度的实施，要求充分尊重农民的民主权利和需求意愿，也使得村民真正参与了村级事务的决策。同时，现阶段在国家对农村的支持还不够之前，反思“一事一议”供给公共产品的有效性和有限性，健全和完善“一事一议”制度，引导农民开展自己直接受益的基础设施建设和发展公益事业十分必要。在我国农村不少地区，乡镇、村组由于缺少资金来源且债务缠身，已失去公共产品的投入能力，“一事一议”事实上成为农村公共产品投入的唯一方式。如果“一事一议”也被废止，就会使基础本来就极其薄弱的农村公共事业雪上加霜。因此，尽管“一事一议”存在一些缺陷，而且由农民完全为农村公共产品筹资筹劳并不合适，但这却是目前不得已的选择。在当前，只能将其作为农村公共产品供给的一种过渡制度，进一步对其不合理的地方进行改进，而且，如果结合其他一些措施，那么，其仍然可以发挥应有的作用。在将来条件成熟时，“一事一议”制度将仅作为一项政治制度而发挥作用，农村公共产品将主要由国家以及市场供给。因此，目前主要还是应该继续完善“一事一议”制度，使其在农村公共产品供给方面发挥更好的作用。

1. 估量不同类型公共产品的特点，确定不同策略

在农村，大部分公共产品是准公共产品，但由于实物形态等方面的差异，不同公共产品又有不同的特点，其交易成本也会不同。有些公共产品如闭路电视、电力供应等，由于在技术上更容易排他，能够以较低的成本制止“搭便车”行为，因此事前和事后的协商、实施成本较小，适合采取“一事一议”的方式供给。而另外一些公共产品如农村的硬化道路，“搭便车”行为将难以避免，因此农民提供的意愿会受到影响，事前和事后的协商、实施成本必然很高，采取“一事一议”的方式供给难度会很大。由此可见，“一事一议”的成功与否，很大程度上取决于要供给的公共产品本身的特点。交易成本小的产品，可以采取“一事一议”的方式供给，而交易成本高的产品必须另辟蹊径。

另一方面，应推进小范围内的公共产品的“一事一议”供

给。虽然“一事一议”供给村庄大范围内的公共产品存在效率较低的缺陷，但是在小范围内诸如一个村民小组里进行公共产品的供给则会比较成功。因为一方面村民能够直接从中受益，因而产生参与其中的动力，而且村民彼此熟悉，利益协调比较容易，就能够实现有效供给；另一方面小范围内的公共产品成本较低，在村民的可承受范围内，也容易被村民接受。所以，可以考虑将那些受益范围较小，由部分村民独享的，能够排他的公共产品，比如小水利、小水塔等受益较明确的公共产品，通过“一事一议”供给，村委会在其中只起到帮助、协调作用。

2. 重视组织者（初级行动集团）的作用

关于初级行动集团的作用，制度经济学中有精彩的论述，尽管“制度实在重要”，但如果没有人去推动制度变迁，制度的重要性也就无从体现，因此，从某种程度上讲，推动制度变迁的初级行动集团才是最重要的。

在当前农村，鉴于村组干部事实上充当着行动集团的角色，因此，要重视行动集团的作用，实际上就是要注重村组干部的作用。要做到这一点，就必须把合适的人选举到村组干部队伍中去，合适的人是指在农民中具有“企业家才能”的人。尽管西奥多·舒尔茨认为农民都是“企业家”，但是，客观上讲，农民之间能力还是有差距的。结合农村实际，当前应在遵守《中华人民共和国村民委员会组织法》的前提下做好两点：一是班子队伍建设。尤其是村党支部、村委会两个“一把手”，必须选准、选好。改善班子队伍结构，可以在高中生、退伍军人、打工返乡青年中选拔“能人”，使村级班子建设后继有人。二是党员、积极分子队伍建设。应当把农村年轻的、有闯劲的“能人”尽快地吸收到党支部中去，并尽量使其成为党支部的主要成员。在农村商品经济的大潮中，各村涌现了大批“能人”，尤其是外出打工的青壮年，经过几年奋斗，换了脑子、学了路子、挣了票子。一些地方经验证明，把这些人和本地其他能工巧匠组织好、利用好、发挥好，农村经济结构调整就会有新的进展。

另外，还应加强基层民主建设，完善村民自治，增强村民对村干部的信任和村干部供给公共产品的动力。当前，在我国的广大农村中，很多村干部是由乡镇政府指定候选人让村民来选，甚至就是乡镇政府直接任命的，并非由村民真正选举产生。对于这样的村干部，很多村民并不了解，因而对其也不信任。同时，由于村干部的当选，更大的影响因素在乡镇政府，因而村干部对乡镇政府分派的任务更重视，更乐意充当乡镇政府“代理人”的角色，而却对村民的利益不重视，造成在“一事一议”过程中，动力不足。因此，必须加强农村基层民主建设，使干部真正由村民选举产生，并对村民负责，只有这样，村民才会信任村干部；也只有这样的压力，村干部才能行使好村民利益“代理人”的职责，才有动力供给农村公共产品。

3. 对“一事一议”制度中不合理的地方进行改进

首先，废除“一事一议”的上限规定。因为一方面，“一事一议”上限并未考虑地区差异，一刀切的规定显然不合理。目前我国不同地区，尤其是沿海地区与内地的经济状况差异很大，但是，国家不可能为不同地区设计出不同的上限，而且各地的经济会不断地不均衡增长，而“一事一议”的上限不可能灵活地调整。另一方面，“一事一议”的上限并无实际意义。由于目前的上限办不了大事，所以，如果村庄需要办大事的话，比如为村庄修路，就必然会突破上限，这种情况下，“上限”已失去了存在的意义。

其次，不要硬性取消“两工”，在村民自愿的情况下应允许“两工”存在。在某些农村公共产品的建设上，“两工”是必要的，包括农民也对此表示理解和支持。而且我国古代农村公共产品供给的“有钱出钱，没钱出力”的模式如今仍值得借鉴。在调查中笔者也发现两点足以说明硬性取消“两工”是有问题的：一是有些低收入的农民在村集体兴办公共产品时愿意以劳抵资，这显然是应该被许可的，二是某些公共产品的技术含量并不高，比如在农村修水泥路，由本村村民自己兴建显然可以使成本降低，这时“两工”的存在显然是合理的。

最后，召开村民大会议事的制度也需要改革。按照现行的《村民委员会组织法》，“一事一议”时应当有大部分的村民参加。但由于集中开会难、会场安排难等问题的存在，这样的规定势必使“一事一议”的交易成本大大增加。因此，应对这种规定进行改革，可以替代的方式有很多，比如，第一，以村民代表大会代替村民大会；第二，村委会组织中心户，由中心户征求大家意见并向上反馈；第三，利用类似于选票的卡片，由村民以填卡片的形式代替开会表达意见。总之，所有的改革措施，都应该向降低“一事一议”的交易成本努力，否则，如果“议事”成本太高，“一事一议”是难以成功的。

（三）培育社区社会资本，促进公共产品社区供给的有效性

1. 激活农村社区传统性社会资本

传统的农村社区社会资本是建立在传统的血缘、地缘社会关系网络上的，传统的惯例、习俗、规则曾经在农村社区公共服务提供上发挥了重要作用。激活和重建农村传统性社会资本，有利于发挥居民的互惠合作精神，增强居民的信任，为社区有效提供公共服务，为实行公共服务社区化创造条件。为此，政府应提倡积极的文化氛围。

第一，发挥政府强大的教育功能，激活农村传统社会资本。政府对社会资本再生产、农村传统性社会资本重建最重要的影

响是教育。政府利用所掌握的国家机器、媒体、舆论对社会、公民具有强大的宣传、教育功能。教育不单生产人力资本，还通过传递社会规则、规范生产社会资本，增加信任、规范等社会资本。通过外在的灌输教育培育社区意识、公共精神，增强农村社区居民的主体意识、民主意识、权利意识，使居民对社区共同体具有较强的认同感和归属感。同时，加强对社区居民的伦理宣传与教育，增强“公民精神”，使社区居民的行为在现代化中不失规范性。由此，政府的大力宣传、教育以及正确的舆论引导能促进社区社会资本的形成和农村传统性社会资本的激活，从而促进社区居民积极参与社区集体活动和公共事务。

第二，加强政治文明建设，恢复农村社会的正义和信任。我国政府在治理国家和社会方面出台了很多政策，对维护社会正义、形成社会信任起到了很大的作用。但是，由于市场经济的冲击，社会信任在减弱，特别是针对农村社区对社区内外信任减弱的问题，政府应加大政治文明建设的力度，消除对农村社会的“掠夺”，建立、健全正式制度以维护社会正义，恢复农村传统性的社会资本。同时，建设政治文明，提倡民主，减少政府的过度干预。普特南通过研究意大利北方的地区政府效率，发现北方地区政府效率很高，南方地区则相反，其原因主要在于意大利北部具有传统共和文化，人们公民化程度高，传统社会资本雄厚，而南部政治集中化程度高，制约了社会资本的产生。[1]我国农村社区由于长期以来“聚族而居”，居民合作、信任、互惠、公民参与等社会资本存量大，有合作提供公共服务传统，但在市场经济的冲击下，受到较大的影响。如果政府能在全社会提倡互信合作的风尚，我国传统的社会资本是可以

〔1〕 参见［美］罗伯特·D. 普特南：《使民主运转起来——现代意大利的公民传统》，南吕译，江西人民出版社2001版。

重新恢复的。

第三，培育公民社会，构建社区互惠合作精神。公民社会需要民主支撑，需要轻松、和谐的文化氛围，需要政府减少对公民的过度干预，给居民足够的自由空间。奥斯特罗姆研究发现，当政府行为能留给社区组织相当多的活动空间时，有利于促进社会资本的形成。相反，相当多的公民责任被政府接管时，会削弱社会资本的存量，形成居民对政府的依赖，居民之间的合作能力会下降。因而，政府应出于文化的目的，给公民留出一定的交往、联络及合作的空间，给农村居民充分的合法集会、成立相应合作组织的权利，并给以其相应的政策支持，促成公民的互惠、合作，增加公共服务的社区供给。

2. 创建农村社区制度性社会资本

我们在恢复、重建传统性社会资本的同时，由于社会转型的深化、现代化实现，某些传统社会资本仍将流失，农村信任、规范等传统社会资本有所减少，而现代社会的契约这一信任基础还没有建立。为此，政府应加强农村社区制度建设，积极创建制度性社会资本。在我国农村公民社会发育不足时，政府的组织、指导及其对社会资本的有效投资尤为重要。另外，一般而言，政府不能过度地干预农村社区具体事务，其对农村社区社会资本的作用主要是通过制度、契约、规则等的供给来实现的，制度、契约、规则具有很大的规范与约束作用，“制度是一系列的道德伦理规范，旨在约束追求主体福利或效用最大化的个人行为”。[1]好的契约、制度、规则可以有力地支持农村社区社会资本的创建。

首先，建立健全制度，发挥制度的规范作用。制度可以规

---

〔1〕［美］道格拉斯·诺斯：《制度、制度变迁与经济绩效》，上海三联书店1994年版。

范农村社区居民行为。随着社会转型和现代化的推进，需要法律、法规来界定农村社区居民的权责，尤其是参加社区公共事务、提供和接受公共服务中的权利和责任。通过法律法规的规范作用来使社区发展与个人自由相融合，培育社区社会资本，遏制公共服务中的免费搭车，促进居民合作，减少公共服务提供中的交易成本。其次，建立健全制度，促进农村社区居民合作、互信。制度可以给违约者以惩罚，约束个人行为，为社区居民提供稳定的行为预期，从而影响居民个人选择的偏好动机，增强社区居民合作、互信。再次，建立健全制度，培育社区组织。林南认为社会资本的产生、积累与组织相关度极高。社区组织有利于成员行为规范及集体意识的培育，有利于调解社区居民间的矛盾，形成社区居民间相互信任、良好的人际关系网络及社区成员共同遵守的行为规范。为此，政府应该制定培育社区组织的法律、法规，给予组织相应的支持，促进社区组织发展，增加制度性社会资本，促进公共服务的供给。另外，建立有效的监督、评估制度和机制，增强政府与农村居民的信任和合作。

3. 扩大农村社区社会资本的增量

通过改变社区环境来增加农村社区社会资本增量。社会资本对环境具有一定的依赖性。优质的社区环境在一定的程度上可以促进社会资本的增加。农村社区信息化建设、社区公共安全等可以增加社会资本存量。因而，政府要制定政策，改善农村社区环境，扩大农村社区社会资本增量。

首先，加强农村信息化建设。政府应该加大对农村公共服务的信息化建设，健全信息化设施网络，以增加社会资本存量。农村信息化扩大了农村居民的交往范围和活动半径，有利于提高农村居民的社会资本存量；农村信息化可以为社区建立沟通渠道，充分了解国家政策，及时表达各种要求、加强监督，有利于表达其利益诉求，维护自身利益，增加信任与合作；农村信息化有利于增强居民公共精神，增强农村社区的凝聚力和归属感。

其次，提供安全的社会环境。我国农村居民在参与社区事务中存在着不安全因素，如在社区选举中存在着贿赂、威胁等现象，严重地影响了居民的参与。政府必须提供安全的社会环境，促进社区居民的交往、居民参与投票的政治活动以及居民间的相互照顾，使居民对社区自己的事务有自由参与权、自主决策权及监督权，增强对社区的认同感，以利于增加社区社会资本和促进居民参与公共服务。

最后，加强社区建设。在政府的引导、专家的参与下，加强社区建设，构建良好的社区环境和参与平台，让农村社区居民真正成为社区建设主体，把解决农村社区居民的实际需要放在首位，促进居民的良性互动，增加公共精神与公共意识。

第六章
我国农村公共产品的自愿供给机制

现实社会中不少个人、企业或非营利性组织会自愿供给某些公共产品，他们并没有从公共产品中收回投入的成本，而仅仅是一种利他行为，这种现象在国内外都存在。

一、农村公共产品自愿供给的理论依据及现实需要

（一）农村公共产品自愿供给的理论依据

1. 供给者特殊的需求层次

马斯洛认为，人的需求分为五个层次，处于底层的是生理需求和安全需求，其后便是社交需求、尊重需求和自我实现的需求。通过供给公共产品赢得尊重和自我实现是供给者更高的追求。为了实现高层次的需求而自觉或不自觉地放弃低层次的需求，这是经济人合乎理性的选择。在以物品稀缺为基础而形成的交换经济中，人们是通过对稀缺物品的占有和支配来实现自己的地位。但是当物品变得极大丰富的时候，人们的社会地位就不再是由能控制多少来决定，而是看能给予别人多少了。在社区中，当物品不会感觉到明显的短缺时，要想在社区中获得期望的地位，那就只能通过给予了。谁为社区提供的更多，谁就能获得更高的名望。所以从这个意义上，我们就不难理解为什么在农村也会有私人自愿提供一些公共产品。

近几年我国居民和农民的人均收入都有了一定程度的提高，收入水平提高不仅可以改变公共产品的属性，而且使得一些人包括某些农民有能力提供某些公共产品。在农村公共产品供给过程中，某些大户（或有钱人）和脱离农村在外工作或生活的人，由于有较高的收入或地位，在特定的情况下可能会主动承担筹资责任。“某个成员对集体物品的兴趣越大，他能够获得集体物品带来的收益的份额就越大，即使他不得不承担全部成本，他也会提供这种集体物品。”[1]这些人在农村提供一些公共产品，如道路、桥梁等，目的就是为了方便自己使用或者在农村获得一种满足或炫耀，实现自己更高层次的需求。

2. 部分人具有自愿供给公共产品的动机

对于人们为什么自愿捐赠的一个重要解释是利他主义，也就是说，人们的确关心他人的收益、他人的幸福等情况。换句话说，人们捐赠是为了提高他人的福利或者他人的幸福水平。第一种情况是完全意义上的“利他”。在这种情况下，自愿供给公共产品不是为了获取物质利益，也不是为了获得被社会或他人承认的非物质利益（如社会赞许、他人认可），其动机一般出自良心和道德，只是想要他人的境况能有所改善，而且也不想被任何其他人知晓。众多的匿名捐赠就属于这种情况。第二种情况是“选择性激励”。奥尔森注意到人们有时为了获得声望、尊敬、友谊以及其他的社会和心理目的而进行捐赠；贝克尔认为慈善捐赠明显会受到人们渴望避免被他人瞧不起或被社会认可等因素而实施。私人供给公共产品想获得的被社会和他人认可的非物质利益实际上就是奥尔森所说的“选择性激励”，这种激励来自官方权威机构或者他所生活的圈子。被社会认可和他

---

〔1〕［美］曼瑟尔·奥尔森：《集体行动逻辑》，陈郁等译，上海三联书店、上海人民出版社1995年版。

人赞许，有助于提高自己的威望和口碑，对供给者来讲是一种有效的激励。例如在慈善晚会中，富人捐钱有很大一部分原因是出于获得名誉和声望的考虑。事实上，大部分仁慈的私人供给者，其动机都可以归为此类。第三种情况就是宗教和文化传统对个人捐赠行为的影响。宗教文化一般都宣传乐善好施，我国漫长的封建社会也让宗族观念深入人心。因此很多寺庙、教堂都是由信徒们出资修建的（如我国青海、西藏的很多寺院），我国农村许多地方的祠堂等也基本上是通过这种方式建成的。这些私人供给者们，没想到过获取什么物质利益，也不想获取被他人认可的“选择性激励”，完全出自于对宗教和文化的顶礼膜拜。

确实，利他主义是自愿供给公共产品的动机之一，但并不是全部，自愿供给公共产品的动机相当复杂，不仅有利他，还有利己。如果从公共产品与私人产品联合生产的角度来解释自愿捐赠，可以得出人们贡献公共产品的原因在于同时可以消费私人产品而获得效用。例如人们在慈善拍卖会上购买东西，既为公共产品捐赠了金钱，又消费了私人产品，获得了效用。再比如个人购买彩票时，他就变相地成了公共产品的自愿供给者，其动机绝对不仅仅是献爱心，此时，自愿供给公共产品既“利己”又“利他”。还有就是由于排他成本比较高或者没有必要，会供给让他人“免费搭便车”的公共产品，在“利己”的同时又“利他”。比如，一个位于农村的企业，为了节约交通成本、方便自己而修建了一条道路，免费让周围的农民“搭便车”并不会增加它的成本；况且如果真要排他，不仅有损企业在周围农民心中的形象且技术成本较高，还难以和当地政府沟通。还有一种情况就是为了其他私人目的而供给公共产品。这时，私人供给公共产品并不只是为了“利他”，也是为了“利己”。比如，某知名歌星或企业为某贫困农村地区修建了一所校舍，孩子们从此可以在宽敞明亮的教室里读书。不过这个歌星或企业也许会有意让媒体曝光从而提高自己的知名度和口碑，于是唱片好卖了、生意好做了，在“利他”的同时，又实现了“利己”。

(二) 农村公共产品自愿供给的现实需要

由于我国农村公共产品供给中存在一定程度的市场失灵、政府失灵和社区失灵，在这种情况下，自愿供给可以发挥一定的补充作用，在政府、市场和社区的权力和责任未及之处，担负起其想不到、不愿意、不好办或无力承担的责任。正如约翰·穆勒在《论自由》一书中指出的那样，政府的服务趋向于在所有的地方都一样，而个人和社团的服务则具有多样化的特征。因此，在供给农村公共产品方面，自愿供给具有一定的优势。

1. 能够缓解农村基层政府的财政困难

随着经济、社会的发展，现代社会越来越呈现出多元化特征，人们的兴趣、价值观、利益取向都高度多样化了，人们的公共需要也日益复杂。政府的财政收入毕竟有限，而且政府的目标也是多元化的，不可能提供公众所需要的一切公共产品，这就为自愿供给公共产品创造了前提条件。通过引入农村公共产品的自愿供给，可以缓解日益增长的农村公共产品需求造成的地方政府尤其是县乡政府的财政困难，有利于扩大农村公共产品供给的数量和范围及改善供给的质量，促进地方经济的发展和提高农民的生活水平。

2. 有利于满足农村公共产品多元化需求

随着温饱问题的解决，人们的发展越来越趋于个性化，对公共产品的需求也越来越呈现多样化和差异化特征。但是，政府作为公共产品的单一提供者，要对全体社会成员负责，这就使它很难对社会的多元化、个性化的需求作出及时、恰当的反应。与只能按照供应标准供给公共产品的政府不同，非营利组织是民间的，数量众多，十分灵活，因此，它们可以补充供应政府未供应的那部分公共产品，从而满足一些人未被满足的剩余需求〔1〕。许多国家的实践表明，非营利组织在农村公共产品供给中扮演着重要角色。民间非营利组织可以拾漏补缺，为需求特殊的人提供特别的公共产品，从而满足政府和市场都满足不了的社会偏好。对我国大部分农村地区来说，很多非营利组织能以最基层的社会弱势群体或边缘性社会群体为服务对象，向他们提供服务。由于政治性不强、官僚化程度低，组织体制和运行方式上有很大的弹性和适应性，非营利组织作为一个独立的部门，可以发挥其在满足特定群体利益要求上的优势，能够对政府“不该管”、“管不了”、“管不好”的事进行弥补，对社会基层迅速做出反应，可以有效缓解不同群体对政府提供公共产品的需求压力，满足农村公共产品多元化需求。

3. 有利于提高农村公共产品供给效率

非营利组织供给公共产品的效率来源于其组织本身的独特性。非营利组织具有民间性、非营利性、志愿性、公益性等基本特性，这些属性决定非营利组织在提供公共产品上具有接近群众、成本低、效率高的优势。首先，非营利组织的民间性使其更接近基层农民，对基层多元化的需求能作出更快捷的回应，从而降低两者之间的交易成本。其次，非营利组织的志愿性使它在资源的输入上，除政府的财政支出外，主要依靠志愿者和社会捐赠，比政府和企业更能有效地综合运用社会各方面的资源，具有更低的生产成本效应。最后，非营利组织是非营利性

〔1〕 王绍光、胡鞍钢：“经济繁荣背后的不稳定”，载《战略与管理》2002 年第 3 期。

和公益性的组织，所倡导的是积极的公民精神，这种精神强调公民应积极主动地介入公共事务，对社会要承担个人的道德责任和利他主义的精神。这一共同的价值取向使其更致力于投身公益事业，既降低了组织动员成本，又提高了供给效率。因此，非营利组织在社会管理的一些空白领域和一些传统上由政府从事活动的领域里参与公共产品供给，往往比政府做得更好、更有效率。同时非营利组织也有助于政府在提供公共服务中引入市场竞争机制，从而提高公共服务的效率。

二、我国农村公共产品自愿供给不足的原因

农村公共产品的自愿供给虽然是一种客观存在，但只是农村公共产品供给的一种补充方式，而且和政府供给相比较，在量上也显得微不足道，即使与市场供给相比也远远小于后者。从现实情况来看，我国农村公共产品的自愿供给目前主要有以下几种：一是小型基础设施，比如道路修建、桥梁修筑、灌溉设施等；二是教育，比如建立学校和培训机构，或者向学校捐赠教学设备和书籍等；三是医疗保健，如小型医疗机构和义诊等。而且自愿供给的农村公共产品一般投入不大，数量较少，具有强烈的地区指向性，往往固定在与供给者有密切关系的地区。总体来讲，我国目前农村公共产品的自愿供给情况并不理想，供给的公共产品也是不足的，原因主要有：

（一）全国居民整体收入水平不高

一定的收入水平是自愿供给的物质基础。美国等西方发达国家慈善事业之所以十分发达，和他们国家财力雄厚以及居民个人收入很高有必然的联系。一方面，这些国家财力雄厚，社会保障事业十分健全，老百姓无后顾之忧，所以敢于把自己的钱捐出去帮助其他人；另一方面，居民个人收入很高，在捐赠

时也不会出现有心无力的状况。我国是发展中国家，人均 GDP 无法与美国等发达国家相提并论。虽然改革开放以来，我国城乡居民收入水平有了大幅的提升，但同世界发达国家居民动辄三、四万美元的人均收入相比，我国居民整体收入水平还是过低，其中农民收入水平就更加低了。由于收入水平较低，相当一部分居民目前仅仅处于温饱水平，而且在子女教育、医疗、养老等多方面还存在后顾之忧，在支出时就会精打细算。因此，对于参与慈善事业，自愿供给农村公共产品，很多居民是有心无力。一国的经济发展水平和居民的收入水平对慈善事业的发展至关重要，如果让这些发达国家居民的收入倒退到我们目前的水平，可以肯定地讲，他们的社会公益事业也不会好到哪里去。

（二）我国慈善事业总体发展落后

现代慈善业的开创者、全球闻名的大慈善家、美国钢铁大王卡耐基曾经说过："有钱人在道义上有义务把他们的一部分财产分给穷人，因为所有超过家用之外的个人财产都应该被认为是让社会受益的信托基金。"1898 年，卡耐基提出了"应该突破只重财产积累的传统观念，大力资助有一定风险但从长远看有发展前途的研究和发明事业"。在这种全新的社会价值观指导下，1911 年他创立了"纽约卡耐基基金会"，从而奠定了现代慈善事业的基础。在卡耐基的影响下，以洛克菲勒、摩根、亨利·福特这些超级富豪为代表的一大批企业家，回馈社会的意识高涨，大大小小的基金会得以建立，从而对美国教育、科学、文化、福利的发展做出了重要的贡献。经过一百多年的发展，美国成为世界上拥有私人基金会和非营利、非政府组织最多的地方，其准确数量难于统计。据加利福尼亚大学 NPO 研究中心提供的统计数字，现今美国约有近 200 万个非营利机构，其财产总额达到 2 万亿美元，年收入为 1 万亿美元。它们提供的公共服务以及对这些服务提供的资金支持，已经覆盖了从教育、科研、社会工作、慈善到公共交通、为弱势群体提供融资、公益展览等领域。1998 年，在美国，具有税收减免资格的慈善公益机构掌握的资金总额为 6214 亿美元，相当于美国国民生产总值的 9%（何磊，2002）。

与发达国家相比，我国在这方面的差距仍然十分巨大。2008 年 1 月 31 日，民政部慈善协调办公室、中民慈善捐助信息中心发布了《2007 年度中国慈善捐赠情况分析报告》，这是中国第一份关于慈善捐赠的年度报告和首个关于慈善捐赠的官方报告。据该报告披露：2007 年，我国慈善市场获得了前所未有的发展，无论慈善大环境、公众与企业界的捐赠热情、慈善组织，都呈现出加速的发展局面。据初步估计，2007 年度，我国公众和企业的慈善捐赠（款物）总额，达到了 223.16 亿元，约占我国 GDP 的 0.09%，与 2006 年相比，增长 123%，来自境外的捐赠（款物）总额达到 86.09 亿元。两项相加，2007 年度我国接受来自国内、国际的社会捐赠总额超过 309 亿元，与 2006 年相比翻了两番。此外，与慈善事业有关的彩票公益金总额为 356 亿元，光彩系统的带捐赠性的社会责任投资约 200 亿元。四项相加，2007 年度我国慈善市场资金总额达到约 865 亿元，约占 2007 年全国 GDP 总量的 0.35%。虽然 2007 年我国慈善事业取得了一定的发展，但是与美国等发达国家相比，我国慈善事业的发展还是非常落后的。在这种背景下，农村公共产品的自愿供给必然不足。

（三）公众的参与率低

在我国，农村公共产品的自愿供给不足和我国公众的参与意识不强、参与率低有很大的关系。目前，中华慈善总会每年收到的捐赠大约 75% 来自国外，15% 来自中国的富人，只有

10%来自平民百姓。一份慈善公益组织的专项调查显示，全国上千万家企业里，有过捐赠记录的不超过10万家，99%的企业从来没有参与过慈善捐赠。美国的慈善捐赠10%来自企业，5%来自大型基金会，85%来自全国民众。与国外相比，我国的慈善事业在普及性上还有较大差距。

我国公众对慈善事业的参与率为什么如此低？李强、郭锦墉、蔡根女的完全信息静态博弈模型对此问题有一定的解释力。李强、郭锦墉、蔡根女通过模型分析得出结论：对不同收入水平的两类农民而言，在农村公共产品供给的纳什均衡决策中，高收入农民会选择最大可能地供给公共产品，其供给水平则等同于农村网络中的总供给量；低收入农民则会选择“搭便车”行为。农民收入水平是影响其自身供给公共产品的指标之一，也是影响农民在农村网络中选择公共产品供给水平的因素之一。他们的研究还发现，在同一个农村网络中，存在着两个收入水平相等的农民，那么这两个农民可能会选择这样一种战略：对手提供多少公共产品，我就提供多少公共产品。分析表明，在农村公共产品的供给过程中，农民会依据农村网络中对方的选择来确定自己的供给战略决策。[1]李强、郭锦墉、蔡根女的模型在一定程度上反映出我国的一种文化现象，即中国人的群体意识——别人不做我也不做，别人做多少我也做多少。特别是，中国的老百姓更习惯于眼睛紧盯富翁们，例如，对99%企业没有捐赠的状况，许多人指责企业缺乏“乐施善捐”的社会责任，而在抨击中国富豪吝啬慈善事业的同时，忽视了慈善事业的一个显著特征：慈善绝不是富翁们的专利，每个人都应该是参与者。指责99%企业没有捐赠的公众，往往忘记了90%的公民，

---

〔1〕 李强、郭锦墉、蔡根女：“我国农村公共产品的自愿供给：一个博弈分析的框架”，载《东南学术》2007年第1期。

甚至包括自己也没有为慈善事业尽力。在这种文化背景下，公众对慈善事业的参与率低就不足为奇了。

另外，传统小农经济条件导致的公共意识淡薄也成了慈善事业发展的观念障碍。所谓“事不关己，高高挂起”，已经成为一句格言。“各家自扫门前雪，莫管他人瓦上霜”的心态导致公众缺乏甚至没有社会责任感。为了求得自家极小范围的私利，甚至会不惜牺牲他人或社会更大的利益。在道德素质方面，赡养父母、尊老爱幼等传统美德有滑坡趋势，关心集体、热心公益等集体主义观念也有所淡化。因此，经常出现，以家庭为核心，谨慎支出，在公益活动中，都要保持个人利益，斤斤计较，绝不吃亏。在这种状况下，公共意识淡漠、慈善事业的参与意识不高也就成为一种必然了，这种状况也阻碍了农村公共产品的自愿供给。

（四）我国非营利组织发展乏力

在西方国家，非营利组织有效地分担了政府的部分公共服务职能，协助和参与了政府的公共服务项目。改革开放以来，我国的非营利组织也得到一定程度的发展。“希望工程”、“春蕾计划”、“烛光工程”等一批支持贫苦地区基础教育的公益活动，取得了显著的成效。但有关研究表明，我国的非营利组织与西方发达国家相比，无论是数量还是活动能力都相差很大。以每万人拥有的NGO（非政府组织）数量为例，我国约为1.45个，美国、日本和法国分别高达51.8个、97.17个和110.45个。

我国非营利组织资金缺乏也制约了其发展。经费来源上，我国非营利组织对政府拨款依赖性强，致使其收入结构不合理，社会融资能力不高。我国社团最主要的收入来源是政府提供的财政拨款和补贴，该项来源几乎占了所有来源的一半。近几年中，全国非营利组织每年从海内外募集到的资金仅为50亿元左右，其营业性收入比例也太低，仅占总收入的6%左右。[1]而在发达国家，这一比例往往较高。以美国为例，1993年慈善性非营利组织的收入来源中，服务收入的比重占71.3%，政府资助仅占8.2%，私人捐赠占9.9%。[2]通过民间组织发展较好的浙江省的一次调查也可以看出当前的情况并没有多少好转。在2005年被调查的浙江省100家省级社会团体收入结构中，政府补助、民间捐赠、会费收入、提供服务收入和其他收入分别占总收入的33.6%、8.3%、29.3%、15.1%、13.9%，表明其经费来源较为单一，主要依赖政府财政资助和会费收入运作，社会资金的自我筹措能力很弱。可见，经费不足已成为制约我国非营利组织发展的主要问题，资金支出大多用于维持日常运行，而开展各项为实现其宗旨的活动的可支配支出少得可怜，这严重影响了非营利组织职能的发挥。

总的看来，我国非营利组织发展非常乏力，人均拥有量很少，而且存在经费不足、活动能力不强及结构不合理等问题，表现出明显的先天弱质、后天困难，严重制约着其介入公共事务的广度、深度和能力，缺乏有效承载由政府转移出来的公共服务的能力。

（五）非营利组织存在志愿失灵

非营利组织从事的多是市场不愿或政府不能从事的公共产品供给工作，志愿精神和奉献精神是其工作人员取得较好绩效的前提条件。但是市场化改革伴随而来的拜金主义、利己主义使得非营利组织发展所必不可少的志愿精神、公益精神也会严

---

〔1〕郑功成："加入WTO与中国的社会保障改革"，载《管理世界》2002年第4期。

〔2〕郑功成："加入WTO与中国的社会保障改革"，载《管理世界》2002年第4期。

重不足。我国当前的农村志愿工作还处于起步阶段，社会认同度不高，许多志愿工作者也只把这当作职业，缺少应当具备的奉献精神。因此，我国非营利组织存在的志愿失灵现象更加突出，主要以以下形式表现出来：

第一个表现是所谓“慈善不足”，即慈善的供给不足。一方面由于公共产品供给中普遍存在的“搭便车”问题，更多的人不会利他性地为别人提供福利，因此，能够提供的公共产品肯定少于社会最优；另一方面，非营利活动所需的开支与其所能募集到的资源之间存在着一个巨大的缺口〔1〕。而且慈善的资金来源不稳定，还容易受到经济波动的影响，一旦发生经济危机，有爱心的人自己也难以维持生计，更谈不上帮助别人。

第二个表现是“独立不足”，即我国非营利性组织在设立、组织、运行等各方面过度依赖政府。组织的领导仍然由“上级机关”任命，人员雇佣、聘任及工资等由政府部门决定，组织运行的经费主要依靠政府等等，使非营利组织缺乏独立性，成为政府的附庸。

第三个表现是狭隘性。关注黄河治理的环境保护组织的受益者只是黄河流域的居民，注重西部污染的环境保护组织面对的只是居住在西部的人们。另外，志愿组织的服务对象往往仅是社会中的特殊人群，比如残疾人、未婚母亲、农村儿童等，甚至有些组织可能会发展为极端的、排他性极强的、只为特殊群体服务的组织。

第四个表现是慈善组织的“父权性”或家长式作风。由于私人慈善是志愿部门获得资源的途径之一，那些控制着非营利组织经济命脉的人往往根据自己的偏好来决定提供什么产品，

---

〔1〕 王绍光、胡鞍钢：“经济繁荣背后的不稳定”，载《战略与管理》2002 年第 3 期。

而忽略了服务对象的需求，由此往往导致提供较多富人喜爱的产品，而穷人真正需要的产品却供给不足。

第五个表现是慈善组织的业余性，即志愿服务者热心有余而专业不足。根据社会学和心理学的有关理论，对穷人、残障人士、未婚母亲等特殊人群的照顾，需要受过训练的专业人员，但是志愿组织往往出于由义工或志愿者提供服务的宗旨，以及受资金的限制无法提供有竞争力的工资来吸引专业人员加入，致使这些工作只好由有爱心的业余人员来做，从而影响服务的质量。

（六）社会公众参与慈善事业的信心动摇

高度透明是慈善事业和慈善组织发展的一个关键，可是近几年出现的一些慈善事业的不规范发展现象及地方公共组织不良行为却动摇了社会公众的信心。例如胡曼莉事件和付广荣事件：为了救助1996年和1997年云南丽江大地震之后的孤儿，美国慈善机构“美国妈妈联谊会”在丽江地区创办了孤儿学校，并委托给胡曼莉代理。但后来，“美国妈妈联谊会”发现胡曼莉并没有把捐赠的35万多美元全部用在孤儿身上，于是将胡曼莉告上了法庭。付广荣2001年筹资在辽宁沈阳建立了“阳光儿童村”，收养了43名女犯的子女，人称“天使爱心妈妈”。而3年后，某媒体在采访中发现，儿童村对社会捐款的使用情况有问题。后经相关部门查证，付广荣的确在高达100多万元人民币的善款使用上存在账目不清、公私混淆的情况。

胡曼莉事件、付广荣事件并非特殊情况。在实际操作中，因为某些农村公共产品的性质（如生产周期长）而不得不委托给当地公共组织（地方政府、村委会等），使得最终效果因为可能出现的官僚行径而大打折扣，这说明地方公共组织的官僚行径（贪污、腐败、挪用资金等）是阻碍自愿供给和供给效果降低的重要原因。笔者在陕西省的调查发现，陕西一些农村的村委会在得到外部的捐赠后，并没有按捐赠者的要求使用资金，而是将这部分资金挪作他用甚至挥霍掉。类似事情的不断出现，降低了慈善项目的公信度，以至于目前国内影响最大、发展最好的慈善项目——希望工程，也受到过人们的质疑。曾经有香港媒体发表文章说希望工程存在善款被挪用、随意进行投资造成大笔亏空的情况，一时间造成社会的极大轰动。甚至在2008年四川地震全国踊跃捐款时，也出现了一些不和谐的声音和现象。这种事情的出现，不仅打击了国内原本就不是很发达的慈善事业，也动摇了人们参与慈善事业的信心。

三、农村公共产品自愿供给的完善

（一）增加居民及农民收入

完善农村公共产品的自愿供给，首先必须切实增加我国居民的收入，特别是农民收入。只有增加居民收入，才能为自愿供给提供资金上的可能性，使更多的居民成为自愿供给者。古人曰："仓廪实而知礼节。"提高了收入的农民更愿意表达自己的真实偏好，就可以建立良好的偏好显示机制让农民说"真话"，进而准确确定他们的效用函数；增加了收入的农民承担迁徙成本的能力更强、对生活的要求更高，其迁徙到符合自己偏好地区（用脚投票）的可能性更大；增加了收入的农民能够承担的外部成本和提供外部收益的能力也就更大，也更乐意为其居住地的公共产品建设慷慨解囊。而且，农村公共产品的研究应当放在建设社会主义新农村这个大局中来考察，不然就有舍本逐末之嫌，增加农民收入也是建设社会主义新农村的当务之急。增加农民收入，一方面要加大政府扶持力度，增加对农业的有效投入。主要包括加大水、电等基础设施建设投入；加大对农业的直补力度；加大对农业科技投入，提高科技含量，帮助农民科学种田等。另一方面要减少农民的不必要的支出。为实现这一目的，首先应完全免除农民负担。随着国家农业税的取消，农民负担相对减轻，但光“减轻”还不行，必须彻底免除农民所有负担，彻底实现农民零负担。其次，精简机构，裁减基层冗员。这样可以减轻财政负担、防止变相加重农民负担。最后，中央政府必须加强督查，严惩增加农民负担的行为。鉴于以前农民负担反弹的教训，中央政府必须加大暗访督查力度，通过制定一系列法律、法规来保护农民得到的实惠，采取严厉的惩罚性措施制裁向农民收取任何不合理款项的行为，用法律手段打击增加农民负担的行为，以完全保护农民收入不受侵害。

（二）培养和增强人们的公益意识

我国历来比较重视公民的公德教育，但这种公德教育更多的只是停留在思想层次上，如何在行动上提高人们的公德水平、培养人们的公德意识，如何给人们提供发展公德、展示公德的机会和空间，这是需要思考的问题。为慈善性的非营利组织捐助时间、体力就是一种很好的途径和方式，因为非营利组织是提供公共产品的，为非营利组织贡献个人资源，就是在直接或间接地为社会供给公共产品，就是在利他。因此，这种方式将公德教育具体化并使之具有操作性，避免了泛泛而谈。在美国，社会是以社区自治为根基的，强调社区互助，家长也积极鼓励孩子参与社区建设、打义工，因为打义工有记录，学校录取可以参考。这些方式都是我们可以借鉴的。此外，还可以通过对公民（包括农民）实行免费教育、培训，提高其基本文化素质，使其尊重宗教传统、弘扬传统文化美德，以此来改善人们的公益意识。建设一个乐善好施的爱心社会不仅是宗教和传统文化的思想，也是构建和谐社会的必需。

另外，主流媒体应大力宣传公益事业。目前中国的公益事业处在起步阶段，如何通过宣传让广大群众了解公益事业，加强公益意识，各大媒体还任重道远。因为公益事业是一项社会的全民性事业，没有群众的参与，就是没有生命力的，而公民的参与度高低已经成为评价一个国家或地区公益事业发展的重要依据。以香港为例，90 年代国内的几次洪灾、印度洋海啸，香港地区每一次的捐赠额度都很大，有时候达到了 6 亿港币，市民的参与度很高，达到 70% ~80% 。2008 年的四川大地震，全国乃至全世界的踊跃捐款与主流媒体的大力宣传不能说没有关系。乐善好施、扶贫济困、慈心为人、善举济世，是中华民族的传统美德，在新时期新阶段，应大力宣传和弘扬这些传统美德。这种宣传对丰富农村公共产品的提供、鼓励和尊重个人的慈善行为无疑有巨大的作用，而且对社会主义精神文明建设以及建设社会主义新农村也有极大的作用。

（三）多渠道筹集资金，大力发展非营利组织

目前我国的非营利组织的发展已经取得了一定的成绩，而且为了进一步促进农村地区的全面发展，社会各界也为此付出了极大的努力。近年来，在中国先后兴起一批以援助欠发达地区教育发展为宗旨的非营利组织，这些组织实施了一系列“工程”和“计划”，为贫困地区教育发展做出了积极贡献。其中，最著名的要数家喻户晓的“希望工程”、“春蕾计划”和“烛光工程”。

“希望工程”已成为我国社会参与最广泛、最具规模和影响力的民间公益事业。据中国青少年发展基金会统计，希望工程实施以来，累计接收社会捐款逾 35 亿元人民币，在农村贫困地区援建希望小学 1.3 万余所，为 304 万多名农村家庭经济困难的学生提供资助。“春蕾计划”是由中国儿童少年基金会于 1989

年发起并组织实施的一项救助贫困地区失学女童重返校园的社会公益事业。据中国儿童少年基金会的统计，自1989年以来，“春蕾计划”已募集资金5亿元，共救助135万余人次失学女童重返校园，资助范围已经覆盖全国30个省、市、自治区。“烛光工程”由中华慈善总会于1998年面向全社会正式启动，旨在通过唤起大众的慈善意识，汇集社会爱心，帮助贫困教师改善工作、生活条件，提高农村教师自身素质，促进农村教育事业的发展。首期工程已取得了很大的成功。

虽然这些成功的案例给了我们很多启示，但是由于投资主体及筹集的资金有限，我国的非营利组织发展仍然是举步维艰。因此，从中国非营利组织的资金来源看，投资主体应该多元化。2007年中央一号文件也明确指出：“要注重发挥政府资金的带动作用，引导农民和社会各方面资金投入农村建设，鼓励农民和社会力量投资现代农业。”一方面，社会各界，包括党政机关、企事业单位、社团、各民主党派、其他社会组织及公民个人都可以依照法定程序投资创办社团，投资形式可以包括个人独立出资、单位或几个单位联合出资、单位和个人混合出资等。另一方面，资金渠道应多元化。除了国有资产以外的其他财产形式，如主要创办人员的个人财产、集体所有财产、社会组织和公民个人的无偿捐赠和资助、社会福利彩票、国际性的援助等多种渠道，都可以成为非营利组织的资金来源。投资主体、形式、资金来源渠道的多元化意味着中国非营利组织的独立性正在加强，开始初步具备了从社会汲取支持的能力。在当前的实践中有多种方式值得借鉴，如以拍卖道路冠名权、立功德碑等形式来获取资金支持。国家专门为此制定了《中央财政支持“民办公助”开展小型农田水利工程设施建设补助专项资金管理办法》，其中对小型农田水利工程设施建设发生的材料费、设备费和施工机械作业等费用给予补助，这种方式是符合中国国情的。湖北武穴市所形成的“政府引导、部门帮扶、农民自愿、老板捐赠、民主管理”的农村公益事业运作方式，就是一种有益的探索，值得借鉴。尽管从资金构成比例上，政府投入还占绝对优势，非营利组织对政府的依赖程度还没有根本转变，但从发展的角度来看，随着社会转型的深入，非营利组织一定会很快发展起来，为农村公共产品的供给提供更有力的支持。

（四）采取激励措施促进慈善公益事业的自愿供给

不得不承认，如果私人提供者的捐赠行为能让自己获得一部分税收优惠的话，往往更能够激起他们的善心。我国应出台相关政策，采取对进行公益性捐赠的企业和个人给予税收减免等措施，鼓励企业和个人捐赠公益事业。政府的税收政策激励，例如个人所得税减免，已被国外学者通过实证分析证明有利于提高私人捐献量。具体做法是，若个人为慈善组织捐款，则公民的个人所得税可以抵扣或减免。这种优惠政策的解释是由于慈善机构或非营利组织同政府一样也是在提供某种公共产品，因此，给慈善机构捐款就相当于为公共产品的生产纳税，这样，捐赠者获得个人所得税抵免就是理所当然的。对企业捐赠行为也应该采取类似的税收优惠或减免措施。

我国现阶段的《个人所得税法》和《企业所得税法》对个人和企业的捐赠行为规定了明确的抵扣标准，但标准相对过低，可以考虑适当提高。另外还可考虑就这笔捐赠资金的去向制定不同的抵扣标准，流向农村的捐赠资金相应享受较高的抵扣标准，这样可以纠正一部分提供者的城市偏好，同时，政府鼓励向农村捐赠的立场也对提供者有一定的示范和引导作用。目前，国家相关部门在一些文件中也对此进行了新的规定。如《财政部、国家税务总局关于企业向农村寄宿制学校建设工程实施工作若干意见的通知》中，为支持农村义务教育事业发展，按照《国务院办公厅转发教育部等部门关于进一步做好农村寄宿制学校建设工程实施工作若干意见的通知》（国办发［2005］144号）的精神，对企业以提供免费服务的形式，通过非营利的社会团体和国家机关向“寄宿制学校建设工程”进行的捐赠，准予在缴纳企业所得税前全额扣除。还有《财政部、国家税务总局关于纳税人向农村义务教育捐赠有关所得税政策通知》中规定，为了贯彻落实《国务院关于基础教育改革与发展的决定》（国发［2001］21号）有关精神，支持农村义务教育发展，对纳税人向农村义务教育捐赠的有关所得税政策是：企事业单位、社会团体和个人等社会力量通过非营利的社会团体和国家机关向农村义务教育的捐赠，准予在缴纳企业所得税和个人所得税前的所得额中全额扣除；纳税人对农村义务教育与高中在一起的学校的捐赠，也享受本通知规定的所得税前扣除政策。这些新规定的出台，必然会在一定程度上促进社会各界对公益事业的捐赠力度，推动非营利组织的发展。

（五）规范慈善公益事业及地方公共组织的行为

慈善事业的成败从根本上讲决定于慈善组织自身的建设及能否取得社会公众的信任，强化组织建设、不断提高社会公信度是每个慈善组织可持续发展的根本所在。针对慈善机构运作透明度不高、组织不够严密的问题，应该借鉴一些发达国家的做法，他们的慈善机构每年都要给社会提交年度报告，通过完整的数据、体系来表明机构的资金流向，非常清晰；此外，他们对资金的使用还有一套完整的内部控制体系，包括流程的控制、风险的控制、监控的系统等，其根本原则就是要保证捐赠资金的安全和高效使用。因此，对公益组织应加强监督管理，使其切实发挥为民服务的作用。例如，制定慈善事业或慈善团体管理和组织法规，明确行使慈善捐助管理职能的行政执法主体，用以规范和约束慈善组织的行为，还要使慈善机构在运行中有可供操作的法律依据，依法进一步加强和完善自身建设，把慈善事业发展起来。

地方公共组织是农村公共产品的主要供给者，但是囿于财力，无法满足农村公共产品的全部需求。从政治契约论的角度来说，地方公共组织是地方居民的公共治理代理人，为委托人（地方居民）的利益服务是其应尽的职责和义务，在自身无力满足委托人的公共产品需求时，应当通过其他途径如市场供给和自愿供给来加以补充。因此，规范地方公共组织的行为，使其起到鼓励和引导公共产品自愿供给的作用而不是反作用，是增加农村公共产品供给的必然要求。一方面，要以地方组织法为依据，严格监督政府部门及公务人员的行为，提高地方公务员为民服务的意识；另一方面，严格推行村民自治法，普及村民选举制度，建立新型乡村治理结构，可以较好地减少村民代理人的不良行为。

第七章

农村公共产品供给机制的国际比较

国外农业比较发达国家的农村公共产品供给相对完善，这些供给充分体现在其发展农业、建设农村、服务农民的各项政策措施之中，在带动农业发展、振兴农村经济、提高农民生活水平等方面发挥了积极作用。在探索适合我国具体国情的农村公共产品供给的过程中，借鉴先进国家的成功经验，可以为我国建立并完善新的农村公共产品供给提供有益的思路。

一、发达国家公共产品供给的实践经验

（一）美国农村公共产品供给

美国农村公共产品供给是在政府长期对农业所采取的直接投资、补贴、保险等一系列农业政策的支持下建立并完善起来的，这也使得美国农业逐步由不发达走向发达。美国目前已成为世界上农业最发达的国家，其农村公共产品主要是由政府和社会组织共同提供的。

1. 通过各项农业扶持政策来促进农业的稳定与发展

美国政府的农业公共投资政策是在不断调整中发展和完善起来的，在农业发展的不同阶段，美国政府的财政支持政策表现为不同的特征，从而使美国政府的农业财政政策呈现出明显的阶段性特征。具体如下：早在南北战争时期，美国政府就制

定过农业发展政策，比如政府利用赠送土地和出售公有土地的收入，支持交通运输等基础设施建设，政府资助建立起农业教育、科研和技术推广“三位一体”的体系等。20 世纪 30 年代经济危机时期，为应对农产品过剩危机，政府的农业财政政策转向以反危机为中心，强调对自然环境的保护以及农产品出口的扩大。1933 年美国政府推行了旨在支持农产品价格和农业收入的农业政策，制定了《农业调整法》，用休耕补贴、农产品储备费用补贴和农作物保险与救灾补贴等来支持农民收入。1954 年政府又颁布了《480 号公法》，以满足维护国内农业集团利益、开拓国外市场和推行对外政策的需要。20 世纪 70、80 年代，为了满足出口增长的需要，美国政府放弃对农产品价格支持的政策，取而代之以直接向农户发放现金补贴的方式，该措施极大地增加了美国农产品在世界市场的竞争力。如 1971 年，美国农产品贸易盈余为 19 亿美元，1982 年则增至 270 亿美元。政府还通过实施“混合贷款”和多种特殊补贴政策来扩大出口，并对进口的某些农产品实行严格的配额限制。到 20 世纪 90 年代，在世界农产品市场形势变化和农业摩擦的双重影响下，美国政府更加注重制定和实施生态农业、科技和信贷支持、信息管理与服务等方面的农业政策。比如，在农业信贷方面，对于风险大、利润低、私人金融公司不愿意参与的农业项目，政府通过规模庞大的农业信贷体系以及出口信贷担保制度给予更大的支持力度。

总之，美国的农业政策涉及对农业的立法管理、农业资源保护政策、农产品价格补贴和收入支持政策、农业信贷政策、扩大出口、限制进口等各个方面。

2. 在公共产品供给方面，各级政府权责分明，相对独立

为保证地方公共产品的有效供给，更好地实现各级政府和部门的职能，美国实行完全的分税制，即联邦政府、州政府和

地方政府三级相对独立的财政体制，各州和各地方政府均有自主的财政立法权和独立的财政收支管理机构。各级政府均有各自的财政收入和支出范围，权责各有侧重，同时又相互补充。各级政府的事权划分由联邦政府加以规定（见表7-1）。

表7-1　美国各级政府的事权划分

事权范围	联邦政府	州政府	地方政府
社会保障	主要责任	主要责任	基本没有
农业补贴	主要责任	次要责任	基本没有
高速公路	主要责任	主要责任	次要责任
外　交	主要责任	次要责任	基本没有
国　防	主要责任	次要责任	基本没有
教　育	次要责任	次要责任	主要责任
卫　生	次要责任	次要责任	主要责任
通讯和交通	次要责任	次要责任	主要责任
城市发展	次要责任	次要责任	主要责任
财产保护	次要责任	次要责任	主要责任

由表7-1可以看出，联邦政府只负责提供与国家经济社会发展关系重大的事务，如国防、外交、州际高速公路、农业补贴和社会保障等。州政府主要负责提供受益于本州内的公共产品和服务，如州内道路及高速公路、消防、环境等。地方政府主要负责教育、治安、医疗卫生、社区服务等项目。为此，联邦政府和州、地方政府均享有各自独立的税收立法权、调整权和减免权，分别拥有各自的主体税种，通过各自设立税收征管机构独立征税，地方财政的最后平衡通过完善的转移支付制度解决，以充分满足履行上述各项职能所需的支出。

3. 重视农村基础设施的建设

美国各级政府一直都非常重视对农村基础设施的建设，农村基础设施的建设任务与资金来源具有多层次性。在农田水利建设方面，美国的大型灌溉设施都是由联邦政府和州政府投资兴建的，中小型灌溉设施由农场主个人或联合投资，政府也给予一定的补助。政府资助水利设施的兴建和维修主要有引水灌溉、排水防洪设施等，以提供充足、低廉的农业用水；在交通运输方面，政府在全国兴建公路、桥梁、电力和通讯等交通电信网络，为农业提供方便的商品流通条件；在公共设施服务方面，政府在农村社区建立学校、医院、活动中心等公共设施，以及垃圾收集和处理、排污等环境保护设施，为农民提供方便良好的生活环境。目前，美国农村的小城镇大都很发达，全国公路四通八达，连接着每个农场，农民进出城都很方便，还有学校、商店、社区活动中心等配套措施也很齐全。

4. 提供资金补贴和农业保险以保护农业

农业作为面临自然和市场双重风险的弱质产业，联邦政府多年来一直通过多种手段给予重点支持。首先是对农业提供范围广、强度大的资金补贴，主要包括支持性收购、差价补贴、直接补贴、全环节补贴等。据统计，至1995年，美国农业补贴达到了609亿美元。在《2002年农业安全与农村投资法案》中，美国更是计划在随后的10年内增加农业补贴1900亿美元。其次是为农民提供农业保险。美国政府提供了一套覆盖范围广、保障水平高、保险种类较为齐全的农业保险体系，主要包括农作物保险、巨灾保险、牲畜保险、事故保险、扩大保障保险等。同时为了保证农民能够以较低的保费率参加农业保险，并使农业保险公司可以持续运转下去，美国政府还对从事农业保险业务的机构提供大规模的保险费补贴，并不断提高联邦农作物保险公司的股金。这些措施给美国农民带来了巨大的裨益，既提高了农民的收入，又增强了美国农产品在国际市场上的竞争优势。

5. 注重农业科技普及，组织完善农业教育－科研－推广体系

为了推动农业生产水平的持续提高，美国政府一直比较重视农业的教育、科研和培训推广等方面的工作，这集中体现在各级政府对农业科研教育和推广的公共开支在不断增加。首先，政府重视对农业教育－科技－推广体系的构建。该体系是由政府投资建立，以各级政府职能部门推动为主导，并由其协调、联合有关院校、科研机构、专业技术服务机构和民间协会共同实施的，包括农学院、农业研究、农业推广三个系统。其经费由联邦政府、州政府和地方政府按一定比例共同提供，农户、批发商、经销商可以免费获得有关市场、管理、气象、病虫害和技术方面的信息和指导。其次，大力开展农民职业教育并予以经费支持。美国农业职业教育的宗旨是培养应用型人才，注重理论与实践紧密结合，偏重实用教育，凡14岁以上、有志学习农业技术者均可免试入学。学校的经费来源因办学主体各异而有所不同，公立类的主要是依靠联邦和州的补助，私立类的除依靠联邦、州的补助外，还有私人的捐助等。

6. 重视构建城乡一体化的社会保障体系

美国的社会养老保险制度起源于20世纪30年代。1935年，为了缓和经济与社会危机，美国政府颁发了《社会保障法》，开始施行社会保障制度。此后经过数次补充和修改，目前已扩展成为覆盖全民，包含养老、医疗、失业、残疾、生育以及社会救济等诸多保险项目的城乡一体化社会保障体系。

美国的社会保障体系具有社会化与市场化双重因素共同构建的特点。首先，各项法定社会保障项目的水平并不高，但覆

盖面很广，体现了社会公平的原则。比如在医疗保险方面，美国有包括农民在内的 1.92 亿人享有医疗保险，占人口总数的 52%。这样不仅使民众普遍受到社会保障安全网的庇护，又减轻了政府、个人及保险公司等各方的负担。其次，社会保险的市场化程度比较高，公民保险意识也普遍较强，各种保险公司设计的保险品种种类繁多，公民无论贫富，都能找到适合自己的保险项目。

（二）日本农村公共产品的供给

日本在明治维新后，通过对农业征收高额税收来汲取农业剩余支持工业的发展。从 20 世纪 60 年代开始，日本工业已具有了自我积累的发展能力，为使工农业均衡发展，日本农村财政税收政策发生了根本性变化，相继采取了减轻农业税收、增加对农业的投资、增加农民拨款、提供农业信贷资金等一系列措施支持农业发展。日本农业的现代化与政府的支持农业政策密不可分，其对农业的支持、保护和农村公共产品供给政策值得学习和借鉴。

1. 政府财政大量投入，确保农村公共产品规模和范围不断扩大

日本政府在农村公共产品供给中的主体地位十分明确，体现在从财政支农政策制定、资金投入和规范程序等中。政府财政对农村公共产品的投入主要体现在直接投资、补贴及农村预算政策上。首先，财政对农业直接投资力度很大。20 世纪 70 年代以来，日本中央和地方政府对农业投资达 4.4 万亿日元，相当于农业总产值的 50%，其中 90% 的投资用于农田基本建设。其次，政府对农业补贴也很高。20 世纪 80 年代以来，日本政府每年的农业补贴总额都在 4 万亿日元以上，对农业的补贴已经超过了农业收入。OECD（经济合作与发展组织）发表的调查表

明，2000 年日本对农业的补贴达到了 GDP 的 1.4%，而同期的农业收入仅占 GDP 的 1.1%。最后，日本对农林水产业安排的预算经费也很高。如 1994 年，农林水产省的经费是 34 188 亿日元，占日本政府的财政经费（406 548 亿日元）的 8.4%。且经费逐年增长，从 1960 年 ~ 2000 年，年平均增长了 25%，主要用于公共事业和一般事业。在上述一系列支农投入的大力支持下，日本农村公共产品供给的规模和范围不断扩大，基本涵盖了农业生产领域、流通领域和生活领域，主要包括基础设施、农业科教和技术推广、环境保护和可持续发展以及社会保障等方面。

（1）农业基础设施。农业基础设施建设主要包括农村道路建设、农业新水源开辟、水环境治理，以及土地改良所涉及的排水灌溉、耕地区划扩大、农用地垦殖等基本建设。这些建设依照工程性质和规模大小，分别由中央政府、地方政府和农户共同投资建设。比如对于大型水利建设骨干工程，由政府直接投资兴建；小型农业工程则由农民及农业合作组织投资兴建，政府给予补贴，补贴占全部费用的比率在 80% 左右，有些甚至可达 90%（中央财政补贴 50% 左右，都、道、府、县财政和市、町、村财政分别补贴 25% 和 15%）。

（2）农业科教和技术推广。日本农业的成功还归因于政府对农业教育、农业科学技术开发和普及的重视。国家设有农协中央学院，各地方有 41 所农协大学及各种研修中心。农协有完整的教育体系来培养农协人才。日本在 20 世纪 80 年代就普及了高中阶段教育，农村 40% 的适龄青年都能进入大学深造。日本建立了完善的农业技术推广体系，在全国建有由国立和公立科研机构、大学、民间机构三大系统组成的农业科研体系，其主管机构是农业水产省、农蚕园艺普及部，主要负责制定农业科技推广工作的相关制度，并组织、协调和指导推广工作，培训推广人员等。中央财政、各都道府县均安排有农业科技专项预算。农业推广经费主要由两部分组成：一部分为专项经费，由中央和地方政府各按一定比例分摊，另一部分是根据各地方特殊业务需要而提供补助经费。同时，把全国分为9个区，在每个区设立地方农政局，负责监督和指导都道府县的农业技术推广工作及发放推广经费。2000年前后，日本政府和地方政府的农业科研经费占农业国内生产总值的2.2%左右。

（3）环境保护和可持续发展。日本政府通过制定法律法规，增加财政支出等手段来预防和治理农业环境污染、大力支持有机农业发展和环保研究开发，促进农业和农村的可持续发展。同时，还加强对农村生活环境方面的公共设施建设，如改善农用及饮用水条件，建设村落内的排水道，安装路灯、防火水槽、消雪泵和防护栏等，增加村落防灾设施，建设多种农村公园、会议室、多功能集会设施等，建设既可作广场、停车场，又可作为农产品堆放场所的农村多功能利用广场等等，极大地方便了农民生活。

（4）农村社会保障。日本农村社会保障制度是在实现农业现代化和农村城市化的过程中逐步建立和完善的。农民能获得的社会保障大致与城市居民所享受的保障制度类型相同。日本的农村社会保障项目主要包括：一是国民健康保险。地方政府为国民健康保险的运营主体，国库补助保险费为50%，个人及其被抚养的家属负担实际医疗费的30%。二是基础养老金。国库负担1/3，其余来自被保险者缴纳的保险费。三是农村公共援助。日本建立起了涉及生活、教育、医疗、住宅、分娩、丧葬等诸多内容且覆盖全体国民的“最低生活费”保障体系，其经费来源为国库补助3/4，都道府县与市町村共同负担其余的1/4。四是农村福利。包括农村居民的公共医疗卫生与健康保健和其他公共福利等。以2002年为标准计算，各种公共医疗保险机构负担该项总费用的66%，国家财政负担约23%，都道府县与市町村各自仅负担5.5%左右。五是农业灾害保险。农业保险基金由农民投保的保费和政府的补贴各占50%组成。除此之外还有儿童津贴、农业灾害保险等，基本覆盖了农村居民所面临的各种风险。

2. 充分发挥农协在农村公共产品供给中的作用

日本农协（全称日本农业协同组织）是由从事农业生产的农户自发组织起来的群众性组织，日本380万农户全都参加了农协组织。农协为农民提供的综合服务几乎涵盖了全国农村的各个领域。具体而言一是指导农业经营。农协对组织成员生产和销售等农业经营活动进行指导，包括土壤改良、栽培技术、引进良种、农药施用、家畜家禽饲养、市场信息、标准化生产等。二是供应农业生产资料。一般农民购买化肥、农药、农业机械、饲料、薄膜、民用煤气等约50%都是通过农协来完成的。三是销售农副产品。农协采取委托制形式代农民销售农产品，大米、小麦、果蔬、园艺、畜牧、奶类等主要农副产品，约80%都由农协经营。四是提供信息服务。农协有一整套遍及全国的快速、高效的农业信息传递和反馈系统，还能通过农林水产省、农林统计协会以及经济新闻等部门来获取官方的信息。据统计，日本农民有关生产方面的信息71%来自农协系统，而有关生活方面的信息有59%来自农协。五是提供农村金融和保险服务。各农协都有金融部、共济部，通过县信联—农林中央金库—日本国家银行等链条，吸收农民存款，开展信贷服务。通过基层农协—县共济联合会—全国共济联合会开展保险服务。六是提供公共设施设备。农协统一建设和购买大型的设施设备，如大型拖拉机、联合收割机、大米加工设备、农用仓库、农机维修站、加油站、文化娱乐中心、红白仪式设施等，供农协社员有偿使用。此外，日本农协还提供信用服务、开展老年福利活动等。由此可以看出，农协承担了日本农村主要的经济功能，在发展农村经济，改善农民生活，提高农民的交易地位，推进农业与农村现代化建设等方面，起到了政府难以替代的作用，做出了极大的贡献。

3. 农民参与公共产品供给决策

木纳和土地改良区在组织农民参与公共产品供给决策中发挥了极其重要的作用。木纳是一种乡村社区，它以家庭为组成单元，一般由 30~50 个农户组成，它具有很强的社会活动组织功能，几乎涉及该社区内诸如水渠、道路、节日庆典等所有合作活动。木纳是土地改良区的基础，木纳选出代表组成土地改良区代表会议。由组员选举总代会成员，总代会是土地改良区的最高决议机关。一切有关农地改良设施、灌排水的协议、合同的签订、更改以及贷款的偿还、各种费用的征收等均由总代会决定，执行和监督则由理事会和监事会负责。农民根据需要选择公共产品建设项目。立项时，由土地改良区向政府提出申请，批准后，须制定详细的项目规划，该规划必须获得 2/3（实际上操作时需 95%）以上土地改良区成员的同意，否则政府不能实施该项目，这一程序使农民有机会充分表达自己的意见。此外，在项目规划中必须明确项目完成后由谁负责设施管理，除极少数大型水利设施由政府管理外，绝大多数均通过土地改良区由农民自己管理。

4. 公共投资的多渠道、多层次性

日本农业是分散的小规模家庭经营，公共事业所需的大量资金不可能通过农户自身的积累来完成，在很大程度上依靠多渠道、多方式、多层次引进资金来实现。日本农业资金的投入渠道除政府的巨额财政拨款和贷款外，还有四种方式：一是为农民提供低息贷款，用于农业机械化、电气化、水利化等设备设施的购买和维修改良；二是各级农林渔业金融公库投入农业固定资产，用于农林牧渔业的基础建设，实行二十年低息贷款；三是利用地区开发金融发放贷款，以促进特定地区的产业发展；五是发行地方债券，用于公共设施的建设。

（三）德国农村公共产品供给

德国是一个联邦制国家，它既是一个高度发达的工业国，又是一个农业生产率非常高的国家。德国政府一直把农业和农村的发展置于非常重要的位置，也非常重视乡村公共物品的供给，形成了比较完善的供给体制。

1. 通过立法规范各级政府在农村公共产品供给中的责任与权力

第一，法律明确了不同层级政府提供公共产品的职责。根据德国《基本法》，各级政府在公共产品供给中的权力和责任在法律和相关政策上都有明确的规定。具体来讲：联邦政府主要负责国防、外交、海关、铁路、航空、邮电、社会福利和部分社会安全保障系统；州政府主要负责教育、地方治安、警察和法律保护，并拥有对地方政府直接监督权；地方政府则负责提供地方公用事业、教育、卫生、社会救济（福利）以及地方道路等基础设施的修建与保养等。第二，法律规定属于联邦或州的职责不能以命令的形式分配给地方政府去完成，以防止破坏地方自治的权力。第三，法律还明确规定了乡村公共产品供给的财政支持结构，德国乡村地区公共产品的资金支持完全由政府财政提供。最后，当公共产品供给过程中遇到纠纷或矛盾时，能够很好地通过法律途径解决。而德国地方政府官员普遍具有相关法律知识背景，可以使他们更好地完成任务。

2. 政府财政的强力支持确保满足农民需要的农村公共产品广泛供给

《基本法》明确规定了联邦、州、地方三级政府的事权划分，为确定各级财政支出责任提供了基本依据。德国的财政体制与其联邦制政体相对应，实行联邦、州、地方三级管理的财政体制，即联邦、州、地方三级政府都有自己独立的预算。在乡村公共产品的供给过程中，属于哪一级政府的职责范围就由哪一级财政进行资金支持。如果属于三级政府共同承担的责任，它们就要共同承担经费的投入。同时，德国还制定了《财政平衡法》，用以调节各级政府之间的财政平衡。其目的是在各地财政资源差距很大的情况下，通过完善的转移支付制度，保证各地公共产品（服务）水平基本一致，实现区域经济协调发展和加强宏观调控。在上述法规的约束下，德国各级政府在农业基础设施、农业科技培训、农村基础教育、农村社会福利、农村环境保护等公共产品供给上都给予大量的财力支持。比如在1996年德国支农支出中，用于农民退休保险、医疗保险、事故保险等社会福利方面的支出为75.63亿马克，占支农总支出的62%以上。在布兰登堡州，1997年财政支农支出13亿马克，其中的4.27亿马克用于农业基础设施建设，约占该州支农支出的32.85%。

3. 以公共利益为导向，实现农村公共产品多元化供给

在农村公共产品供给方面，德国政府很早就引入了市场机制，采取政府采购和私人供应的双重体系。在德国，虽然人们认为提供公共产品是政府的责任和义务，且农村公共产品资金完全由政府预算提供，但政府并不禁止私人捐款和由私人提供某些公共产品。一般来说，对于那些市场前景好，经济效益有保证的公共产品项目如文化设施、饮用水供应、垃圾处理等，

政府不再直接生产而是通过合同出租、特许经营、凭单生产等方式委托转移给私人部门或非政府组织，由他们通过市场提供。这样，不但有效解决了公共服务资金不足的问题，而且提高了公共产品供给的质量和效率，政府在此过程中只起监督和管理的作用。而对于那些无法产生经济效益的项目，则仍由政府供给。此外，德国农业合作经济组织在农村公共产品供给中也起了重要作用。

4. 健全的监督机制是完善农村公共产品供给的制度保证

德国在农村公共产品供给的过程中，主要通过体制内和体制外两种途径对供给主体、供给决策、资金使用等方面进行强有力的监督。体制内监督主要有两种形式：一种是通过法律、法规、规章制度等具有强制力的条文对供给主体在供给过程中的行为进行监督，使他们能严格遵循法律的规定，并对违法违规的人进行惩处。政府在行使权力，履行社会管理与公共服务职能时，也必须遵守联邦法律和州法律，接受州政府的监督；另一种是通过专门的监督机构对特定行为或特定方面进行监督。如地区监督服务公署（ADD）是德国介于州和县政府之间的专门监督机构，负责监督地方行政部门的行为。体制外监督主要是指政党、非政府组织、公民个人、新闻媒体和舆论等的监督。这些社会主体的监督能够在很大程度上制约地方政府在公共产品供给过程中滥用权力、徇私舞弊的行为，从而在一定程度上确保权力和资金得到规范合理的使用。

二、发展中国家公共产品供给

（一）韩国农村公共产品供给

韩国在20世纪40年代开始推行工业化，政府通过立法手段，压低粮食、棉花等主要农产品的价格，将农业剩余强制转出，为工业化积累资本。到60年代中期以后，韩国进入工业化的中期阶段，政府开始加大对农业的扶持力度。

从70年代开始，韩国发起了以“勤勉、自助、协作”为基本精神，以“脱贫、自立、实现现代化”为目标的新村运动，来改善农村生产条件和生存环境，进而向现代化生产方式和生活方式迈进，取得了显著的经济效益和社会效益。韩国目前已成为亚洲农村现代化事业搞得最好的国家之一，韩国的经济发展背景、文化与习俗与我国极为相近，因此，韩国有关农村公共产品供给的经验非常值得我们借鉴。

1. 政府资金大量投入新村运动，极大地改善了农村生产生活条件

虽然韩国的“新村运动”主要由农民进行，但政府在其中发挥了极大的作用，政府不仅是发动者、引导者，而且可以在不同阶段提供财政支持、管理和规划方面的帮助。韩国“新村运动”建设资金的最主要来源就是政府投资。据统计，从1970年～1980年，韩国政府财政累计向新村运动投入2.8万亿韩元，平均每年投入约2500亿韩元，而且逐年增加，到90年代每年平均投入已达约5000亿韩元。新村建设资金的另一来源村庄集资中也有很大一部分是政府贷款，另外政府还向农民普遍发放长期低息贷款，并从住房彩券中拿出一部分支持农村建设。因此，在资金筹措中政府扮演着十分重要的角色。资金主要用于农村基础设施建设、改善生产条件、增加农民收入、农村教育与科技信息及农村社会保障等方面。

(1) 农村基础设施。主要包括改善和建设农村道路、桥梁、住宅、电力系统、煤气、电信、自来水等。资料显示：从1970年～1975年，全国农村共架设了65 000多座桥梁，各村都修筑了宽3.5米、长2～4公里的进村公路。到70年代后期，除特别

偏僻的农村外，全国所有农村基本都能通汽车。1970 年全国 250 多万户农民中有 80% 住在稻草房中，到 1978 年全部农民都住进了瓦片或彩钢顶的房屋，新铺自来水管道 4440 公里，全国 9890 的农户装上了电灯。[1]目前韩国大多数农村都基本实现电气化和交通网络化。

(2) 改善生产条件和增加农民收入。主要通过完善灌溉系统、治理河流、更新农业机械、采用新生产技术和设置公用积肥场等措施改善农业生产条件，降低农民的生产成本。通过调整农业生产结构、开展多种经营、实行专业化生产、合作耕种以及兴办农村副业等手段来增加农民收入。特别是自 70 年代中期以来，在全国范围内推广水稻高产新品种，政府对水稻新品种价格给予财政补贴，既增强了农民种植新品种的积极性，又使农民收入急剧提高。据统计，1970 年农民人均收入仅为 257 美元，到 1979 年农民人均收入为 394 美元，而到 1989 年农民人均就达到 4934 美元，比 1970 年增加了 18 倍多。农民收入的逐步增加，进一步缩小了农村居民和城市居民的收入差距，到 2004 年，韩国城乡居民收入比达到 1∶0. 84。

(3) 农村教育与科技信息。韩国在新村运动中非常注重对农民进行教育培训和科技推广，内容主要包括农村义务教育、农村职业教育、经营革新、倡导学习文化、培养互助协作精神及科技信息、推广等。首先，韩国在义务教育普及过程中实行了先偏僻山区、农村，后城市的政策。在财政紧张的情况下，国家优先投资偏僻、贫穷地区的教育，大中城市的教育主要靠地方和私人来办。为保证偏远地区的教育发展，政府采取对偏远地区实行拨专款进行补助的“教育优先区制度”，对低收入家

[1] 李忠富：“借鉴韩国新村运动经验提升我国新农村基础设施建设水平研究”，载《建筑管理现代化》2008 年第 6 期。

庭的学生提供足够其学习的奖学金，或者对贫困家庭直接发放“教育代用券”等措施，而且这些措施通过《偏僻、岛屿地区教育振兴法》得以保证实施。到2002年就已在全国范围内普及了农村小学和初中义务教育。

其次，从中央到地方均设置了培训机构，专门培训新村运动的骨干。政府选派新村指导者（公务员、科技工作者、志愿者等）到农村对农民进行现场指导，具体程序为，选派了20多万新村指导者落实到全国3.5万个农村，每个农村派3~5人去指导。同时为鼓励大学生到农村就业，从2004年韩国开始推行“营农后继农人制”计划，即每年选择1000名大学毕业生，经培训后分配到各个农村，国家给每人提供1亿~3亿韩元的农村“定居金”，以鼓励大学生到农村就业。新村指导者和大学生不但向农民传授技术，而且对农民进行精神启蒙和素质提高的教育。此外，政府还建设农村职业高中、图书馆、村民会馆等公共文化设施。仅从2000~2006年，韩国就新增建设农村职业高中88所，农村图书馆41个。另外，政府免费给农户配备电脑和网络设施，使农民可以及时获取所需要的培训、科技及市场信息。

最后，韩国政府为推动农业科技进步，促进农业生产力水平迅速提升，在较短的时间内就建立起了一套健全、高效的农业科技服务体系。韩国的农业技术研究和推广服务人员都被纳入到了公务员编制，所以农业科技服务人员不仅具有稳定的收入，而且还具有良好的社会声望。韩国农业技术院所需的科研、示范与推广服务费用基本上都是由政府足额拨付，其职责已经从狭隘的农业领域延伸到了整个农村社会经济生活，不仅要承担科学研究、实验示范、农业技术推广与服务等工作，还要开展农产品销售渠道开发、农民教育与培训以及农村生活改善事业等多项活动。

（4）农村社会保障。为增进公民健康和社会保障，韩国1963年制定了《医疗保险法》，实行自愿参保的原则，但是由于当时经济水平较低，参保人数并不多，农民基本被排除在外。随着国民经济的快速发展，韩国政府从80年代开始在农民社会保障问题上迈出实质性步伐，1981年在农村开始进行强制性医疗保险试点，让农民和低收入者享受医疗照顾，实行利益共享，强化医疗预防和首次治疗。1987年修订了《医疗保险法》，不仅把包含农民在内的全体国民均纳入医疗保险的范围，而且还规定农民等低收入者的医疗保险费用一部分由国家来负担，并逐步提高农民医疗保险的政府补助比例，如由1987年的10%提到2004年的30%，到2006年已提高到50%。农民年金保险资助额也由2004年的上限15.2万韩元提高到2009年的39.4万韩元。医疗保险制度的实施，增加了农民及低收入阶层接受医疗保健的机会，实现了医疗服务城乡共享的目的。进入90年代后期，农民已经和别的阶层一样被完全纳入到包含医疗保险、产业保险、农民年金和基本生活保障等社会保障制度的各个范围之内了。同时，对年满65岁的农民实行退休布镀，增加农村保健院（所）的数量，并改善服务设施和条件，也是其表现。

2. 发展农协组织并充分发挥其在新村运动中的作用

韩国的农协全称为农业协同组合，相当于农业合作社，是韩国农业领域最大的民间组织，兼有农产品流通和农村储蓄、农业信贷等多种功能。农民生产生活中，使用的大量化肥、农药等农用物资以及农用建材、家电等基本都是由农协来组织供应的。随着农产品品种的增加和产量的提高，农协在农产品流通领域发挥了举足轻重的作用。据统计，2002年韩国农协系统全年销售农畜产品93亿美元，为农民提供生产资料10亿美元，生活资料14亿美元。而且自70年代后，收入增加和改变理财意识的农民越来越多地到农协银行储蓄，农民储蓄额的不断增加，使得农协的金融组织在农村金融业中的地位不断提升，促进了农村金融业的发展。随着农村经济的发展，农协的规模也迅速扩大，到70年代末，全国基层农协数达到1500个，一个基层农协对1000多户农民开展业务。一个基层农协受理的资金从1977年的4300万韩元增加到1980年的23.4亿韩元。由此可见，韩国基层农协在当地社会经济活动中起到了非常重要的作用。

3. 注重培养农民的进取创新精神及民主参与意识

由于长期受封建秩序的桎梏、殖民统治阶级的残酷镇压和剥削、集权政治和权威主义的压迫以及儒家传统文化、“天命论”意识等因素的影响，生活在社会最底层的大多数农民形成了屈服于现实的心理习惯，缺乏积极进取、勇于开创的精神和勇气。新村运动通过让农民能在项目开发和建设中得实在利益，以及通过精神启蒙与各种教育、培训，极大地激发了农民自主参与建设家乡的积极性和创造性，改变了过去陈旧的意识观念。政府在为新村运动提供财政支持时，并非平均分配，而是采取奖勤罚懒的方式，引导农民思想观念、精神面貌及参与意识的转变。在新村运动的带动下，农民们自觉地参与各种建设项目的开发、规划和民主决策，共同合作实施项目，培养了自立自强的意识和开拓精神，树立了依靠自己的努力和携手合作就可以改善生活、改变命运的信心。

（二）印度农村公共产品供给

印度是农业大国，全国10.2亿人口中有近7.3亿人生活在农村，直接或间接以农业为生。自1947年印度独立后，印度政府就把农村公共产品提供放在农村和农业发展政策的首位，并在农村公共产品供给方面进行了一系列积极探索，积累了一些成功经验。

1. 灵活多样的融资渠道确保农村公共产品的有效供给

印度农村公共产品的融资渠道主要有以下几种：（1）政府融资。印度农村公共产品的政府融资渠道主要是中央政府通过税收分配和拨款补助方式向地方基层政府直接拨款，这也是农村公共产品最主要的资金来源。如印度第十个五年计划分配给农村发展项目资金达到7677亿卢比，仅2005年~2006年的资金就有2448亿卢比。邦政府主要通过邦项目和中央主持项目（中央和邦共同负担资金）向基层政府提供资金。而地方政府则通过各种税费收入、罚没收入等自有收入为地方性公共产品融资。（2）市场融资。印度鼓励各类金融机构积极参与各类农村基础设施的建设项目，仅1989年~1990年度印度国有商业银行所有分支机构为地区服务计划新战略提供的贷款总额为1560亿卢比，其中农业信贷达到1037亿卢比。卡纳塔卡邦则建立了自主融资的灌溉公司，通过国内公债市场筹集资金等。（3）私人融资。印度通过税收优惠政策鼓励私人投资小型灌溉设施和小型供水工程等公共产品建设。如个人投资由国家高速公路委员会和农村电力公司发行的债券，年收益低于500万卢比的可以免税。此外，国际经济组织融资以及非政府组织和志愿者捐赠融资也成为印度农村公共产品资金的重要来源。

印度农村公共产品灵活多样的融资渠道，使得其在农业基础设施、基础教育、医疗保障、农业信息服务、科技推广等方面也都取得了很大的成效。主要表现在：一是基础设施比较完善。印度乡村的道路、电网、堤坝、灌溉工程等各种基础设施不断增加。如1950年只有15%的村庄通公路，到1990年底，70%以上的村庄通了各种公路。到1995年，全印度57.9万个村庄中，有49.7万个村庄通了电，基本上都建立了乡村电网。二是普及了基础教育。为了发展农村基础教育事业，印度农村基础教育的投资和师资主要由政府负责。1992 年，政府开始在全国实行统一的教育体制，把教育普及到社会的各个领域，消除城乡和贫富差别。三是医疗服务覆盖全民。印度政府对乡村医疗事业一直较为重视。20 世纪末，印度政府就基本实现了在全国农村逐步建立三级医疗保健网的目标。目前占全国人口 72% 的农村居民也与政府公务员、企事业单位的工作人员等城镇居民一样，都可以享受国家提供的免费医疗。

2. 通过立法明确各级政府在农村公共产品供给中的职责

印度宪法以及其他相关法律明确规定了中央联邦、邦以及地方各级政府在公共产品供给过程中的责任和权力。联邦政府享有管辖国防、外交、铁路、货币、银行、关税等事务的权限；邦政府主要承担公共秩序、公共卫生、贸易、商业等职能；地方政府则主要承担农业推广、土地改良、小型灌溉、饮用水、道路、教育、医疗卫生和社会福利等职能。乡村地方政府在提供地方公共产品方面的职责也很明确，村潘查亚特主要负责小型公共设施建设、小型灌溉以及村庄道路等村级公共产品的供给职能，而区潘查亚特和地区潘查亚特则起到监督或执行邦政府任务的作用。同时还规定，属于中央政府、邦政府的职责，一般不能随意分解或摊派给地方政府，而某些上级政府规定的任务对地方基层政府来说也不是强制性的，法律赋予基层政府相当的选择权力，使其可以根据自身实际情况从事某些公共产品供给活动。如第 73 号宪法修正案就赋予了村民代表在一系列村级公共产品上的决策权。

3. “自下而上”参与式的农村公共产品决策机制

印度自 1993 年第 73 号宪法修正案颁布后开展的人民分权计划运动，使得印度农村公共产品供给决策过程逐渐呈现出“自下而上”的分权化特征，社区与居民在供给决策中发挥着日益重要的作用。一方面，村民出于自身的利益需要积极参与公共产品的决策过程。村民通过地方自治机构及社区建立了利益需求表达机制，提出自己对公共产品的需求，邦政府按照村民的需求不断增加或调整农村公共产品的数量、种类和层次。村民的广泛参与使农村公共产品逐渐转向了需求推动和社区引导的供给模式。另一方面，印度的基层民主使地方官员在农村公共产品供给决策中能够反映村民的利益与要求。印度基层官员一般经由公正、公开、透明、竞争的选举产生，作为得到选民充分授权的决策者，他们的决策计划得到了选民事前的考察，同时其决策效果还要受下次选举中选民的投票考验。因此，在进行决策时他们能够充分考虑社区居民的实际需求意愿，从而做出较为合理和恰当的决策。

4. 合理有效的农村公共产品供给监督机制

印度主要通过 3 种途径不断加强对公共产品供给决策和执行的监管，以确保农村公共产品供给的效率和公平。一是制定相关的法律法规对公共产品供给主体、资金使用及过程进行严格的规范。比如，宪法要求政府定期选举，通过独立的权威机构对政府账户进行审计，宪法规定由独立的司法部门负责制定各部门职员的雇佣条款等。二是通过设立相关的监管部门对特定行为进行监督。比如，印度设立了财政委员会（包括中央和邦两个级别），负责对潘查亚特的财政状况进行审查，所有邦的各级潘查亚特的账目每年都还要接受地方资金账目检察署征收的审查等。三是强有力的社会监督，主要指反对党、民间组织、新闻媒体、公民、社会舆论等对公共产品的监督。

（三）巴西农村公共产品供给

巴西政府历来都非常重视农业发展，是拉丁美洲最早开始农业现代化的国家，经过一个多世纪的发展，巴西农业现代化取得了巨大成就，农业现代化水平不断提高，已经成为当今世界上农业比较发达的国家之一。巴西政府对农村公共产品的供给主要体现在以下几个方面：

1. 不断增加对农业基础设施建设的投入

巴西政府大规模的资金投入主要用于兴修农田水利设施、购置农业机械设备，修建乡村道路和公共储藏设备、发展农村电力通信、提供农业技术服务等。巴西境内所有州际公路以及州际公路到各个农场之间公共道路完全由政府出资。即使农场内部的道路建设，政府也尽可能给予一定的财力支持。

2. 重视农业科研及科技成果的运用和推广

巴西农科院及其在全国设有的不同领域的研究所，经费来源主要靠财政拨款。巴西政府也非常重视开展农业方面的职业技术教育，向农村输送大量各类技术人才，并且还免费对农民进行培训，免费提供各种病虫害防治技术资料等。

3. 重视农村教育和卫生事业的发展

巴西农村实行义务教育，公立学校的日常费用及教师的工资由政府全额拨款，不向农民收取费用。联邦政府还给贫困家庭的孩子发放上学补贴。农村的公共医疗卫生费用也都由政府负担，农民在公立医院和卫生站看病免费。

4. 吸引各类农村合作组织参与农村公共产品的提供

巴西有农业合作社、农场工人联合会、小农场主协会、地区消费者组织、信贷联盟等不同类型、数量众多的民间合作组织。据报道，1989 年 7 月，巴西全国农村已有各种合作社 4000 个以上，总人口达 1800 万，占农村人口的 40%。政府通过信贷支持、农业保险、价格支持、鼓励加工业发展和税收优惠等多种措施鼓励民间合作组织参与乡村道路修建、农产品购销、农业信息推广以及社区管理等活动，极大地提高了这些农村公共产品的供给水平。

5. 建立了比较完善的农村社会保障制度

巴西建立了覆盖全民的城乡一体化社会保障体系，主要包括农村医疗保障、养老保障、农村社会救助等内容。医疗保险方面，巴西对全国城乡居民实行全民医疗保险，农民与城市居民享有同样的医疗保障权利，而且待遇水平也比较高；养老保障方面，农民只需缴纳少量社会保障金，“退休”后可以领退休金，并有疾病和工伤事故补贴、家庭困难补贴等各种福利；社会救助方面，为农村 67 岁以上的老年人以及无法独立生活或工作的残疾人提供救助，救助资金来源于中央政府，另外，政府向每月人均收入不足 120 雷亚尔的家庭提供补助。完善的农村社会保障制度在提高巴西国民的保障水平、缩小城乡差距、降低贫困率等方面发挥了重要作用。

三、各国经验给我国农村公共产品供给的借鉴与启示

通过对几个具有代表性的发达国家和发展中国家对农村公共产品供给所采取政策措施的分析，可以为我国建立适合国情的农村公共产品供给提供许多有益的启示：

（一）加大政府对农村公共产品的投入力度

无论是发达国家还是多数以农业为主的发展中国家，政府为了促进农业经济发展，增加包括农民在内的全体国民的福利，都是通过投入大量资金，甚至直接充当组织者来促进农村公共产品的有效供给。各国主要以中央和省两级政府作为农村公共产品的提供主体，财政资金主要用于能够带动农业生产发展的交通、水利、电力、教育、科研和科技推广，信息服务体系及生态环境建设等方面，目的是促进农民收入增加、实现农村和

农业的可持续发展。目前我国农业基础设施、农业科技推广与应用、农业信息化及农村社会保障等农村公共产品供给不足，影响了农业和农村的可持续发展。基于农业生产的特殊性以及在国民经济中的重要地位，各级政府必须以提高农业综合生产能力、支持农民收入持续增长和促进农业可持续发展为目标，进一步加大对农村公共产品的投入力度，提高财政资金的投入效益，促进农业和农村经济健康快速发展。

（二）科学划分各级政府的供给职责和支出范围

公共产品供给充足的国家，政府大都依据公共产品的层次性来确定政府间的事权划分，再以事权确定各级政府的财权，并以立法的形式予以明确。每级政府都有各自财政收入与支出的范围，权责各有侧重，同时又相互补充。在分级财政体制下，地方财政既是上级财政某种程度上的延伸，同时也是一级相对独立的财政主体，地方财政事权是各级政府事权的中心环节。我国由于地方政府行政级次过多，地方政府事权要在省、市、县、乡（镇）四级政府之间划分，使得各级政府之间的事权相互重叠、职责划分不清，目前的分税制使得财权向上级政府集中，事权却随意向下级政府下放，再加上转移支付制度特别是省以下转移支付制度不完善，使得地方政府尤其是县、乡（镇）政府的事权与财权严重不对称，造成农村公共产品供给不足的局面。因此，科学划分地方政府的事权职责和支出范围，并以法律的形式将事权及财权划分规范化，对于我国农村公共产品的有效供给至关重要。

（三）建立以政府为主导的农村公共产品多元化投资格局

农村公共产品的性质决定了农村公共产品体系必须以财政投入为主，但这并不意味着政府是唯一的投资主体。上面提到的典型国家在提供农村公共产品时，大多都是在以政府财政供给为主的同时，积极发挥非政府组织、私人、社区等主体的供给潜力。我国农村地区地域辽阔，区域差异明显，广大农民对农村公共产品需求总量巨大且层次不一，而现实中政府财政供给能力又不足，仅靠政府供给，不论是在数量上还是种类上，都远远不能满足农业发展和农民生活的需求。因此，我国应借鉴国际上的先进经验，在坚持以政府投入为主的基础上，通过财税及信贷政策的引导，吸引社会资金的投入，尽快形成投资主体多元化的格局。

（四）重视农民的真实需求，让农民参与农村公共产品的投资决策

农村公共产品供给决策是公共产品供给的一个重要环节，各参与主体之间的合作与协调影响和制约着农村公共产品供给制度的效率。国外农村公共产品供给的决策方式一般是“自下而上”或是“自上而下”与“自下而上”相结合，民意上传渠道非常通畅，比如可以通过投票表决的形式，或者通过合作组织、行业协会等多种渠道表达自己的需求。这种决策机制使政府所提供的农村公共产品能够真正满足农民的实际需要。而我国农村公共产品大都是由各级政府采取“自上而下”的决策方式提供的，供给数量与种类多数是由政府以文件和政策规定的形式下达，带有很强的行政指令性、主观性，更多地体现的是长官意志和政治需要。这种决策方式不能反映农民的真实需求，很容易导致农村公共产品供给与需求脱节。因此，我国应构建能反映农民对农村公共产品需求的有效表达机制，让农民真正参与到农村公共产品的提供过程之中。

（五）充分发挥农村合作组织在农村公共产品供给中的作用

无论是发展中国家还是发达国家，政府都通过制定相关法律法规、提供优惠的税收、信贷条件以及提供资金、技术、援

助等多种措施，大力支持农村合作社、农民协会、农场主联合会等农村合作组织的发展，以完善农业社会服务体系。这些组织不以获得最大利润为唯一目的，而是以为农民服务为最高宗旨。它们一般都是集农资供应、农产品收购、加工、贮运、销售及科技、金融等各种服务于一身的农业一体化组织，在提供农村公共产品方面起着重要的作用。此外，农民合作组织作为代表农民政治与经济利益的团体，还积极参与相关农业政策与法律的制定，通过各种途径充分反映农民的要求和意见，极大地提高了农民的交涉能力和谈判地位，有利于促进政府提供农村公共产品的效率与公平。当前，我国在强调政府为农民提供最基本的公共产品的同时，应借鉴国外的经验，采取多种手段大力发展合作社、农民协会、行会等农业合作组织，通过农村合作组织这个渠道鼓励农民自治，形成农民互助、互救机制，保护农民的合法权益，保障农村公共产品的有效供给，从而缓解农村经济社会发展滞后的矛盾。

第八章

多层次农村公共产品供给机制的建立和完善

一、厘清政府供给、市场供给、社区供给和自愿供给的供给边界

吴光芸、方国雄认为市场失灵、政府失灵、非营利组织失灵的存在表明在为社会大众提供公共物品活动中，仅有市场，或仅有政府，或仅有非营利组织都是不够的，一个健全的社会体系必须同时包含这3种机制或3种力量。所以，应寻求政府、市场和社会在公共服务供给领域的均衡点，建立公共服务供给的多中心体制和互补机制。不仅如此，在充分发挥政府、市场和非营利组织作用的同时，还需要社区发挥应有的作用。这就要求政府、市场和非营利组织以及社区相互依赖、共同合作、取长补短来共同供给公共产品，以满足社会不同群体的所有需求。总的来看，完善我国当前的农村公共产品供给机制，必须针对客观上农村公共产品政府供给不足的历史和现状，提高政府供给意愿。但如前面分析，把希望全部寄托在政府身上是不现实也不合理的。而且根据多中心理论，农村公共产品的供给主体既可以是政府也可以是私人，还可以是农村社区和非营利组织。我们可以并且应该把一部分农村公共产品的供给通过合同承包、志愿服务、公私伙伴关系等途径，让渡给社会组织和市场组织承担，以其成本、技术和竞争优势，为农民提供更有

效率、品质更高的产品和服务。这样，就打破了我国农村公共产品长期以来“单中心”政府供给的格局，而向着“四位一体”的供给机制转变，具体如图 8 –1。在这一机制中，政府供给、市场供给、社区供给和自愿供给并不是相互隔离的，而是以政府供给为主、市场供给和社区供给为辅、自愿供给为补充，尤其是政府供给应该充分发挥其主导作用，并与市场供给、社区供给和自愿供给有机地结合起来。

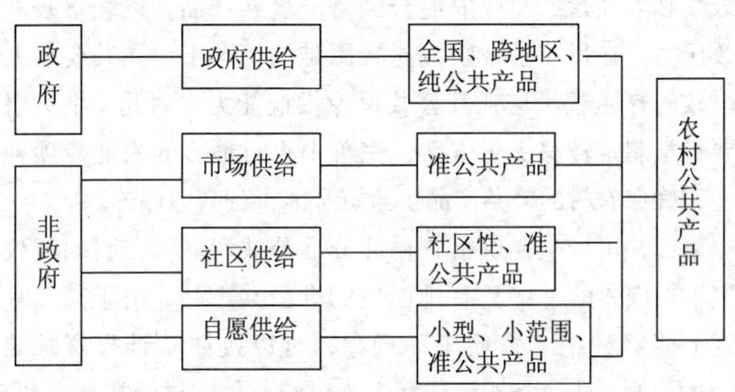

图 8 –1　农村公共产品“四位一体”的供给机制

第一，政府主要供给全国性公共产品、纯公共产品以及跨地区性公共产品。其中，中央政府主要负责供给一些关系到国家总体利益的全国性公共产品及农村纯公共产品，主要涉及两类公共产品：第一类是与公民的基本人权相关的公共产品，如农村义务教育、基本医疗卫生、社会保障服务等；第二类是那些覆盖全国范围的农村公共产品和服务，如全国性的农业技术推广、农业和农村管理服务、农业公共信息等超越地方政府管辖范围的公共产品和服务。地方政府负责提供与本地区的农业、农村和农民相关的跨地区性公共产品，如区域性的道路交通、农田水利建设等，中央政府在一定程度上参与并协调。地方政府间根据受益范围和管辖范围进行责任划分，中央和省级政府应赋予其相应的财政权力。乡镇政府主要是配合上级政府完成应由政府供给的纯公共产品的供给，同时，根据本地区经济发展水平和区域特点确定供给准公共产品的数量和服务水平，结合乡村民主化和公共财政管理体制建设，使农民在决定本地区准公共产品的偏好上有更大的发言权。乡镇政府还应该积极寻找能够降低决策成本而不失公平的议事和决策程序，并从政策上鼓励私人经营或与政府混合经营准公共产品，以缓解政府的财政压力。在目前县乡财政比较困难的情况下，尤其要扩大乡镇财政的自主权，增强其公共保障供应能力。因此，中央财政就要科学制定转移支付方案，完善中央对地方的农业专项补助制度，确保农村的公共产品供给资金能得到有力保障。

第二，市场主要供给农村部分准公共产品。在明确产权的前提下，农村的一些具有排他性的准公共产品，由于其在一定程度上能够杜绝“搭便车”现象，可以按照“谁投资，谁受益”的原则，由市场组织或私人来供给。如农村的初高中教育，全国各地已经出现私立学校与公立学校相互竞争的局面，各具特色的职业中学也吸引了大量的学生。事实上，面对农村公共产品供给严重不足的形势，有些农村为了实施自来水工程，在乡、村财力不足的情况下，由乡、村协助私人办理相关手续，由私人承包自来水设施建设，授予私人一定的收费权限；有些农村对于小型水利灌溉设施、通信网络铺设，也不同程度地引入了市场机制。另外，大量的企业在其发展过程中也针对社会化服务不足的现象开拓了自己的经营范围，弥补了农村公共产品的不足，如电力、电信部门。

第三，社区主要供给村落内部与村民生产、生活密切相关的公共产品，尤其是社区内部的一些准公共产品。由于受益范围主要在社区内部，政府以及市场力量很少能顾及，因此，社区就应该进一步加强其力量，发挥其作用，通过各种渠道筹集资金，在社区内部决策的基础上，向社区内部居民供给公共产品。农村社区主要负责供给村落范围内的如村内的路灯、道路、沟渠建设等与村民的生产、生活密切相关的产品或服务。对村级范围内的公共产品供给，应主要由农民集资或村集体经济提供。但为推动农村社区对公共产品的供给，各级政府首先应该在村集体自筹的基础上，进行鼓励性的资金补贴，调动村集体的积极性；其次应明确村集体供给的公共产品的产权归属，防止各级政府借机乱收费，从而加重农民负担。各级政府还应制订鼓励农村社区供给公共产品的政策条例。

第四，自愿供给的对象主要是一些小范围内的和小型准公共产品。在农村，一些小型的公共产品，如小型农村和农业基础设施的建设，既靠国家，更要靠农民自己，所以实行责任分摊。一方面，可以通过个人自愿供给，如个人直接投资、个人对某项公共产品进行部分资金捐助、企业家捐助等，这些方式在广大农村应予以大量推广。尤其是在小型水利建设、乡村内部道路建设中，农民对这类准公共产品应有所投入，仅靠上级财政支持在西方发达国家也是少有的现象。另一方面，也可以通过非营利组织包括境外非政府组织的小规模援助资金或非商业性资金供给来实现。目前我国农村中大量涌现的非营利组织，如多层次的农业发展基金会和多渠道的农民合作基金会等，为农村公共产品的供给提供了资金来源。如浙江温州、绍兴设立的乡镇、村级农业发展基金会就是用来提供农村公共产品的。此外，一些地方还出现了农民协会等组织，初步形成“农户+协会+市场”的体系模式，这些协会可以充分发挥桥梁纽带作用，将大量农民需要的市场信息、制度规范等非实物公共产品提供给农民。

二、建立和完善多层次的农村公共产品决策机制

（一）决策理论与公共产品供给决策机制创新

1. 西蒙和马奇的决策理论

现实中，无论是组织，还是个人，都经常面临决策的问题。对决策的理解通常有广义和狭义之分。广义的决策认为决策是一个过程，这个过程按照先后顺序包括最初的识别问题、确定解决问题的标准、把标准按重要程度排队、提出解决问题的方案、对方案进行分析和评价、最终选择合适的方案加以实施等环节。而决策的狭义定义认为决策是从可供选择的方案中筛选出合适的方案的过程。决策理论的主要代表人物是赫伯特·西蒙和詹姆斯·马奇，他们所建立的决策理论主要观点如下：

（1）非正式途径的信息联系在决策过程中具有重要作用。西蒙等人认为，决策行为是一系列复杂决策程序的过程，主要分为四个阶段：第一，收集情报阶段。搜集组织内部和外部有关决策需要的一切有关经济、政治、文化和社会等各方面的信息，为制定方案提供依据。第二，制定行动方案阶段。围绕组织目标，根据所收集的信息，制定出各种情况的可备选方案。第三，选定方案阶段。从备选方案中选定一个与组织所处实际条件相符合和与组织发展目标相一致的“可行性方案”。第四，方案的审查与评价阶段。对选定的方案进行全方位的“审查”和评价。

在决策过程中，西蒙和马奇非常注重信息联系在决策过程中的重要作用。信息联系是一个双向的过程，在组织的决策中心和组织的各个部分之间相互传递，也在各个横向组织结构之间相互传递。他们更注重非正式途径在信息沟通中的作用，而

相应地将正式途径放在了相对次要的位置。

（2）“令人满意”的决策标准和原则。关于决策的标准和原则，西蒙和马奇主张约束理性，满足于“令人满意原则”。在具体的实践中，表现为制定一套令人满意的标准，只要达到或超出了这个标准就可以了，追求满意的决策方案，“满意”原则才是现实的、合理的、切实可行的。基于“满意”原则，西蒙认为要制定科学、合理和实用的决策，不仅要使用正确而科学的决策技术，还应该选择合理的决策模式。西蒙和马奇认为合理的决策模式是“管理人”决策模式，而不是“经济人”决策模式。这是因为：“管理人”决策模式主张追求决策的“令人满意”，而不是“最优化”，因而既现实，又合理；同时，“管理人”决策模式主张通过组织、集体而不是个人单独制定决策，与“经济人”那种企业家的孤立决策相比，它可以克服知识和信息的不足，也可以克服行为的不稳定性，为决策的科学化、合理化和民主化提供了可能。

（3）程序化决策与非程序化决策的转化与融合 。西蒙和马奇根据组织活动可以分为例行活动和非例行活动，将组织决策也相应地分为程序化决策和非程序化决策。所谓程序化决策，是指那些带有常规性、例行性和反复性的决策，也就是相对于组织中的例行活动而进行的决策。所谓非程序化决策，是指那些组织管理过程中不重复出现，或者其确切的性质和组织结构还不是很清楚或很复杂，或者其作用非常重要而需要用“现裁现做”的方式进行处理的决策。二者之间的划分界限是很模糊的，并且随着环境的变化和技术的不断改进以及人们认识的深化，非程序化决策也逐渐地转变成了程序化决策。不同类型的决策的制定需要不同的决策技术和手段。决策技术分为传统技术和现代技术。传统技术是指从古到今一直被组织决策者使用的方法和技术，如习惯、经验、判断、理性思考、操作规程等；现代技术是指二战后随着现代数学、运筹学和计算机技术的迅猛发展而得到广泛应用的一种技术，如数理分析等。传统技术和现代技术与程序化决策技术和非程序化决策技术之间不是一一对应的关系，而是相互交错的关系，即程序化决策技术中有传统技术。也有现代技术，非程序化决策技术中有现代技术，也有传统技术，同时西蒙非常重视计算机技术和人工智能在决策中的应用作用。通过对人的思维过程进行研究，西蒙提供了一种新的决策方法，即“目标－手段分析法”。这种方法首先为实现总目标找到一些具体手段和措施，然后把这些手段和措施看成新的目标，再寻找更具体的手段，将总目标层层分解，直到解决为止。这个过程就是把非程序决策简化为一系列的程序决策，最后完成非程序化决策的过程。

(4)“管理就是决策”的集权与分权思想。决策制定过程的集权与分权，是决策制定过程中的难点。一般来说，属于经营目标和发展方向等涉及整个组织全局的决策必须集权，决策权力应集中于上层管理人员；属于为实现组织经营目标和贯彻经营方针而选择手段的管理问题应分散到中下层管理人员。西蒙和马奇提出了“管理就是决策”的思想，不仅为企业决策活动提供了理论武器，也为各种组织的决策过程提供了科学的指导。针对“经济人”和“完全理性”的人性假设的缺陷，西蒙和马奇提出了“管理人”和“有限理性”的假设和理念，并在此基础上，提出决策追求的“满意”准则和标准，对传统的“理性决策”提出了挑战，这是西蒙和马奇为实践中的管理决策提供的较为实用和可行的指导理念和思想。

2. 对农村社区公共产品供给决策机制创新的启示

“自上而下”的决策机制是农村社区公共产品有效供给的影

响因素之一。根据西蒙等人的决策理论，作为决策主体的决策者所做的每一项决策都应该是在充分获取需求信息的基础上完成的，非正式途径在信息沟通中起着不可或缺的作用。因此，决策主体决定供给的农村社区公共产品应该建立在对农村社区居民的需求意愿充分了解的基础之上，应与农村社区居民的需求意愿相一致。为此，应激励农村社区公共产品的受益主体——农村居民的需求意愿的表达，这样，才能保证决策的正确和供给的有效。相应地，西蒙和马奇提出的“令人满意”的决策原则和标准，要求在农村社区公共产品供给决策上，应以满足农村社区经济社会发展和居民生产生活需要为决策标准，在行动方案的选择和制定上应遵循“满意原则”，制定科学、合理和实用的方案，将程序化决策和非程序化决策同决策技术有机结合起来，处理好决策中的集权与分权的关系，选择合理的“管理人”决策模式，把农村社区居民看作是为实现一定目的而合理选择手段的决策者。只有这样，才能体现出国家、集体与农村社区居民利益的一致性，才能保证资源的充分利用，实现资源配置的经济效益和社会效益共赢。

我们可以得出以下的逻辑分析思路：如何实现农村社区公共产品的有效供给？是否需要符合农村社区居民需求的供给决策？是否需要决策主体——政府机构及其代理人清楚把握和了解社区居民对公共产品的需求意愿？农村社区公共产品供给决策机制创新的目标应是社区居民需求意愿的真实表达。那么，现行的农村社区公共产品供给决策制度是这样安排的吗？政府机构及其代理人是否清楚地把握和了解了社区居民对公共产品的需求意愿？前面的调查分析已经证明，现行农村社区公共产品供给决策制度安排中，作为决策主体的政府机构及其代理人所做的每一项决策并不是在充分地获取社区居民需求信息的基础上完成的，相反，来自于农村社区居民的非正式途径在信息沟通中并没有发挥应有的作用。事实已经证明，农村社区公共产品供给决策是一种强制性的制度安排，违背了西蒙等人提出的“令人满意”决策原则，没有将程序化决策和非程序化决策有机地结合起来，没有处理好决策的集权与分权的关系。其结果是农业生产和农民生活急需的公共产品供不应求，而农业生产和农民生活不需要的公共产品却供过于求。因此，农村社区公共产品供给决策机制创新的关键点应是决策的出发点——来自于农村社区居民的非正式途径在决策信息沟通中作用的发挥，即农村社区居民公共产品需求意愿的真实表达。那么，如何实现这种需求意愿的真实表达？根据西蒙等人的决策理论，可通过对决策集权与分权的合理处理，依循“令人满意”的决策原则，将“程序化决策和非程序化决策”有机结合，“放权于民”，建立激励机制，强化农村社区居民在公共产品供给决策中的主动参与意识，以实现决策中的“信息联系”，实现农村社区公共产品供给决策的“自上而下”和“自下而上”的有机契合，真正做到“供给有效”。

（二）路径选择：“自上而下”与“自下而上”的结合

1. 创新的实践可能

虽然农村历经了人民公社、家庭承包制和税费制度改革三次重大变革，但公共产品的供给决策程序受制度变迁路径的影响，一直延续着人民公社时期形成的“自上而下”的决策机制。“这种自上而下的决策程序，极容易导致制度外公共产品的供给脱离农民的实际需求，尤其是导致供给过度。”其实质和根源在于缺少来自于农村社区居民的非正式途径在决策信息沟通中的作用发挥，即缺少农村社区居民公共产品需求意愿的真实表达。这种制度惯习的形成在特定的时代背景下有其存在的客观必然性和合理性，但当市场经济取代计划经济，随着农民作为经营主体的自主活动性的逐渐增强，对公共产品的需求也日显多元化。而从原有制度沿袭而来的“自上而下”的供给决策已与经济社会发展的要求不相适应，在农民的需求多样面前显得有些无助。因此，对其进行创新也是大势所趋。

前面的分析已经表明，农村社区公共产品供给决策制度创新应从决策信息联系“上下”通道的有机联结入手，设计一种能够让农村居民充分表达需求意愿的消费偏好显示机制，让农村社区居民的公共需求意愿得到真实表达。那么，这种创新思路是否具有实践的可能呢？综合上面的宏观分析和实证研究，以及现今农村经济、社会发展的实际，本文认为，这种创新是有其实践基础的。

首先，农村社区公共产品大部分属于准公共产品，这为需求偏好显示机制的设计提供了基本条件。根据公共产品的两个基本特征——消费的非排他性和非竞争性，我们把公共产品划分为纯公共产品与准公共产品。由于纯公共产品存在严格的非竞争性和非排他性，消费过程中社区居民容易产生“搭便车”行为，消费者往往不会表达自己的偏好，所以建立公共产品的需求表达机制是不可能的。对这类纯公共产品而言，“自上而下”的公共产品供给决策制度是必要的。而对于不具备完全的消费的非排他性和非竞争性的农村准公共产品而言，由于存在一定程度的排他或者一定程度的消费竞争，随着经济发展和技术水平尤其是排他技术水平的提高，就有可能通过设计相关规则和发明技术装置来克服“搭便车”。本书所涉及的与农村社区居民生产生活息息相关的公共产品大部分属于准公共产品，受益人数有限且边界相对清晰，外溢效果较小，村民一般不会隐瞒对该类公共产品的偏好，只要选择合适的机制让社区居民消费偏好和需求意愿得到真实表达和显示，采取“自上而下”和“自下而上”相结合的供给决策机制，打通决策信息联系的“通道”，针对不同的准公共产品设计相应的“排他”技术，就可以解决“搭便车”问题，使农村社区公共产品供给达到有效率的结果。

其次，供给决策环境的变化减弱了“自上而下”决策制度的路径依赖，为“自下而上”的、能够表达农民真实需求的公共产品供给决策制度的建立提供了条件。改革开放后，我国的经济体制经历了由计划经济向社会主义市场经济的转型。随着改革的不断深入，原有的制度环境发生了明显的变化，更加趋向于由“市场主导”的行为模式。各利益主体间的关系也发生了相应的变化，政府和市场之间的关系也由“管制”逐渐转化为“疏导”与“服务”，对“效益”和“公平”的追求成为各利益主体行动考量的标准。作为改革“急先锋”的农村经济体制，从家庭承包制实施之日起就对农村各利益主体的关系产生了极大的影响。在经营方式转变的同时，也引发了公共领域的利益博弈。虽然延续了计划经济时期公共产品供给的“自上而下”的决策模式，但也产生了诱致性的制度变迁，农民由隐性的公共产品成本的负担者变为显性的、“被迫”的承担者，致使农民负担加重，农村社区公共产品供给主体间引发了强制性供给和自愿性供给的博弈。博弈的结果是农村税费制度的改革和农业税的取消，以及社会主义新农村建设的实施。这种制度环境的变化也促使了农村公共产品供给决策机制的变革，形成了现行的“国家主导”和“社区自助”相结合的新模式。这种模式虽然在实践中并没有形成“自上而下”和“自下而上”的有机结合，但已经产生了“自下而上”决策的雏形，弱化了“自上而下”决策制度的路径依赖，为进一步的创新提供了环境平台，为“自下而上”的、能够表达农民真实需求的公共产品供给决策制度的建立创造了条件。

再次，农村社区居民收入增加而引发的农民对公共产品消费的多元需求为真实需求表达机制的构建提供了客观条件。计划经济时期受国家发展战略的制约，农民的生活质量和农业生产效率低下，农民收入普遍偏低，对公共产品谈不上主观需求，国家指令供给什么就接受什么。由于公共产品供给成本的主要承担者是农民自身，因此在低收入的状态之下农民对农村社区公共产品的需求只能是一种可望而不可即的“奢求”。家庭承包制的实施极大地调动了广大农民的生产积极性，使农民收入有了显著的提高。但由于农村社区公共产品的供给主要由政府及其代理人决策，且成本通过筹资筹劳等方式由农民自身承担，政策实施过程中的监管缺位导致“乱收费”、“乱摊派”等现象，农民负担过于沉重。在这种情况之下，农民无法形成对公共产品的多元需求，构建需求偏好显示机制更无从谈起。农业税的取消真正实现了农民的减负，使农民能够更加积极地投入到劳动生产中，农民收入节节攀升。在收入不断增加的同时，农民的消费结构也发生了相应的变化，对生活质量和生产效率也出现了新的诉求，公共需求出现了多元化。农民不仅需要物质生活的满足，也需要精神生活的丰富；不仅需要对当下生产生活问题的解决，更需要对诸如生病、年老等社会风险的保障。而现有的农村社区公共产品的“自上而下”的供给决策机制并没有完全顺应农民公共需求的变化，没能体现农民公共需求的真实信息，没能实现有效的决策信息联结，所以该种机制的缺陷不可忽视。“自下而上”的供给决策机制为构建真实需求表达机制、满足农民对公共产品的多元需求提供了客观条件。

2. 创新的路径选择

诺斯在进行制度变迁分析中引进了路径依赖分析框架。这种类似于“惯性”的路径依赖可以引发两种结果：一是能够使制度变迁进入良性循环的轨道并迅速优化，称之为诺斯路径依赖Ⅰ；二是能够使制度变迁顺着原来的路径往下滑，称之为诺斯路径依赖Ⅱ。人们一旦选择了某个制度，就好比走上了一条不归之路，惯性的力量会使这一制度不断“自我强化”，形成一种“锁定”状态。路径依赖解决的方式是“退出闭锁”，即通过政府干预和一致行动，实现路径替代。诺斯的路径依赖原理为我们确定农村社区公共产品供给决策机制创新的路径选择提供了一个反向的理论参考，即农村社区公共产品决策机制如何摆脱现有的“自上而下”的路径依赖。从农村社区公共产品供给决策制度的变迁中不难看出，政府“自上而下”决策机制已经形成路径依赖，无论是宪法秩序层面上的制度变迁，还是制度安排层面上的制度设计，始终在“自我强化”着“自上而下”的决策路径。在这种状况下进行供给决策制度的创新首先需要解决的就是“退出闭锁”，可以通过政府的引导，诱发“自下而上”的需求表达机制的形成，以实现路径替代，真正解决已经形成的路径“惯性”问题。因此，在农村社区公共产品供给决策制度的创新中，在路径选择上既不能单一形成诺思路径依赖Ⅰ，也不能单一形成诺思路径依赖Ⅱ，而应随政治、经济、社会等环境条件的变化作出相应的调整。这个调整不是对原有的“自上而下”供给决策制度的全部否定，而是因地制宜，与时俱进。对于那些无法排除“搭便车”行为的农村社区纯公共产品，其自身特性要求应充分发挥政府的行政强制力和资源调动力，坚持“自上而下”的供给决策制度，尽最大可能让经济发展的成果惠及农村社区，以实现公共产品供给的城乡均衡；

而对于那些可以通过技术设置有效排他的农村社区准公共产品，政府则应因势利导，充分调动广大农村社区居民的积极性，尊重农民的公共需求意愿表达，以“自下而上”的决策满意原则引导农民表达真实需求偏好，从而获取真实的决策信息。因此，在构建“自上而下”的政府决策机制和“自下而上”的需求表达机制有机契合的创新模式的过程中，政府应充分发挥制度创新的主导作用，在制度创新过程中应有所为和有所不为。通过激励机制的设计，让农村社区居民真实地表达公共需求意愿，以此实现决策信息的有效联结，达到民意的充分显示，使决策适应民意。按照决策的“令人满意”原则真正满足农村居民的公共需求，实现公共产品的有效、均衡供给。

3. 实施机制：农村社区居民公共需求意愿的有效表达

“自上而下”和“自下而上”双向结合的供给决策机制的路径选择比较符合目前农村社区的现实：“自下而上”的需求表达可以获得农村居民对公共产品的真实需求信息；“自上而下”的供给决策机制可以明确供给主体，使公共产品与供给信息达到有效联结。而实现这种双向结合的供给决策机制的关键点是“自下而上”的农村社区居民公共需求的有效表达。通过公共需求意愿表达的激励和需求意愿表达渠道的设置促使农村社区居民真实表达公共需求意愿，以获得准确的决策信息，实现有效供给。

（1）农村社区居民公共需求表达机制的现状。现行农村社区居民公共需求的表达有多种方式，“主要有向组织（社、村）和政府（乡级政府或者农民越级上访的上级政府）就他们面临的公共产品困境进行呼吁；还有就是借助于各级群众大会（乡、村、社三级）通过投票的方式就公共产品的各类供给方案进行表决”。具体形式主要有：“村民委员会的‘民主集中制’、村里各种能人的‘精英表达’、农村税费改革后的‘一事一议制度’、弱势群体的‘农民上访’式表达和上级政府采访民意的‘调查研究’等形式。”但是，这些形式在具体实践中都存在着“不畅通”、“效果不佳”、“信息失准”等一系列问题，需求表达质量不高，不能将农民的真实需求与政府的决策有效地联结起来。究其原因，主要表现在以下几个方面：

首先，作为公共需求信息表达者的农村居民，自身缺乏主动表达公共需求的意识和能力。农村居民的公共产品需求意愿表达是他们对农村社区公共产品需求真实偏好的表露，这种需求表达的前提条件是每个公共产品的消费者都愿意将自己对公共产品的需求真实地表达出来。然而，由于公共产品的非竞争性和非排他性特征会引发个人“搭便车”的强烈动机，使“理性”的公共产品消费者总是希望不付出任何成本或付出很小成本使用他人提供的公共产品。“当一群理性的人聚在一起想为获取某一公共产品而奋斗时，其中的每一个人都很可能想让别人去为达到该目标而努力，而自己则坐享其成。”这样，便会引发个体的公共产品消费者在消费公共产品时“理性”地隐瞒其真实偏好的动机。而个体“理性”最终形成的是集体的“非理性”，使公共产品供给决策时无法获得完整、真实的需求信息。在实地调研中我们发现，受自身的小农意识影响，农村居民在表达其公共需求偏好时缺少动力，“搭便车”、“事不关己”的心理比较严重。农民对政府的强制性供给是一种本能的服从，很少参与到公共产品供给的决策中来，对需求表达权利缺少认知，是一种被动地接受。同时，对公共产品的需求表达需要一定的能力，但受自身文化素质的影响，农民很难准确、及时地表达对公共产品的需求。

其次，作为公共需求信息传递者的农村组织，因较低的组织化程度使处于“弱势地位”的农民无法有效表达自己的真实需求。组织是实现成员需求表达畅通、有效的主要渠道，农村社区居民对公共产品需求表达的效果如何与农民的组织化程度有着直接的关系。现阶段我国农村社区主要的组织形态有村委会和各类具有经济性质的农民合作组织，存在组织种类少、规范化程度低、分布范围不均衡等问题，呈现出较低的组织水平。村民委员会是农村社区最普遍的一种组织形式，原本应是村民“自我管理、自我教育、自我服务”的群众性自治组织，是农民对公共产品需求表达的最直接对象。但因其是一种外部性的制度安排，行政倾向严重，行政属性和管理功能便成为其主要特征，更多承载着“上传下达”的政府交办的各种任务，而弱化了“下表上传”的反映农民公共产品需求意愿的功能。再加上其财政资源的短缺，使其很难满足村社内的公共事业需求。而依托村委会设置的“一事一议”制度，在实践中效果不明显，受农民“搭便车”心理和集体行动意识的影响，经常出现遇事不议、议而不决、决而不行等失效现象，没有体现出公共需求表达的功能。而近几年发展迅速的各类农民经济合作组织，其功能主要体现在农民的经济活动中，涉及农业生产的各个环节，包括产前的农资购买、产中的技术服务、产后的产品销售等，维护的是农民的经济利益。再加上这些组织往往缺乏规范的制度建设，运行管理中随意性较强，组织结构呈现出一定的松散性，不仅难以有效地维护农民利益，也很难反映农民对公共产品的真实需求。农村的实地调研也说明了农民较低的组织化程度。农村社区每个个体农民仍然以“原子化”形态存在，分散、孤立、缺少集体行动的动力，在公共利益的诉求方面“单打独斗”是其常态。这种较低的组织化程度使原本就处于“弱势地位”的农民更加无法有效表达自己的真实需求。

再次，作为公共需求信息接收者的乡镇政府，因其自身利益需求、工作能力等原因影响了农民公共需求信息的准确接收、迅速传递。乡镇政府既是农村公共产品的供给者，也是农民公共需求表达的接收者，原则上讲，公共产品的提供应以农民的真实需求为参考依据，但实地调研中发现，乡镇政府在回应农民需求方面，既缺少意识，又缺乏能力。一些乡镇政府工作人员受“官本位”、等级、特权等思想的影响，总将自己凌驾于农民之上，脱离群众。在公共产品供给决策时往往出于“政绩”、“面子”、“形象”等个人利益的需要，热衷于看得见、摸得着、快速见效的“硬”公共产品的供给，而忽视农民生产、生活急需的一些隐性的、远期见效的“软”公共产品的提供。他们从主观上就不愿切合实际地回应农民的真实需求，更不愿深入到农村社区去了解民意，在与上级公共产品供给的主管部门沟通时传递的是符合自身利益的需求信息。同时，受自身文化水平和实际工作经验的影响，有些乡镇政府工作人员即使出于“公心”想把工作做好，但因自身能力限制，在进行公共产品供给决策时“想当然”的多，周密计划的少，无法将需求和供给有效对接。这种现状的存在，除了受官员自身利益需求、工作能力等因素的影响外，还与需求表达程序僵化、组织制度不健全有着直接的关系。农村社区现有的公共需求表达程序是：农民—村委会（或乡镇政府）—上一级政府（有决策权和财权）—调研、审批、拨款—乡镇政府（或村委会）—农村社区。这样的需求信息传递方式容易出现阻滞、扭曲、变异、低效，无法保证需求信息的真实性和时效性，无法获得应有的供给效率。再加上乡镇一级政府组织制度的不健全，对其执政行为和能力缺乏必要的监督、约束，使得政府工作人员、人大代表和社区农民之间无法形成制度化的利益关系，在供给公共产品时容易出现弱化农民真实公共需求的行为。

综上，无论是作为公共需求信息表达者的农村居民，还是作为公共需求信息传递者的农村组织，抑或作为公共需求信息接收者的乡镇政府，在将“自下而上”的公共产品需求表达与“自上而下”的公共产品供给决策对接时，都存在不同程度的表达乏力、传递低效、接收偏误等问题。这就需要设计一种切实可行的公共需求表达和传递机制，激励农村社区居民真实表露他们对公共产品的需求，同时借助有力的组织安排和有效的决策机制将公共产品需求表达与公共产品的供给决策有机地结合起来，实现公共产品供给决策机制的创新。

（2）农村社区居民公共需求有效表达的实施策略。基于上面的分析，农村社区居民需求表达机制的创新可从农村社区居民需求表达意愿的培育、农民对公共产品需求表达组织化程度的提高和乡镇政府工作意识、执政方式的改进入手，切实实现需求表达、需求传递、需求接收的有效对接。

第一，培育农村社区居民需求表达意愿，实现需求意愿的积极表达。农民之所以不愿意表达对公共产品的需求意愿，除了传递渠道的低效、接收渠道的偏误等制度性原因外，还有一个非常重要的原因就是农民自身的“搭便车”、“事不关己”心理想法。这种心理的存在是多方面因素长时间共同作用的结果，既受几千年形成的小农意识的束缚，也有急剧的社会转型带来的公共意识的缺乏，还有科学知识、文化教育程度低下的影响等。因此，应通过意识调整、观念灌输、教育培训等方式引导农民克服“搭便车”行为，但这需要整个社会的共同行动，需要国家层面的统筹规划和长远设计，很难在短时间内发生根本性的变化。新农村建设的关键是“三农”问题的解决，解决“三农”问题的关键是农村公共产品的有效供给，农村公共产品有效供给的关键是“自上而下”的供给决策与“自下而上”的需求表达的有机契合，这种有机契合的关键是农民对公共产品真实需求的有效表达。基于这样的理解，除了加大意识调整、观念灌输、教育培训等工作力度外，还可以从公共产品自身切入。我们知道，公共产品依属性可以将其分为纯公共产品和准公共产品，在农村社区范围内绝大部分公共产品属于准公共产品或服务，如村内道路、体育场馆、医疗诊所、村级学校、桥梁、文化站、有线电视、信息网络、供水、供电、供气、小型灌溉等，这类产品或服务属于“俱乐部产品”。根据“俱乐部产品”的特点，在消费“俱乐部”内的公共产品时可以通过技术装置或制度设计达到排他目的。由此，我们可以将农村社区公共产品划分为类型不一的若干个“俱乐部”，任何一个农村社区成员如果想消费某一“俱乐部”的产品，前提是按照一定规则先加入该“俱乐部”。在同一“俱乐部”内部，成员的需求偏好一致，需求表达是真实的，消费上不存在排他性和竞争性，不存在任何差异。通过公共产品“俱乐部”的建立，在排他技术的约束下，能有效克服农村居民“搭便车”的“理性”选择行为，进而提升其真实表达公共需求的动机，是一种“强制性”的需求表达意愿的培育方式。这种设计的关键点在于排他技术的设置或相关制度设计。现今农村社区公共产品供给制度安排中，“一事一议”制度以其民主特性能够较好地规避“搭便车”行为，是农民需求意愿表达机制的“萌芽”，但其由于种种原因实施效果不佳。另外一种制度设计是非行政性的组织——“农民用水户协会”，其遵循的是“谁受益，谁负担，谁投资，谁所有”原则，所有权明晰，与我们设计的公共产品“俱乐部”相似。实践中，这很好地解决了农村公共产品供给中的“搭便车”难题，同时，也间接地培育了农村社区居民公共需求的表达意愿，是一种值得进一步完善和推广的“俱乐部产品”模式。

第二，提高农民对公共产品需求表达的组织化程度，实现需求表达的有效传递。农村组织是公共需求信息的传递者，但受多方面因素的制约，农民的组织化程度一直比较低，对农村社区公共产品需求表达机制的完善产生了很大的影响，因此，从农村社区的角度来讲，应通过农民组织化程度的提高推动农民对公共产品需求的有效表达。目前，农民表达公共产品需求偏好的适当选择是村庄。首先，村民委员会作为农村社区最普遍的一种群众性自治组织，是农民对公共产品需求表达的最直接对象。虽然行政倾向严重，但多年实践也积累了一些运作村民代表会议，以及进行“一事一议”的经验。若依托村庄这个“块块”，“自上而下”的财政转移支付就可能被用于村民最需要的公共工程和公益事业建设，最终造福亿万农民。因此，应通过制定相关的法律法规推动村民自治制度的良性发展，使村委会真正成为群众自治组织，成为村民的代言人，成为政府和村民之间的“桥梁”，成为“上传下达”和“下表上传”有效联结的“纽带”。其次，村庄内发展迅速的各类农民经济合作组织，虽然其功能主要体现在农民的经济活动中，但其搭建的合作平台类似于前面我们探讨的“俱乐部”，加以适当的规范和制度安排，便可成为公共利益的“代表”，将分散的成员的需求信息集合起来，形成统一的需求表达。因此，应按照《农民专业合作社法》的相关规定，本着“民有、民治、民收益”的原则，充分尊重农民的意愿，引导、鼓励农民组建合作组织，推动农民合作组织的发展。同时，政府主管部门应出台并加大力度落实优惠政策，扶持农民合作组织的发展。综上，无论是作为正式组织的村委会，还是非正式组织的农民合作组织，如果进行有效的制度设计，积极引导，都能产生集体行动的动力，代表和准确传递村民的公共利益诉求，使农民的真实需求达到有效表达，真正发挥信息传递者的功能，实现政府决策和基层民意的有机契合。

第三，改进乡镇政府的工作意识和执政方式，实现需求表达的准确接收。作为农民公共需求信息表达的直接接收者，乡镇政府在提供公共产品时应以农民的真实需求为参考依据，真正将公共产品所带来的福利惠及广大农民。因此，需要对乡镇干部的考核方式、僵化的需求表达程序和乡镇一级政府的组织制度进行改革。其中，最重要的是调整对基层乡镇政府工作的考核方式，把干部任免的“表决权”、“话语权”交给公共产品的真正需求者。现行的乡镇干部工作绩效评价机制的着眼点不是公共产品的需求者，而是公共产品的供给者，这就使得乡镇干部的工作处处以上级政府的考核为指导，忽视农民对公共产品的真实需求。要实现乡镇干部对农民需求表达的准确接收，应遵循“满意原则”，以农民对公共服务的满意程度作为考核的硬指标，建立以提供符合农民需求的公共产品为中心的绩效评价机制。只有这样才能改变一些乡镇政府工作人员追求“政绩”、“面子”、“形象”等个人利益需要的现状，踏踏实实地、切合实际地回应农民的真实需求，既为农民提供生产、生活急需的看得见、摸得着、见效快的“硬”公共产品，也为农民提供一些隐性的、见效慢的“软”公共产品，做一个真正的农民公共需求信息的接收者，以实现公共产品的供需均衡。

三、建立和完善多层次的农村公共产品供给筹资机制

现行农村社区公共产品供给筹资制度安排主要有两条渠道：一是国家财政直接向农村社区提供公共产品，二是村内通过“一事一议”进行公益事业的成本筹资。由于其他配套改革没有

及时跟进，这种强制性财政供给和诱致性社区自助的结合并未从根本上解决公共产品供给的筹资问题，筹资渠道单一、狭窄，过分依赖中央和省级政府的财政转移支付，没有很好地动员社会力量参与农村社区公共产品的供给，需要对公共产品筹资的动员机制进行创新。目前，我国农村社区公共产品的筹资动员主要以政府的财政转移支付为主，民间资本很少进入公共产品供给领域，社会动员机制发挥的作用十分有限。随着社会主义新农村建设的不断推进，政府有限的公共产品筹资能力无法满足农民不断增长的公共产品需求。因此，改革现行农村社区公共产品筹资制度，动员民间资本进入农村社区公共产品供给领域已势在必行。

（一）集体行动动员机制与筹资制度的创新

农村社区公共产品供给筹资制度创新的目标是构建多元的供给筹资动员机制。为此，应动员多方力量的参与，需要多方的集体行动，使作为动员主体的政府（社会组织）和作为行动主体的农村社区居民在公共产品筹资过程中形成有效互动。集体行动动员机制中关于国家动员机制和社会动员机制相互作用的理论对农村社区公共产品供给筹资制度的创新具有一定的指导意义。

1. 国家动员机制和社会动员机制：互斥与互补

动员是指发动人们参加某项活动，分为组织化动员和资源动员两种形式。动员机制是指，“在动员系统中，动员主体与动员客体之间通过动员因素相互作用的方式。动员机制的运行过程就是动员主体与动员客体之间互动的过程。一是动员主体制定动员目标，然后运用各种动员策略、途径、方法、手段影响动员客体，从而实现动员目标的过程；二是动员客体在动员策略、途径、方法、手段的影响下做出响应，参与政治活动的过程。在动员运行中，第一个过程起主导作用，第二个过程从属于第一个过程，它实质上是一种动员式的政治参与活动。”集体行动组织动员机制是一定的动员主体通过协调人力、物力资源使行动主体采取一致行动的过程。这里的动员主体有国家、组织（集团）和个人三种类型：①国家有较强的动员能力和较高的动员效率，既可以通过宪法、法律法规、条例等制度安排来组织动员社会资源实施集体行动并达到一定的目的，也可以通过其合法的权威对社会资源和活动进行管制而对集体行动的路向进行控制。但这并不意味着由国家所组织动员的集体行动总是有效率的，不能过高估计国家的组织动员能力。②组织（集团）作为集体行动的动员主体是主体权威下达至个人或群体、组织的依托，可以成为其他对象如其他组织、人群、团体、家庭、个人的动员主体。小的利益集团或制度化程度高的组织较易成为有效的集体行动的动员主体，而大的集团或制度化程度较低的组织其组织动员能力较低，较难形成集体行动，发挥有效的集体行动主体的作用。值得注意的是，利益集团作为一个能动的动员主体渗透于国家和社会组织的方方面面，对国家或组织的集体行动发挥着这样或那样的影响。③个人不仅是集体行动的行动主体，也可能是集体行动的动员主体。但是，只有拥有行动权和控制权的个人才能成为动员主体。因此，作为动员主体的个人通常是社区精英。社区精英可分为三种类型：一是只掌握个人资源的、外在于“组织”的社会精英；二是只掌握集体资源、缺乏个人资源的权力精英；三是既掌握个人资源又掌握集体资源的强力精英。其中，强力精英是一种现实的动员主体，具有较强的组织动员能力和更为广泛的影响力。

国家、组织（集团）或个人作为集体行动的动员主体与动员客体（行动主体）的互动是通过制度关联在一起的，依赖于一定的渠道。典型的制度安排是组织和市场，因此，组织动员的渠道可以分为两种：一是组织渠道，二是市场渠道。在组织渠道中，崇尚纵向的权威对社会资源的组织动员，分为松散型组织和紧密型组织。松散型组织是指制度化程度较低的人群集合体，如邻里、宗族组织、宗教团体。紧密型组织是指制度化程度较高的人群集合体，如公司、单位、家庭等。在紧密型组织中，动员主体可以依其“命令 – 服从”关系，组织动员组织中的资源（人力、物力），采取集体行动。在松散型组织中，动员主体和行动主体间因有共同的利益、规范及价值观，很容易发生互动，达成集体行动。在市场渠道中，经济主体高度分散，由于价格机制的作用，经济主体能以较低的交易费用获得决策信息来调整自己的行为，并且能够使空间上、组织上、道德伦理上处于相当分散的不同主体的行为得到协调，市场制度的完善又扩大了人们相互协调的范围，使横向的不同主体之间通过相互协调对社会资源进行组织动员。动员主体的多元化、多样性是市场走向完全竞争的条件，也是市场发挥作用的前提。但由于市场中的个人仍然是弱小的，所以，市场渠道中集体行动的组织动员要求提高个人的组织化程度，各种组织也要提高其自身的竞争力即组织动员能力。市场渠道中组织动员成功的基本前提是重视行动主体的利益和需求，并给予其行动以相应的报酬。此外，除了组织渠道和市场渠道以外，还应注意一些非正式的惯例、习俗、社会心理等制度安排对于形成集体行动的影响。

从集体行动组织动员的主体角度看，组织动员机制可分为国家动员机制和社会动员机制两类。国家动员机制是指政府充当集体行动组织动员的主体，依靠政府权威资源对全体或某个社区成员进行动员，参与集体行动。社会动员机制是指构成社会的私人组织、自愿性团体等担当集体行动组织动员的主体，根据所拥有的资源进行动员并参与行动。国家动员机制实际上是从宏观层面对社会资源进行协调和控制的机制，其自身的优势决定了其集体行动的动员效率较高。但动员效率高并不意味着行动效率高，有效的国家组织动员机制是动员效率与行动效率的统一。社会动员机制以其更贴近社区成员的需求、能更好地反映行动主体的偏好等优势可以更好地赢得行动主体的支持，较好地克服“搭便车”行为。社会动员机制与国家动员机制既可能是互斥的，也可能是互补的。作为互斥关系，国家动员机制可能过度替代社会动员机制，压缩了社会动员机制的空间；作为互补关系，社会动员机制弥补了国家动员能力的不足，可以更好地满足社会对公共产品的需求。基于此，国家应当采取经济政策（税收、财政、金融、产业）、政治措施和社会意识形态的倡导等间接措施诱导社会组织担当集体行动的动员主体，使之选择有利于国家目标的集体行动。为此，国家要对社会放松管制，依靠市场渠道，给予社会组织、个人以充分的、自由的行动权，并实行各种能调动社会组织和个人积极性的政策，发挥组织（集团）、个人主体的能动性。

2. 对农村社区公共产品供给筹资制度创新的启示

集体行动的组织动员机制会随着经济、社会体制的变化而变化。但是，由于制度的“路径依赖”，原有组织动员机制可能在一定时期内仍然占据着主导地位。农村社区公共产品供给组织动员机制随着计划经济体制向市场经济体制转变也相应地发生了变化，即国家动员机制由强变弱和社会动员机制的发育、形成。在“强国家－弱社会”的结构没有发生根本改变的条件下，国家动员机制目前仍然处于主导动员机制地位。这既是制度变迁“路径依赖”的表现，同时也是国家和公共产品自身属性使然。按照公共产品理论的理解，公共产品由国家提供是有效率的；按照国家理论的理解，国家作为合法的暴力的垄断者，其动员机制必然是高效率的。但研究表明，在公共产品领域，同样存在着“国家失灵”的现象，国家动员机制不总是有效率的，本书前面的分析也证明了这一点。农村税费改革后，国家通过财政支农和“一事一议”的方式，“自上而下”地强制介入农村公共产品领域的效果并不理想，说明农村社区公共产品供给国家动员机制的高效率不是必然的。农村社区公共产品供给国家动员机制的强弱决定了其动员效率，当国家动员机制弱化后，仍然延续这种机制，则可能使其效率变得低下。国家动员机制的效率表现和经济体制变迁，势必要求国家在集体行动的组织动员中适当退出，并调动各种社会组织、个人从事农村公共产品建设的积极性。因此，要建立起政府和社区、社会组织间有效的合作机制，形成国家动员机制和社会动员机制的合理互动。在社会组织能够采取集体行动的领域，国家不应充当集体行动组织动员的主体，而应让社会组织担当集体行动的动员主体，反之亦然。

（二）路径选择：政府主导、多元参与

通过前面的分析，农村社区公共产品供给筹资制度创新的实质就是根据实际动员多方力量共同提供公共产品。其目标就是打破政府供给的单一渠道，通过动员机制的建立，动员政府主体以外的民间组织、社会团体、企业法人、居民个人等多方参与，形成“国家动员为主、社会动员为辅”的农村社区公共产品供给筹资动员模式，将政府投入和民间投入有机融合，实现农村社区公共产品供给的多元筹资。

1. 政府作为公共产品供给的主体地位不能动摇

随着技术特别是公共产品消费的排他性技术的发明，物品

序列发生了变化，曾经的私人产品逐渐演变为公共产品，以前的纯公共产品逐渐演变为现在的准公共产品、“俱乐部”产品。这种演变为破除政府单一供给渠道，形成“政府主导、多方参与”的多样化筹资结构提供了技术上的可能。

在当前新农村建设和城乡一体化发展的特定历史背景下，政府应作为农村社区公共产品的供给主体，主导公共产品供给体系的改革，促成供给制度的变迁。在这个过程中，政府作为公共产品供给的主体地位不能动摇。首先，无形公共产品的供给是政府的职责。诸如法律、政策、规章、条例等无形公共产品的外部性大、影响面广，在典型的市场失灵领域，只能依靠政府强制性的制度供给来实现。一项好的制度性公共产品将惠及全国范围和广泛领域。基于此，中央政府应该提供一个合理的公共财政体系，构筑一个城乡一元化的公共产品供给制度，这是解决公共产品供给问题的根本途径。出台相关政策措施诸如税费改革、教育投资、卫生医疗、社会保障等促成公共财政体制的贯彻落实，辅助农业生产的发展和农民生活的改善，将公共产品的供给落到实处。其次，这是政府生产性职能的履行使然。向全社会供给公共产品是政府的生产性职能的体现。农村社区公共产品是满足农村社区农业生产、社区居民生活公共需要的产品和服务，它的“公共性”特征决定了政府在整个供给过程中必然居于主体地位。特别是像社会治安维护、大江大河治理、义务教育支出等纯公共产品，私人个人、集体部门是很难供给的，并且由私人个人、集体部门提供实现不了规模效应，反而会造成资源的低效使用和重复浪费，只能由政府依靠国家财力和物力集中提供。这也是政府存在的基本理由。再次，各级政府供给责任的明确划分。公共产品因其成本——收益的分布范围，可以分成不同层次，不同层次上的供给主体要各尽其职，不能越位、缺位或错位。纯全国性的公共产品由中央政府供给；准全国性的公共产品由地方政府供给；存在外溢性的跨区域公共产品，可以由受益各方政府供给，中央政府出面协调；区域性较强的基层公共产品，如农村社区的发展规划、基础设施、治安维护、卫生医疗等由乡镇基层政府供给；村社集体经济组织可以通过筹资的形式供给乡村道路、农用固定资产、运输设备、生产工具等。

2. 公共产品供给筹资的多元化适合中国农村现实

政府对改善农村社区公共产品的供给效率有着不可或缺的作用。然而，我国当前的财力十分有限，即便是有限的财力也偏向了城市，农村社区公共产品存在供给低效和不足的困境。随着地方财政收入与地方财政支出的差距逐步拉大，地方财政的入不敷出而导致赤字运行，这将加重地方经济发展的负担，农村社区公共产品的供给将更加困难。由此，提高农村社区公共产品的供给水平和供给效率就成为必然。按照公共产品供给过程，可以把公共产品的供给划分为三个基本环节：提供—生产—运营。根据需求范围的差异，在公共产品供给的不同环节，可以选择不同的供给主体，以不同的筹资方式进行供给。这种创新公共产品筹资制度的新思路和新内涵体现在筹资主体、筹资渠道和筹资手段的多样选择上。

（1）多元筹资主体的选择。农村社区公共产品的筹资主体也叫供给主体，指农村社区公共产品的供给者，即农村社区公共产品由谁来提供。根据公共产品的特点，政府应是农村社区公共产品主要的筹资主体，但这并不意味着只能由政府来供给。特别是我国处于转型时期，县乡政府财政能力不足和政府供给效率有限，政府供给公共产品存在明显不足，表现为低效甚至无效。根据我国农村社区公共产品供给实践，尤其是我国税费体制改革，因事权与财权的分离，造成基层政府财力大大削弱。在这种情况下，政府往往把公共产品供给的费用直接转嫁给社区居民，明显增加了社区居民的负担。因此，根据农村社区公共产品的层次和特性，多元化的公共产品筹资主体是必然的选择。当前可供选择的农村社区公共产品筹资主体有：政府筹资主体、农村社区筹资主体、农村社区居民筹资主体和非营利性民间组织等四类。关系到国家整体利益的农村社区公共产品由中央和省级政府完全供给；一些基层的公共产品主要由农村社区主体供给。为推动社区供给，政府应在村级“一事一议”筹资的基础上，制定鼓励性的政策，对集体进行补贴，调动供给积极性。随着经济发展、科技进步，乡村出现大量近似私人物品的准公共产品，如电信、电视信号、个性化农业信息服务等，这些完全可以按照市场原则，积极引入企业和私人供给，政府要推出各种优惠政策促成私人资本进入农村社区公共产品供给流程，同时要维护企业和私人的既得利益，保护其合法权益。

（2）多元筹资渠道的选择。公共产品供给的难点在于资金。针对不同地区的特点，供给不同属性的公共产品可以采用多元的筹资渠道解决资金问题。第一，财政渠道。财政渠道包括：一是财政预算内渠道，主要以税收等形式筹集资金，以财政农业支出的形式供给农村社区公共产品；二是财政预算外筹资渠道。财政预算外筹资渠道主要是指财政非税收入的渠道，也就是通常所说的财政预算外收入；第二，市场渠道。目前，在公共产品供给过程中，采用市场渠道筹资还处于不成熟阶段，主要做法有：一是利用资本市场筹资，如发行长期基本建设国家债券；二是成立旨在推动某项公共产品生产和建设的专向发展基金；三是向金融机构融资；四是利用减免税收和给予信贷优惠等政策，调动经济组织增加对农村社区公共产品的投资。第三，发行彩票。彩票是一种特殊的金融工具，同股票、债券、基金一样，发行彩票可以持续、反复地筹措社会闲散资金。这种资金筹措方式是可行的，一是许多国家把彩票作为缓解政府财政压力、筹集社会公益资金的重要渠道；二是我国在彩票产业发展和彩票市场管理方面积累了相当丰富的经验；三是群众购买彩票的热情日益高涨。政府把个人手中的闲散资金导向社会公益事业的同时，还可以从中获得一笔可观的个人所得税收入，增加政府财政实力。第四，其他渠道。其他渠道主要指财政渠道和市场渠道以外的渠道，包括：一是非政府组织筹资渠道。非政府组织筹资不仅能增加农村社区公共产品供给资金的投入，弥补财政资金投入不足导致城乡公共产品供给日益扩大的差距，而且在筹资形式上引入了社会和非政府的概念，这为探讨公共产品供给制度提供了方向；二是境外筹资渠道。境外筹资主要有两种形式。第一种形式是国际组织的非商业性资金，第二种是针对农村，尤其是贫困农村地区引入的境外非政府组织小规模援助救济资金；三是个人筹资渠道。农村社区公共产品供给的个人筹资渠道根据筹集方式的不同，可以分为几种类型：一是个人直接投资从事某项公共产品的供给；二是个人对某项公共产品的供给进行部分资金捐助；三是在乡村集体或社区政府倡导下的村民集资；四是企业家捐助。

（3）多元筹资手段的选择。因渠道不同，筹资手段也呈现多元化。第一，征税。由于政府对公共产品供给的资金主要来自财政，而财政的收入主要来自税收，因此，征税自然就成了公共产品筹资的一种手段。第二，有偿筹资。有偿筹资是当前市场手段筹资的主要形式之一，它包括发行国债和向社会集资。发行国债和专项基础设施建设债券，是筹集公共产品供给的重要手段。发行国债和建设债券的权力集中在中央政府手中，地方政府无权发债。因此，发债筹资是中央行为。而地方政府可以自行决定向社会公众、团体、企事业单位和个人进行有偿集资。第三，使用者付费购买。使用者付费购买自己需要的公共产品，是筹集公共产品供给资金的一种普遍形式。如出售建设项目经营权、管理权和冠名权，以吸引投资和加快公共产品的生产和建设。从乡村当前情况看，特别是在乡镇公路、桥梁、学校和一些小型水利设施建设中，以出售冠名权的方式筹集资金比较普遍。第四，减税让利。通过对部分企业，主要是投资或出资支持地方性公共产品生产和建设的企业，实行地方所得税减免，对隶属于政府管理的这些企业，实行上缴利润的部分减让，鼓励其积极参与公共产品的建设，也是增加公共产品筹资的一种切实可行的办法。第五，其他手段。救助性手段是最常见和最常用的一种筹资手段。救助性手段包括社会和地区、社会对个人和群体、地区与地区之间带有援助和救济性质的资金投入支持。这样一种资金筹集，完完全全是出于对公共产品建设和生产的无偿支持。

3. “政府主导、多元参与”的路径选择

农村社区公共产品供给筹资制度创新就是以市场机制为纽带，在坚持政府主导地位的前提下，引入多元化的社会力量，形成“国家（政府组织）－市场机制－社会（非政府组织）”的制度框架，使政府和社会都能积极发挥主动性作用，为各自资源配置的开发提供内在动力，实现社会权力在公共产品供给上的归位，进而达到政府和多元主体的有机契合。为此，应明确政府和多元主体提供公共产品的范围和边界，解决公共产品的供给决策与需求决策相一致的决策权的配置问题，明晰保障投资者投资积极性的产权界限，以及解决好“搭便车”的问题。

首先，应合理确定政府与多元主体的有效边界。公共产品的属性不同，必然影响供给主体的选择，因而就决定了政府和社会提供公共产品的范围边界。通过前面的分析我们知道，根据在消费过程中的性质不同，农村社区公共产品可以区分为纯公共产品与准公共产品。纯公共产品是指在消费过程中具有完全的非竞争性与非排他性的产品，该类产品没有办法排斥“搭便车”行为，因而成本得不到补偿，应由政府提供。准公共产品的性质介于纯公共产品与私人产品之间，具有不完全的非竞争性与非排他性。这其中还可以进一步细分为两类：一类是具有排他性与非竞争性的公共产品，如高速公路，该类产品由政府提供还是由社会提供，主要考虑该项产品消费的排他性技术难易程度和消费需求的弹性，排他性技术越难、消费需求弹性越大，那么就越适合于政府提供，反之则更适合市场提供；另一类是具有非排他性和竞争性的公共资源，如农村基础教育，公共卫生等，该类产品由政府提供还是由社会提供，主要取决于该类产品收益的外溢性程度，如果产品的内部收益较小，外部收益大，则适合于由政府提供，反之则适合于由社会提供。

其次，应建立有效的公共决策权配置机制。目前，农村社区公共产品决策机制中的集体决策，导致了公共决策和社会资源分配的扭曲，为社会力量的介入制造了障碍。因此，应正确识别公共产品供给决策机制和需求决策机制的差异，解决决策权的配置问题，使公共产品的供给决策与需求决策相一致。要求健全农村的基层民主制度，完善农村的有效需求表达机制，形成“自下而上”的农村社区公共产品的需求决策的表达机制，从制度上保证由农民、农村内部需求来决定公共产品投资范围和方向，实现供给与需求的动态平衡。

再次，应明晰公共产品产权以保障筹资者合法权益。明晰产权是民间社会力量介入农村社区公共产品供给的制度基础。

无论是政府组织，还是社区组织，无论是企业单位，还是居民个人，都是一个典型的“经济人”或带有“经济人”的典型色彩。经济人追求什么？追求效益最大化或效用最大化。更何况私人资本具有很强的趋利性。要充分发挥私人资本参与的积极性，就要确保其进入公共产品供给领域的必要收益。而我国农村个人和集体的产权边界长期模糊，政府要扭转这一局面，必须从制度建设入手，明晰集体与私人产权的界限，保证投资者对建成后的公共产品拥有产权，对产品运营中获得的利润拥有支配权，保障其投资的积极性，以促使公共产品的持续运营。

最后，应通过排他性技术解决“搭便车”行为。经济学意义上的“搭便车”行为，指的是在非排他性的产品的生产和消费中，那些期望他人付费而自己不愿付费的行为。由于农村社区公共产品大多具有正外部性和非排他性，因此在公共产品的生产和提供方面一个很难回避的问题就是“搭便车”。如果“搭便车”问题解决不好，将直接影响农村社区公共产品的有效供给。在实践中，很多农村社区因无法解决这一问题，从而陷入了诸如乡村道路年久失修、水利设施破损严重的境地，给社区居民的生产生活带来严重影响。“搭便车”行为使合作遇到了困难，要增强经济活动主体——社区居民的合作意愿，提高他们的合作能力，就必须解决这一问题。如果可以通过发明某项排他性技术，将不付费者排除在外，或者迫使其付出长期代价等方式减少这种行为，从而促成合作行为的发生，“搭便车”的机会主义动机就会大大减弱。在解决了排他性技术和经济可能性的条件下，一些公共产品就完全可以由私人、非政府组织来提供。排他性机制的表现形式很多，比如，在公共产品的供给上，消费者之间可订立契约，根据一致性同意原则来供给公共产品，就能有效解决“搭便车”的问题。例如在水利设施兴建中，可以在一致同意原则下订立契约，规定该设施可由某个村民投资兴建，但使用者需向投资者付费，不付费者不得使用，这显然不存在任何技术上的难题。

（三）实施机制：国家动员为主、社会动员为辅

家庭承包制的实施不但改变了农业生产经营方式，也改变了国家和农村社会的关系。尤其是农村税费改革后，农村社区公共产品供给的国家动员机制由税费改革前的强势介入逐渐呈现弱化趋势，试图通过诸如"一事一议"等制度设计激励农村社会动员机制的发展，形成"自上而下"和"自下而上"联动的格局。但由于相应的配套改革措施没有及时跟进，"自下而上"的社会动员机制并没有得到有效的发展，农村社区公共产品供给筹资依然是国家动员主导，没有形成"国家动员为主、社会动员为辅"的有机契合，这种契合的"一极"——社会动员机制还没有发挥有效作用。要想实现这种有机契合，建立一种能够激励各种主体要素参与到农村社区公共产品供给中来的社会动员机制是关键，社会动员机制的发育是公共产品供给筹资制度创新的基础。公共产品供给社会动员机制是与国家动员机制相呼应的一种制度创新，是对公共产品供给国家动员机制的一种补充与完善，是农村社区公共产品供给制度变迁的内涵之一。从目前农村社会结构的变化和现实来看，公共产品供给社会动员机制已具备一些发育的制度条件和现实基础。

首先，农村社区公共产品的产权制度改革，使公共产品供给动员机制出现多样化。伴随排他技术的发明，农村社区公共产品消费的排他和效用的可再分，为农村社区公共产品产权制度的明晰提供了技术上的支撑。农村社区公共产品产权制度的改革，使得农村社区公共产品的生产、供给、运营管护出现了分离，相应地形成了不同的农村社区公共产品供给社会动员机

制的组织形式。如前文介绍的“农民用水户协会”就是农村公共产品供给社会动员机制的典型例证。由于“农民用水户协会”建设遵循的是“谁受益，谁负担，谁投资，谁所有”原则，所以其所有权是明晰的，能够很好地解决农村公共产品供给中的“搭便车”难题。

其次，农村社区居民组织化程度的提高，为国家动员机制与社会动员机制并存格局的出现准备了组织条件。伴随家庭承包制的实施，农民获得了土地的经营权和部分农业生产资料的使用支配权的同时，成为农业生产经营的自主决策者，成为农村社区公共产品的自主决定者，组织化程度日渐提高，开始摆脱“国家”的干预，不再是农村社区公共产品供给中的被动力量，而成了主动的参与者。在公共产品的供给中，农民有了更多的参与权，这是一种不同于国家动员机制的新决策方式。这种方式的流行，其根本原因就在于农民组织化程度日渐提高。突出表现为：一是乡村集体组织的功能逐步出现明晰化的趋势。在家庭承包制实施之初，特别是 20 世纪 90 年代在广大农村开始的乡镇企业改制，许多集体经济被私有化，集体经济名存实亡，失去了农村社区公共产品供给的组织基础，集体组织的功能出现彷徨。随着《村组法》的试行，集体组织的功能重新得到界定，村委会被赋予了农村社区公共产品供给的组织动员职能，村委会成为集体行动的动员主体。再加上农村“精英”的出现，使广大分散农户的分散活动具有比较明确的行动指向性；二是农民合作组织的发育。家庭承包制的实施，使农户成为分散的生产经营主体，面对市场经济体制的建立和完善，广大农民被置于市场的对立面，小生产与大市场、分户家庭经营与社会化大生产存在突出矛盾，于是催生了农业产业化经营，人们有了对农民合作制度的需求。农民合作组织的产生，为农业的生产服务、农村的建设发展和农民的稳定增收提供了强有力的组织保障；三是保障农村社区公共产品的供给和农民正常使用公共产品的专业行业协会也开始发育。典型的就是有关农村社区公共产品的各种协会，如用水协会、用电协会等，这些组织的出现不但提高了分散社区居民的组织化程度，而且还改变了农村社区公共产品供给投资渠道的单一性，使农民成为投资主体之一。这些非政府组织的发育成长改变了农村社区公共产品供给动员机制的单极性，为国家动员机制与社会动员机制并存格局的出现准备了组织条件。

通过前面的分析，农村社区公共产品供给筹资机制的创新既不能单一采用国家动员，也不能单一采用社会动员，应通过对动员主体和动员方式的有效选择，实现“国家动员为主、社会动员为辅”的有机契合。

四、建立和完善多层次的农村公共产品供给监管机制

农村社区公共产品的监管是指公共产品生产出来以后，由相关主体履行公共产品维修、保养和管理的职能，以保证公共产品供给的效率。农村社区公共产品供给监管制度涉及供给前、供给中和供给后整个供给过程，贯穿于决策制定、资金使用、运营管护等主要环节。前面的制度分析和实地调研不仅说明了现行农村社区公共产品供给决策机制、筹资机制创新的必要和可行，同时也说明了因公共产品供给管理不善、监督不力而造成的供给效率的低下。从供给决策层面来看，“自上而下”的决策机制，决策者的理性选择，对决策者决策行为制约和监督机制的缺乏，使决策行动缺少必要的约束，使农村公共产品供给在整个制度的源头就形成了供给低效的可能。因此，需要通过“自上而下”的政府决策机制和“自下而上”的需求表达机制

的有机契合，通过激励机制的设计，让农村社区居民真实地表达公共需求意愿，参与到供给决策中来。这样不仅能够实现决策信息的有效联结，达到民意的充分显示，使决策适应民意，真正满足农村居民的公共需求，而且能够通过农民对公共产品供给的参与，从公共产品受益者的角度形成对公共产品供给决策者决策行为的有效制约和监督，在决策环节对公共产品的供给效率提供保障。从供给筹资层面来看，筹资主体的单一性使农村公共产品的供给决策主体和筹资主体“融为一体”，公共产品供给所需资金从筹措到使用管理都处于监管不畅、不力、混乱状态，究其原因在于筹资主体的单一，缺少必要的社会参与。因此，农村社区公共产品供给筹资应引入多元化社会力量，形成“政府主导，多方参与”的筹资制度框架，形成对资金筹措、管理、使用的有效监督，在筹资环节对公共产品的供给效率提供保障。从公共产品供给后的运营管理来看，运营管理主体的虚置或缺失使公共产品在运营与管理上处于“顺其自然”的状态，存在过分“搭便车”或过分“市场化”的现象，使公共产品供给短效、低效或“公共性”缺失。究其原因，在于作为供给主体的政府在运营管理上缺少力度，作为受益主体的农民在运营管理上缺少自觉，作为参与主体的市场在运营管理上缺少动力。

因此，针对不同类型的公共产品应设置不同的运营监管制度，或由政府提供，或由农民自愿供给，或通过收费来维持供给。通过多元监管主体的设置，建构“政府主导，多元监管”的农村社区公共产品供给监管机制。

（一）多中心治理理论与监管机制的创新

作为非排他、非竞争的农村社区公共产品，自其提供之日起便处于个体的理性消费和集体的非理性消费状态中，“搭便车”是最常见的行为，公共产品供给的实际效率与预期效率有很大的差距，如果没有有效的监管机制，很容易出现哈丁所说的“公用地悲剧”。因此，监管制度创新的关键点在于监管效率的提高，这涉及公共产品供给后的治理问题，与监管主体的选择和监管制度的完善有着直接的关系。

1. 自主治理与多中心治理理论

关于农村社区公共产品等公共事物的治理问题，受公共产品的非竞争性、非排他性等特征的影响，长期以来一直存在着各种各样的争议，学者们先后提出了以强有力的中央集权——政府来解决公共事物的治理问题，或者以彻底的私有化——市场来解决公共事物的治理问题，或者以自主治理的方式来解决公共事物的治理问题。根据农村社区公共产品的特点，公共池塘资源自主治理理论和多中心治理理论对农村社区公共产品供给制度的创新和重构具有一定的理论指导意义。

（1）公共池塘资源与自主治理。公共池塘资源既不同于非排他、非竞争的纯公共产品，也不同于可以排他、非竞争的俱乐部产品，更有别于完全排他的私人产品。它们是一类特殊的物品或事物，“具有两个重要属性：非排他性，即很难排除人们从物品中受益；竞争性，即一个人消费该物品，会使能同时享用该物品的其他人的收益减损”。公共池塘资源所具有的非排他性，使其在使用上很难排除人们从物品中受益，容易出现“搭便车”行为，形成“集体行动困境”，导致“公用地悲剧”的产生。如何解决公共池塘资源的“困境”？以往的实践证明，政府治理和市场机制都因各自的缺陷，存在着不同程度的“失灵”。2009 年度首位获得诺贝尔经济学奖的女性科学家，美国著名的行政学家、政治经济学家埃莉诺·奥斯特罗姆教授从制度层面对这一问题进行了开创性的研究。埃莉诺·奥斯特罗姆教授的研究始于20世纪80年代，主要研究小规模公共池塘资源治理问题。研究发现，在公共池塘资源的治理方面，除了通常的政府和市场，还存在一种介于市场与政府之间的“自组织”，这种“自组织”在公共池塘资源的治理上发挥了很重要的作用。在此基础上，埃莉诺·奥斯特罗姆教授提出了治理公共事物的自主治理理论，强调在自主治理的过程中，人们通过相互合作、交流与博弈，常常能够找到解决“公用地悲剧”的制度安排，提高资源利用的有效性。为此，需要解决制度供给（即由谁来设计自主组织的制度）、可信承诺（即如何规避使用者搭便车、逃避责任）和相互监督（即如何克服各种机会主义诱惑）三个难题。埃莉诺·奥斯特罗姆教授用大量的成功案例表明，许多自治组织设计的治理规则既增强了组织成员进行相互监督的积极性，又降低了监督成本。同时，相互监督的增强提高了规则的可信度，两者相互补充，相互促进。那么，如何设计自主组织的治理规则？埃莉诺·奥斯特罗姆教授提出应依据如下原则来设计：清晰界定边界，建立适当的冲突解决机制，决策过程民主化，最低限度地认可组织，资源维护责任分担的受益性，监督和制裁由资源占用者本人或是对占用者负责任的人来进行，以及累进制、分级原则等。她认为，在这些原则的指引下，集体行动和监督问题更容易得到解决。埃莉诺·奥斯特罗姆教授的自主治理理论对解决公共池塘资源的治理问题、消除“集体行动困境”、避免“公用地悲剧”发挥了有益的效果，是对集体行动理论的进一步发展。

（2）多中心治理理论。在对公共池塘资源进行实证研究的基础上，以埃莉诺·奥斯特罗姆教授和她的丈夫文森特·奥斯特罗姆教授为核心的一批研究者，最早提出多中心治理理论。所谓的“多中心治理”是指，为实现有效和可持续发展的目标，在对公共事物进行管理或提供公共服务时，政府组织、公共组织、商业组织、个人等行动主体遵循一定的集体行动规则，相互博弈、相互调适、共同参与、共同合作，形成多样化的公共事务管理制度或组织模式。在多中心治理模式下，首要理念是以服务为导向，建构原则是协作共治，主要特征是平等开放。多中心治理的核心是公共产品，而政府组织是多中心治理结构的重心，承担着组织、协调和引导职责。在依循多中心治理理论进行公共治理时，应注意以下几点：一是要提高公共决策的有效性。在决策时应将决策中心下移，吸收和鼓励基层组织和公民参与决策，充分尊重他们的意见，实现“自上而下”和“自下而上”的有机契合；二是要提高集体行动效率，减少“搭便车”等公共困境。为此应设置多层级、多样化的控制方式，将外在效应事务治理内部化；三是治理主体的选择要多样化。一方面，在公共产品生产、公共服务提供和公共事务处理方面应存在多个供给主体。另一方面，政府、市场应共同参与，应用多种治理手段。奥斯特罗姆教授指出，在公共产品的生命周期中，大致存在着消费者、生产者和连接消费者与生产者的中介者三种角色。在公共产品的生产过程中，三个角色分别由不同的主体来扮演。若政府角色、责任与管理方式发生改变，则生产方式和生产主体相应发生变化，由唯一的直接生产者和提供者变为生产者、管理者之一。在多中心治理中，政府角色由传统的公共权力管理者、公共资源（国有资产）所有者向公共服务提供者转变的同时，更多地扮演了一个中介者的角色，如宏观框架的设计，参与者行为规则的制定，以及运用经济、法律、政策等多种手段为公共物品的提供和公共事务的处理提供依据和便利。

2. 多中心治理与农村社区公共产品的监管

在农村社区公共产品的管理中，应根据农村社区公共产品供给体系的多层次性，选择合适的供给主体，承担相应的供给和监管责任。埃莉诺·奥斯特罗姆教授提出的公共事物的自主治理理论为我们设计农村社区公共产品的运营管理制度提供了思路。同时，多中心治理理论强调的改变政府的行政性管理和控制职能，让乡村内部的自主性力量在公共事物领域充分发挥基础性作用的观点为我们进行农村社区公共产品监管制度的创新提供了路径选择。应从提高整体供给效率出发，在发挥政府作用的同时，通过制度设计，充分调动各种基层自主组织如农村社区、农业合作组织的积极性，以弥补市场失灵和矫正政府失灵，实现公共部门、私营部门以及自主组织的相互协调、合作与发展。对于那些属于纯公共产品性质的、无需竞争、也无法排他的产品或服务，如不收费的农村道路、路灯等，政府应是首选的供给者和管理者，应由中央政府和地方政府共同提供和管理；对于那些属于“公共池塘资源”性质的、需要竞争、容易出现过度使用的准公共产品或服务，如水库、牧区、地下水流域等产品或服务，需要政府的强制规制，由地方政府和市场、社区共同提供和管理；而对于那些属于“俱乐部产品”性质的、存在能够收费的排他技术、无需竞争的准公共产品或服务，如有线电视、收费公路、农村供水、供电、供气设施等产品或服务，可由政府所有的公共企业收费提供和管理，也可由农民组织自愿供给和管理。

（二）路径选择：政府主导、农民自主、多方参与

在农村社区公共产品监管中，受农村社区公共产品的特点和供给体系多层次性的限制，应选择合适的主体来承担相应的供给和监管责任。监管主体的选择既可以是作为供给主体的政

府，也可以是作为参与主体的社会，还可以是作为受益主体的农民。同时，依循“政府监管为主导、农民自主为核心、多方参与为保障”的创新路径，把自主管理作为制度创新的关键，把公共产品的受益者——农民参与管理作为制度创新的保障，通过引入民间组织的力量，让乡村内部的自主性力量在公共事物领域充分发挥基础性作用，让广大农户参与到农村社区公共产品的监督管理过程中来，实现政府公共部门、农民受益主体和多元社会主体的相互协调、合作与发展，形成良性互动的多元监管机制。

1. 政府的有效主导

基于“政府主导，农民自主，多方参与”的创新路径，如何通过监管主体的选择和有机协同来实现农村社区公共产品的有效监管便成为农村社区公共产品监管制度创新的主要切入点。本研究认为，农村社区公共产品供给后的运营监管主体的选择，应充分发挥政府的主导作用，在改变政府的行政性管理和控制职能的同时，从提高整体监管效率出发，通过制度设计，充分调动各种基层自主组织如农村社区、农业合作组织的积极性，根据不同公共产品的特点，在政府、农民、社会三者中选择适宜的监管主体，形成三者的良性互动和有机协同。

(1) 政府的有效主导是多元监管机制建构的前提。坚持政府在农村社区公共产品供给监管机制中的主导地位，是构建多元监管机制的前提。这主要出于以下考量：首先，由政府主导农村社区公共产品的运营监管，能很好地克服“无中心”、“无秩序”的倾向。在多中心治理模式中，如果缺乏有效协调和沟通的合作机制，治理主体的多元化容易导致治理中心的缺失或混乱。这就需要一个像政府这样的组织，依托自身的权力和资源优势，发挥其在多元监管中的主导作用。其次，公共产品特有的非排他和非竞争的属性，要求强有力的制度设计予以保障，以排除“搭便车”行为，变非理性的集体行动为理性的集体行动，避免“公用地悲剧”的发生。这就需要政府利用自身所拥有的公权力，通过建立各种法律法规和监管制度，在农村社区公共产品的监管中发挥更大的作用。那么，如何有效地、合理地发挥政府的这种主导作用？我们应对政府在农村社区公共产品监管中的角色进行准确定位。前面的分析告诉我们，在农村社区公共产品的供给实践中，政府行为中存在着缺位、错位、越位等现象，并引发了农村社区公共产品供给总量不足、结构失衡、效率低下等问题。因此，在公共产品监管方面，政府应有所为、有所不为，应根据农村公共产品的特点，因地制宜，明确划分各级政府的事权，完善政府间转移支付制度，加大各级政府对农村的财政转移支付力度，向农民提供真正需要的公共产品。同时，通过适切的制度安排，利用相关法律、法规、政策及评估指标来规制各供给和监管主体的行为，把主导的重点放在多中心集体组织的建设和行动规则的确立上。

（2）政府有效主导的前提是政府和其他监管主体的利益协同。坚持政府在农村社区公共产品供给监管机制中的主导地位，必须形成政府、农民、社会等多元监管主体的利益协同，这是政府在多元监管体系中发挥主导作用的先决条件。为此，需厘清两个问题：一是在农村社区公共产品监管过程中，政府、农民、社会各自的利益诉求是什么，三者之间的利益交叉点是什么；二是在农村社区公共产品监管过程中，政府、农民、社会三者协同监管的利益条件是什么，如何实现三者利益的均衡。作为农村社区公共产品监管过程中的利益关系人，政府、农民、社会三方的利益诉求既有区别，又有交叉点，三方共同的利益诉求应是协同监管的首要条件，也是实现政府有效主导的必要条件。从政府的角度来讲，作为公共产品的主要供给者，其利益诉求是公共产品提供之后所产生的福利最大化。公共产品提供之后所产生的福利最大化不仅受公共产品供给规模、数量的制约，也受公共产品供给后质量监管保障状况的影响，这直接涉及监管效率的问题。同时，政府提供的公共产品直接受益者是农村社区居民，作为福利效应的直接感受者，农村社区居民对公共产品供给的满意程度是对公共产品提供之后所产生的福利最大化的、最直接、最真实的评价。政府追求的公共产品供给福利最大化的正外部性要求应满足农村社区居民的生产生活需求，最终实现社会福利的最大化。从农民的角度来讲，作为公共产品的主要受益者，其利益诉求是公共产品提供之后所产生的效用最大化。这里所说的农村社区居民的效用最大化是指，农村社区居民通过对公共产品的使用（或利用）满足生产生活需求，使自身效用最大化，这种自身效用最大化能够激发农民理性消费公共产品的动机。如果在公共产品供给后农民的自身效用得不到满足，就会形成一种负激励，使其非理性地消费公共产品，产生“搭便车”行为。由此可以看出，政府和农民的利益交叉点是公共产品供给后的正外部性的有效生成，是政府追求的福利最大化和农民追求的效用最大化的有效对接。

从社会的角度来讲，作为公共产品的参与主体，其利益诉求是公共产品提供之后的效益最大化。这里所说的社会参与主体是指民营企业、社会团体、民间组织和社会个人等。他们投资于农村社区公共产品的目的与政府有着明显的区别，他们追求的是效益最大化，追求的是投入和产出之间的最佳状态。但他们所追求的效益不是单纯的经济利益，是经济效益和社会效益的结合体。这些社会组织在利用资本趋利、追求财富的同时，还会结合农村社会的实际，寻找增值、扩大再生产的出路。因此，为了树立良好的社会知名度、提升自己的社会地位，赢得良好的社会赞誉，他们在追求经济效益的同时，还有追求社会效益的需求。他们会把一部分资本投资于供给各类与农民生产生活息息相关的公共产品，如捐资修建农村道路等，以此彰显自身的社会责任感。由此可以看出，政府和社会组织的利益交叉点是公共产品供给后的社会效益的有效生成，是政府追求的福利最大化和社会组织追求的效益最大化的有效对接。综上，无论是政府的社会福利最大化，还是农民的消费效用最大化，还是社会组织的社会效益最大化，三者利益诉求的交叉点就在于公共产品供给效率的最大化，以及在此基础上的社会福利、消费效用、社会效益的有效对接。为此，需要三者的有效合作，通过保障公共产品供给的效率最大化，实现有效对接、利益平衡。那么，三者如何通过良性互动、有效合作形成利益协同?这需要形成有效的，能够达到良性互动、有效合作的制度设计。

（3）政府有效主导的保障是适切的制度安排。在农村社区公共产品的监管上，为形成利益协同，促进政府、农民、社会三者的良性互动、有效合作，通过适切的制度安排，对政府与社会、行政与市场、组织与个人的相关制度进行整合，使政府供给主体、农民消费主体、社会参与主体各自发挥主动性作用，实现政策目标、个人需要和社会效应等多方利益的有机整合。第一，应建立一个政府、农民、社会三方信息沟通与共享机制，以实现信息对称。信息沟通与共享机制包括相关关系人之间的沟通机制和信息收集、信息处理、信息传递、信息披露等制度安排。在政府、农民与社会三方关系中，首先需要信息输入机制的建立，通过信息输入机制，政府获得社会组织参与公共产品生产与运营管护的意愿表达和利益诉求；其次需要信息输出机制的建立，通过信息输出机制，政策执行机关可以及时地向社会参与主体传达政策观点和公共需求；再次需要改革传播渠道，建立定期沟通制度，使政府主体、农民主体和社会参与主体三者的联系规范化；第二，应明晰公共产品的产权关系，这是社会主体介入公共产品生产与管理的制度保障，通过产权的明晰能确保社会参与主体进入公共产品供给领域的必要收益；第三，应建立社会参与主体承担公共产品运营管理的制度规范。在“政府主导，多元监管”的创新路径中，公共产品的运营管理不再是政府的专利，符合条件的社会参与主体也可以在运营监管环节发挥作用。因此，政府可以在宏观监管的前提下退出具体的事务，通过明晰产权，激励社会参与主体参与监管。这就涉及如何监管社会参与主体在公共产品运营过程中的行为问题。本研究认为，这个问题的解决应从制度规范的创新与完善入手。一是制定相关政策，发挥市场机制的调节功能，对社会参与主体的运营管护行为施加压力。当社会主体选择参与公共产品的运营管护时，势必要考虑成本与收益，而他们若想获得希望的经济效益和社会效益，就必须考虑公共产品的质量问题。只有重视公共产品的质量，才能使公共产品的运营管护得以正常进行，才能“名利”双收。这样，市场机制生成的内部动力与竞争压力迫使社会参与主体管护职责作为制度贯彻到经营过程中。基于此，政府在宏观主导的同时，利用市场机制的调节功能，“简政放权”。对于适合按市场规律提供和经营的公共产品，政府应尽量退出，改革传统的经营体制，变直接运营为间接管理，将运营管护权交由市场，通过法律法规规范社会主体的运营行为，满足消费者对公共产品的需求；二是通过制定政策，允许市场主体和受益主体参与政府经营的公共产品的运营管护。作为公共产品的使用者和受益者的农民的利益与公共产品的运营管护密切相关，因而他们既有动力、又有可能保持公共产品的良好管护。这需要政府进行一些具体制度的改革，允许市场主体和受益主体参与到公共产品的监管中来。

2. 多元参与监管

“政府主导，农民自主，多方参与”的创新路径不仅需要政府充分发挥主导作用，而且需要农村社区、农业合作组织等各种基层自主组织的积极参与，多元参与的监管机制是农村社区公共产品监管制度创新的保障。那么，如何通过多元监管机制实现农村社区公共产品的有效供给？需要从监管意识的提升、多元监管制度的设计入手。首先，需提升农村社区公共产品供给后的监管意识。农村社区公共产品虽然具有效用的不可分性、消费的非排他性和非竞争性等特征，但它又有别于其他的公共产品，主要表现在其“消费的非排他性和非竞争性”只存在于一定的范围之内，存在于一个自然村或行政村的范围内。其中，农田水利设施、饮用水、村道路、村卫生所、村文化体育设施等部分准公共产品只有生活在其中的成员才可享用，对外则具有一定的排他性。即使排他不是显性的，受农村地域的相对封闭性的制约，也具有潜在的、隐性的排他。生活在社区中的农村居民因受教育程度所限，素质普遍不高，再加上家庭承包制的分散经营模式、乡村居住的分散和传统的“小农”意识的影响，村民的自我意识较强，缺少公共意识，比较看重自身利益。因此，村庄内公共产品提供后，“大锅饭”现象比较突出，“公用地悲剧”的发生比较常见，致使公共产品的效率大打折扣。究其原因，与政府长期以来形成的“只供不管”或疏于管理的公共产品监管意识有着直接的关系，与公共产品监管主体的过于单一有着直接的关系，与农民过于追求自我利益有着直接的关系。虽然公共产品的提供与管理是政府的分内之事，但是，政府“自上而下”的决策习惯、低效的“自上而下”的层级管理、“只供不管”的监管意识却成为农村社区公共产品供给效率低下的直接原因。在农村公共产品的供给过程中，相关部门担负着提供公共产品的职能，但却没有担负起有效地提供相应服务和管理的职责。调研中我们发现，挪用、截留财政支农项目资金的现象时有发生，将公共资源私人占用也时有发生；只重形式、不重质量的公共服务屡见不鲜，只重投资、不重管理的公共工程屡见不鲜，工作追求的是“面子”、“政绩”。这一切都说明，公共产品供给效率的低下与监管意识的缺失有着直接的关系。因此，多元监管机制的建构应从监管意识的提升入手，从治理理念上转变政府部门的工作作风，变“只供不管”为“又供又管”，变“一枝独秀”为“百花争鸣”，通过相应的政策法规、制度规范，激励社会力量参与公共产品的管理，激励社区农民组织自主治理。

其次，通过制度设计构建多元参与的监管机制。从前面的分析可知，农村社区公共产品效率的提高不仅在数量上，还要在质量上，而质量的提高重在供给后的管理。这涉及谁来管、怎么管的问题。公共服务领域的实践形成了两个截然相反的办法，或者“国家”，或者“市场”。“政府”因其自身的局限很难管理好农村社区公共产品，“市场”也因其过于的“利益化”而无法很好地体现公共产品的福利性。“无论是国家还是市场，在使个人以长期的、建设性的方式使用自然资源系统方面，都未取得成功。”“在经历了市场失灵和‘政府失灵’以后，人们不再过度地倚重于市场抑或政府，而开始对发展‘第三条道路’的治理思想寄予更为深切的期望。”正是为了克服市场失灵和政府失灵，“多中心治理”模式应运而生。多中心治理理论强调改变政府的行政性管理和控制职能，让乡村内部的自主性力量在公共事物领域充分发挥基础性作用。所以，农村社区公共产品监管制度的创新应从提高整体供给效率出发，在发挥政府作用的同时，通过制度设计，充分调动各种基层自主组织如农村社区、农业合作组织的积极性，以弥补市场失灵和矫正政府失灵，实现公共部门、私营部门以及自主组织的相互协调、合作与发展。这种公共产品多中心监管体制的构建，一方面，能纠正农村公共产品监管“缺位”、“错位”的状况，理顺管理主体之间的关系；另一方面，能使管理模式灵活多样，通过自主管理，提高农村社区公共产品的效率；同时也能有机地将农村社区公共产品供给与管理联结起来，为农村社区公共产品的可持续发展提供平台。

（三）实施机制：自主监管机制的建立

作为政府治理公共事物的一种新范式，多中心治理模式为农村社区公共产品供给后的有效监管提供了路径选择。根据埃莉诺·奥斯特罗姆教授的观点，多中心治理的核心是自主治理。作为多中心治理的基础，自主治理理论探讨的是相互依存的、具有强烈个人意识和自治愿望的一群理性人，为了共同的、高效的公共利益，为了实现集体利益的最大化，如何依据一定的规则，通过自主和合作治理的制度安排组织起来的问题。为此，埃利诺·奥斯特罗姆教授探讨了多中心治理实现的条件：清晰界定边界，占用和供应规则与当地条件保持一致，集体选择的安排、监督，分级制裁，冲突解决机制，对组织权的最低限度的认可，分权制业。这些条件为我们探讨农村社区公共产品的多元监管提供了实践指南。根据我国农村社区公共产品供给的现实状况，要实现“政府主导、农民自主、多元参与”的有机协同，除了需对政府在公共产品供给和管理中的主导职能进行准确定位之外，还应通过制度设计，通过对农民公共意识的引导、自主治理规则的制定等法律和社会环境的构建，建立自主监管机制。这种自主监管机制通过灵活多样、弹性机动的集体行动提升公共产品的监管效率，形成政府与多元供给主体的有机协同和良性互动。根据我国农村社会的实际状况和农村社区公共产品供给的现实，农村社区公共产品自主监管机制的建立可以从以下几个方面进行。

1. 提升农村社区居民公共意识

受传统文化的影响和现有体制的制约，农村社区居民的公共意识、集体意识比较淡漠。从传统文化影响的角度来看，中国传统文化中个人主体意识弱化的特质经多年的传承和积淀演变成了“小富即安、自私自利、目光短浅、平均主义、拉帮结派、自由散漫”的小农意识，面对公共事物缺少自主管理、自主建设的意识，在公共事物面前表现更多的是“等、靠、要”，消费公共产品时表现更多的是“一拿、二看、三不管”，是一种典型的“大帮轰”、“大锅饭”的消费意识；从现有体制制约的角度来看，政府“自上而下”的公共产品供给决策机制、“大包大揽”的公共产品供给筹资机制和“只供不管”的公共产品供给监管机制，从制度层面将农民排除在公共产品供给之外，使农民产生一种“与我无关”的错觉，削弱了农民自主创新、自我管理的动力。这种淡薄的公共意识是阻碍农村社区公共产品自主监管机制建立，阻碍实现农村公共产品多中心治理的关键，因此，提升农村社区居民主体意识、公共意识是建立自主监管机制的根本。如何提升农村社区居民的主体意识、公共意识？应充分发挥政府的主导作用，为社会组织和农民个体参与到公共产品的管理中提供规则和制度保障。可从以下几个方面展开：一是农民素质教育和技能培训的加强。通过加大对农村义务教育和职业技能培训的政策支持、财政投入和质量提高，引导农民现代意识的自觉，时代观念的树立，思想道德水平的提高，科学文化素质的生成，逐渐克服小农意识；二是农民民主法治观念的培育。通过加大普法教育，引导农民树立法律意识，让农民知道公民的法律权利和义务，知法懂法守法，依法办事，依法维护正当权益；同时，通过民主权利的扩大激发农民民主管理的积极性。

2. 完善自主治理规则

按照埃利诺·奥斯特罗姆教授提出的“占用和供应规则与当地条件保持一致”的多中心治理实现条件，在公共产品自主监管机制建立过程中，应结合农村经济社会发展的现实完善自主治理规则，以期实现自主监管机制的有序运行。自主治理规则的完善可以从以下几个层面展开：

其一，在农村社区公共产品的管理中应建立激励奖惩机制，以有效动员社会各方力量参与到公共产品的监管中。政府可以通过各种政策安排刺激、吸引民间资本和社会资本参与到公共产品的管理运营中。通过相应的金融和税收优惠政策，建立投资激励机制和法律保护机制，吸引工商资本、民间资本，甚至外商资本介入农村社区公共产品的生产和管理中来；通过相应的以奖代补政策和宣传引导，激励社会组织和农村各类合作经济组织提供公共产品、管理公共产品，并动员村级自治组织在村庄公共产品的管理上发挥作用，激发乡村“能人”热衷支持农村社区公益事业建设的社会责任感和集体使命感。通过上述的制度、政策安排，既能保障各方参与主体追求的利益，使其在参与公共产品的生产和管理的过程中实现自愿中的利己动机，同时也能为农村社区公共产品自主监管机制的建立营造良好的人文环境和社会环境。

其二，在农村社区公共产品的管理中应建立参与激励机制，以激发农民的公共意识，使其自愿参与公共产品的供给和管理。

农民是农村社区公共产品的主要受益者，公共产品质量的好与坏与每个农民的切身利益息息相关，农民对公共产品供给的满意程度是对公共产品效率的有力评价。因此，应建立完善的参与保障机制，动员、吸引农民参与到公共产品的生产和管理中来。这种参与保障机制的基础是以农民的需求为导向的。前面的分析已经讨论了“自上而下”的政府决策机制和“自下而上”的农民需求表达机制有效联结的问题，农民的需求表达本身就是农民参与公共产品供给过程的体现。农民通过需求表达，不仅能为供给者提供供给的优先序和数量等信息，同时，也能激发农民参与公共产品生产和管理的自愿动机，使农民认识到参与对其自身利益的保障，进而产生主人翁意识。基于此，政府应通过相应的法律法规对农民参与公共产品管理的权利、程序、方式等作出明确的、制度化的规定。

其三，在农村社区公共产品的管理中应建立互动合作机制，以保障自主监管机制的良性运行。农村社区公共产品的自主监管是多个主体合作互动的过程。在这个过程中，政府、农民、社会等不同主体有着不同的优势和不足，只有最大限度地发挥各参与主体的优势，形成良性合作与互动，才能实现自主监管的目标。因此，需要探索政府与社会、政府与农民之间的合作模式，以及社会、农民之间的合作模式。政府的优势体现在资源筹集、规划制定、政策实施等方面，社会组织的优势体现在高效的运作机制和强大的社会资源，如果能够有效地、多形式地运用于自主监管机制中，能改善、促进农村社区公共产品的有效供给。

其四，应加强培育农村非营利性组织，以保障自主监管机制的可持续发展。非营利性组织在农村社区公共产品监管中具有与政府和市场不同的独特优势，“接地气”、灵活多样等性质和作用可以使其成为自主监管机制的主要参与者。为此，政府应加强对非营利组织的培育，完善制度建设和法律保障，优化非营利组织参与农村社区公共产品管理的法律、法规、政策环境，提高非营利组织的合法性。同时，完善对非营利组织参与农村社区公共产品管理的制约机制。一是按照民主、效率、透明、合理原则对其进行制约；二是通过组织外的他律机制，如政府相关部门、公众、媒体等对其进行组织外制约；三是通过道德导向和制度建设对其进行组织内的制约。

五、农村公共产品多层次供给的案例

（一）S村公共产品的基本情况

L县S村位于西安以西，距离周口市约50公里，现有6个生产小组。截至2000年底，该村共有346户村民，人口约1600人，耕地2322亩。该村无村办企业，农民基本以农业收入和打工收入为主，2007年该村人均年收入2000元左右，是一个比较典型的豫中村庄。

在改革开放以前，由于我国农村实行人民公社制度，除了房屋、粮食、家禽等归私人所有之外，S村和当时其他村一样，教育、医疗、农业机械、牲口及农业基础设施等大多由当时的生产大队或生产队供给。例如，当时的小学教育，校舍及教学所需的黑板、桌椅等基本上由生产大队提供，少量的公办教师由国家提供工资，而数量更多的民办教师的报酬按工分计算，居住在外村及不方便回家的教师的食宿也由生产大队负责，或者由村民轮流提供。当时医疗站的医生和护士，基本上也是本村的村民，报酬也按工分计算。改革开放前的农村，由于经济比较落后，因此公共产品的供给不可避免地处于较低的水平，S村也不例外。

改革开放后，由于联产承包制取代了人民公社制度，人民公社、生产大队、生产队也被新的组织形式所取代，这三个组织的生产功能逐渐丧失，其原有的经济功能被行政管理功能所替代，在这种背景下，原有的农村公共产品供给也发生了变化。教育被收归乡镇管理，教学所需经费及民办教师的工资由乡统筹中的教育事业费支付，学生的学费也开始逐年增加。在S村，医疗站也已无法继续运转，原有的几个医生和护士纷纷单干，村子出现了3个医疗点，后来由于生意清淡，目前只有一个仍在继续运营。包产到户后，随着土地一起被分给农民的还有牲口、小型农业机械，稍大一些的农业机械则在闲置一段时期后被变卖，原来的生产大队、生产队的饲养室、保管室等也逐渐出售给私人。由于这一段时间依靠出卖资产取得了不少收入，S村村委会曾向农民供给了一些其他公共产品，最典型的是电视机。在20世纪80年代初，S村没有一户农民能买得起电视机，村委会买了电视机后，在村中安排专人管理。由于当时农村的文化生活十分匮乏，每到晚上，村民就会自发地来看电视，一旦某一时期播放的节目比较精彩，家长甚至会让孩子很早就去占地方，场面十分热闹。不仅是电视机，在该村比较特殊的传统“节日”之日，村上还会出资为村民放电影。其实不仅是S村村民，农村长大的孩子，小时候基本都是通过这种形式看电影的。然而，随着农民收入的不断提高，电视机即使在农村，也从公共产品变成了私人产品，观看村里电视的人越来越少。另外，随着村委会的“家底”越来越少，一些村甚至逐渐背上了债务。从20世纪80年代后半期一直到20世纪90年代，S村的村民除了重新分地，或者是“催粮要款、刮宫流产”，基本上再也感受不到村委会的服务。逐渐地，干群关系开始恶化，农民讽刺村干部为“赃官”，村干部则抱怨村民为“刁民”，而当时的农村公共产品的供给则陷入了停滞状态。以道路为例，村内道路和出村道路，全部都是“疙瘩路”。因此，S村被大家戏称为“赃官刁民疙瘩路”。

1999年，迫于村民的压力，S村原村委会主要干部下台。由于当选的新干部一般在上台初期还希望有所作为，所以他们急切地想为村民做点实事。该村原有电力线路使用40多年后，已经老化，事故频发，经过村委会的运作，县电力局同意对S村实行线路改造。改造时，由县电力局出资26万元，村集体通过出售集体成材树木垫资10万元，村民集资5.4万元，该工程在村委会征集村民意见后不到两个月时间就完成了。这次的线路改造一方面使新当选的干部在村民中树立了威信，另一方面也使S村村委会严重地透支。在随后的几年中，S村村委会除了应付上面布置的工作之外，在公共产品建设方面唯一的建树就是配合电信部门为村里大多数居民安装了固定电话。但正如我们所知道的，电话是一个可以采取市场方式有效供给的公共产品，实际是农民自费购买电信服务，村委会在其中所起的作用并不大。

然而，时代在进步，即使在农村，“疙瘩路”的状况也使S村村委会倍感压力，特别是当邻村L村在村内修了水泥路之后。农民是喜欢攀比的，在农村经常可以看到这种现象，如果有一户农民盖了楼房，邻居一般也会想方设法把楼房盖起来，哪怕借钱也要盖。另外，农民的攀比行为还体现在婚丧嫁娶等各个方面。在L村修了水泥路之后，S村显然落后了。2003年雨水多，没有水泥路的村子泥泞不堪，群众连着几个月都得穿雨靴，村委会受到了村民的埋怨甚至谩骂，村干部感受到了前所未有的压力。在这种情况下，S村修路一事被逐渐提上了议程。村委会在参考其他村的情况后制定了如下方案：

（1）每户无论贫富，按房屋所占庄基数出钱，每间房 200 元，每条街选出若干村民代表，由村民代表负责收缴，哪条街收齐，哪条街动工，若个别人不缴，则留下其门前道路不修。这样，实际是每户按村上的统一标准把自己家门前的路修好就行了。

（2）公共道路——该村有 3 条东西走向的街道，由一条南北走向的街道连接，这条南北走向的街道是该村的公共道路，由村集体用出售树木的 8 万元钱来修，不向个人分摊成本。

（3）像以往本村考上大学在外工作的 50 多名人士，无论老少，均发出倡议书，号召他们为本村捐款，量力而行，可以不捐。但捐款达到一定数额者，村委会将在路修好后修一座纪念碑，在碑上刻下其名字及捐款数额，以示感谢。

（4）尽力争取上级有关部门的经济支持。

（5）即时向村民通报花费情况。

在方案制定好后，村委会开始分头组织方案的实施：

（1）组织选举村民代表，由村民代表挨家挨户做工作，收钱。

（2）在村民代表做工作的同时，先出售树木筹款修筑由村集体负责的一段路，一表示村委会修路的决心，二起示范作用。

（3）组织人员向本村考出的人员和上级有关部门筹款，笔者了解到的数据是，本村“跳出农门”的人向该村捐款 18 500 元，而向上级政府部门则仍一分钱未筹到。

2003 年 11 月 S 村在村委会的领导下，启动修水泥路的工程，耗资 30 万元左右，于 2004 年 6 月完工，完工以后，该村就有了一个还算像样的公共设施。2005 年，S 村又通过出租村留地，获得了近 10 万元的收入，在这种背景下，村委会又启动了自来水工程。然而，仅打深水井和修水塔就花了 13 万元，由于资金短缺，没有钱铺设管道，工程又不得不停了下来，村民由于吃不上自来水，于是戏称水塔为“炮楼”。后来，村委会经多方运作，国家有关部门拨付了18万元的建设资金，2007年国庆节前，全村终于喝上了自来水。

（二）S村几个邻村公共产品的基本情况

S村有四个邻村，在公共产品的供给上，各村既有相同的方面，如义务教育、农村合作医疗，但在道路、自来水工程等方面，这几个村庄又表现出了一定的差异。L村和S村一样，收支状况并不好，凭该村的力量，是无力供给农民所需的公共产品的，如水泥路、医院、学校等。但目前这些公共产品在该村一应俱全，甚至还有一个戏楼、一个天主教堂。究其原因，是该村有一位富裕的华侨——王某，王某晚年为了回报家乡，为家乡做了多种善事，以上善事开支完全由他一人支付，由村委会组织，村民义务出部分劳力。由于并不在国内居住，王某在做以上善事时是完全出于一种利他的动机。这种利他动机的结果是他为家乡提供了大量的公共产品，不仅本村村民，其他多个村的村民也因此而受惠。

Q村的情况与L村略有不同。20世纪90年代中期，该村一位著名企业家因收入颇丰，一方面是由于自己办企业需要，另一方面又受到当地舆论的影响，不仅为本村修建了水塔、学校、医院，还修了出村路、村内道路。与L村相同的是，在修建这些公共设施时，也是由该企业家出钱，村委会组织，村民义务出部分劳力。但与L村王某不同的是，该企业家在提供这些公共产品时，一方面是出于利己的动机，但同时也供给了让他人“免费搭便车”的公共产品，在“利己”的同时又“利他”。

客观地看，L村、Q村的情况相当特殊，因为富裕的华侨、著名企业家毕竟是凤毛麟角，不可能在每个村都出现。相比之下，S村以及以下两个村的情况更具有现实意义。

在S村建设自来水工程的同时，S村的邻村C村则通过另外的途径也建起了水塔。C村在当地是个大村，截至2007年底，全村有近4000村民，在人均收入等方面的情况与S村大致相同。由于该村人数众多，意见难以统一，所以在S村水泥路已经修好的情况下，C村的水泥路却在村民的谩骂声中迟迟无法开工，在这里，我们能够看到集体行动的逻辑——“人多力量小”。但由于通过在政府相关部门工作的人员运作，C村一次性得到了财政拨款50多万的支持。2007年，该村不仅修起了水泥路，水塔也修起来了。C村修水泥路、水塔的事例验证了目前我国财政转移支付的一个逻辑——财政转移支付的获得，在很大程度上取决于上级政府官员的偏好和下级政府或组织的公关能力。

W村是S村的另外一个邻村，该村人口较少，只有不到800人，由于该村人口相对较少，而村党支部书记威信又较高，因此做事也稍微容易一些。在公共产品建设方面，该村的村委会采取的策略更为高明。2003年，该村修好了水泥路，并在村容村貌方面进行了主动的治理。在村委会的努力下，该村成了H县“社会主义新农村建设”的示范村，省市领导多次前来参观。在这种背景下，该村在向上级政府申请拨款时十分容易，目前该村的水塔、篮球场等设施十分完备，在村委会办公楼前，甚至修了一个有假山、喷泉的花园。

（三）简评

从S村改革开放以来农村公共产品的变迁以及与邻村的对比来看，我们不难得出以下两点结论：

（1）政府、市场、社区、个人在农村公共产品供给中都发挥了重要的作用。首先，在义务教育等方面政府的作用更大。

另外，从上面的案例我们也可以看出，建设社会主义新农村，离不开较高层级政府的大力支持，单靠基层政府、村委会和农民，“生产发展、生活宽裕、乡风文明、村容整洁、管理民主”的目标是无法实现的。其次，在通讯、医疗等公共产品的供给上，市场确实在发挥着重要的力量，尽管其还存在一定缺陷。再次，在道路、村容建设方面，村委会可以发挥更大的作用。此外不容忽视的是，任何一种公共产品的供给，无论其供给主体是谁，村委会在其中的组织作用都是不可替代的。最后，无论其供给动机如何，农村公共产品的自愿供给在部分地区已经发挥了重要的作用。在这种情况下，单纯地肯定其中的某一种方式而否定其他方式是不对的。

（2）从相关案例中可以看到，一方面，即使在建设社会主义新农村的大背景下，国家对于农村的支持仍然不够；另一方面，善良的农民正在凭借自己微薄的力量努力改变自己的处境。在调查中我发现，农民为改变自己的命运所作的努力中，充满了智慧的火花，这一点，从S村修村内水泥路等工程的方案中就可以看出。但是，从调查中笔者也深切地感觉到农民力量的薄弱、农村的贫穷以及农村公益事业开展的难度。正如本书中反复提到的，农村自来水、道路、医疗卫生、基础教育等无不需要大量的投资，单靠农民的力量是很难解决问题的。

结 论

我国农村公共产品的供给是一个极为复杂的系统，单靠一种方式难以满足农村社会的需要。因此，必须将政府供给、市场供给、社区供给和自愿供给有机地结合起来，建立一个以政府供给为主、市场供给和社区供给为辅、自愿供给为有效补充的多层次的供给体系，为广大农村提供充足的公共产品。本书的主要研究结论如下：

（1）新农村建设时期，农村社区公共产品供给面临着来自宪法秩序层面上的家庭承包制和来自制度安排层面上的农业税取消的双重影响。一方面，作为外生变量的宪法秩序层面上的家庭承包制的实施，在具体操作层面上破坏了农村社区公共产品供给制度安排的供需均衡，引发了农村社区公共产品供给制度在实践层面上的创新、改革，形塑了税费改革前农村社区公共产品供给制度的模式；另一方面，作为内生变量的制度安排层面上的农业税费制度的改革和农业税的取消，导致农村社区公共产品供给和需求的再次失衡，引发了农村社区公共产品供给制度的又一次变革，形成了现行的“自上而下”的强制性制度创新和“自下而上”的诱致性制度创新相结合的新模式。现行农村社区公共产品供给的制度安排不仅仅是为适应农村税费制度改革、农业税取消的需要，也是新农村建设目标的使然。

在公共产品供给制度设计上，已经有了一定的“边缘性”的创新。农村税费制度改革直接打破了原本看似“平衡”的农村公共产品的供需结构，中央及地方各级政府及时调整，通过加大制度内的财政转移支付，将大量公共产品资源投放到农村，同时，设计了农村社区组织“一事一议”及配套的奖补机制，力争达到“帕累托改进”，这是一种强制性与诱致性的创新性结合。然而，矛盾的现实却是大量的财政支农未产生应有的效益，未实现预期的目标，说明现行农村社区公共产品供给与需求处于非均衡状态。政府主导的“自上而下”的强制性制度创新和多元参与的“自下而上”的诱致性制度创新还没有达到有机协同的状态。以公共财政为平台的强制性的制度内供给虽然符合当前农村发展的现实，但应与农民的需求表达机制和有效的监督管理机制有机地结合起来；以民主参与为平台的诱致性的制度外供给顺应了时代发展的要求，但应挖掘多种形式的筹资渠道，引入民间资本和社会资本。因此，需要在决策机制、筹资机制、监管机制等不同层面上制定相应的法律、规范，采取配套优惠措施，在提高国家财政支农效益的同时，激励农民和各种利益主体参与公共产品供给，使农村社区公共产品供给制度发生诱致性变迁，供给主体逐步从政府一元化向多元化过渡，形成“政府主导，多元参与”的有机协同机制。

（2）从农民的视角观察农村社区公共产品的供给现状及供给效率，表明农民的公共需求并没有得到很好地满足。原因有以下几个方面：一是缘于因财政投入不足造成的农村公共产品的总量短缺。这一时期国家财政农业支出的绝对数额有了较大幅度的增长，而且覆盖面广，对于促进农村生产发展、农民生活改善发挥了重要作用。但是，财政支农年均增长速度远低于财政总支出的增长速度，农村公共产品财政投入不足，而农民的公共需求却不断增长，造成农村公共产品供给短缺和低效。二是缘于供给结构的不尽合理。与农民基本生活需要关系密切的公共产品投入不足，与农民自身可持续发展的公共产品供给匮乏，而政府偏好的公共产品投入过剩，致使农村公共产品投入的结构失衡。三是缘于供给制度的不完善。需求表达机制不健全，对于农民表达其需求的行为重视程度很低，偏离了公共产品供给的初衷；供给决策机制不完善，仍未改变“自上而下”的决策机制，上级政府无法获得来自基层农民真实全面的信息，政策供需失衡；资金筹集机制不合理，公共资源得不到有效配置，公共产品供给效率不高；监督管理机制不全面，存在滞后性，影响公共产品供给效率。

(3) 新农村建设时期，农村社区公共产品的供给仍需坚持政府供给公共产品和提供公共服务的主体职能，利用行政方式强制性供给农村社区生产生活所需要的公共产品。“政府主导”是破解现今农村社区公共产品供给不足的现实制度选择。但这种“政府主导”有别于传统的、低效的政府单一供给，而是在公共产品供给决策机制、筹资机制、监管机制创新重构的基础上，动员社会组织和个人参与农村社区公共产品的供给中来，形成“政府主导、多元参与”的公共产品供给格局。因此，需要运用私人部门的管理手段和市场激励机制，将公共产品的提供功能与生产功能分离。提供功能仍然保留在政府的主体身上，而把公共产品的生产功能以特定形式交给包括农村居民个体、社会团体、民营企业在内的其他社会个体与组织等来承担。这种农村社区公共产品供给制度安排，既能够在政府的主导下有效解决因公共产品外部性而引起的有效供给不足的问题，又能够在政府诱导下充分利用市场机制调动社会力量的积极性，有效供给农村居民需要的公共产品与公共服务。

（4）农村社区公共产品供给决策应遵循的首要原则是让农民满意，获取“社区居民需求意愿的真实表达”是农村社区公共产品供给决策制度创新的关键点。基于此，在决策制度创新的路径选择上，应根据不同公共产品的性质选择不同的创新路径，构建“自上而下”的政府决策机制和“自下而上”的需求表达机制有机契合的创新模式。对于那些无法排除“搭便车”行为的农村社区纯公共产品，其自身特性要求应充分发挥政府的行政强制力和资源调动力，坚持“自上而下”的供给决策制度，尽最大可能地让经济发展的成果惠及农村社区，以实现公共产品供给的城乡均衡；而对于那些可以通过技术设置有效排他的农村社区准公共产品，政府则应因势利导，充分调动广大农村社区居民的积极性，尊重农民的公共需求意愿表达，以“自下而上”的决策满意原则引导农民表达真实需求偏好，从而获取真实的决策信息。因此，在构建“自上而下”的政府决策机制和“自下而上”的需求表达机制有机契合的创新模式的过程中，政府应充分发挥制度创新的主导作用，在制度创新过程中应有所为和有所不为。在具体实践机制上，通过培育农村社区居民需求表达意愿、提高农民对公共产品需求表达的组织化程度、改进乡镇政府的工作意识和执政方式等激励机制的设计，让农村社区居民真实地表达公共需求意愿，使决策适应民意，实现需求表达、需求传递、需求接收的有效对接。

（5）农村社区公共产品供给筹资制度创新的路径选择应在坚持政府主导地位的前提下，打破政府供给的单一渠道，通过动员机制的建立，动员政府主体以外的民间组织、社会团体、企业法人、居民个人等参与提供公共产品，形成“政府主导、多元参与”的筹资机制，使政府和社会都能积极发挥主动性作用，为各自资源配置的开发提供内在动力，实现社会权力在公共产品供给上的归位，进而达到政府和多元主体的有机契合。为此，应明确政府和多元主体提供公共产品的范围和边界，解决公共产品的供给决策与需求决策相一致的决策权的配置问题，明晰保障投资者投资积极性的产权界限，以及解决好“搭便车”问题。重构“政府主导、多元参与”筹资模式的关键是形成“国家动员为主、社会动员为辅”的供给筹资动员模式，将政府投入和民间投入有机融合，实现农村社区公共产品供给的多元筹资。在具体实践中应根据不同性质的公共产品和不同的供给主体做出不同的动员选择，既不能采取单一的国家动员，也不能采取单一的社会动员，应在国家动员主导下，实现国家动员机制和社会动员机制的有机契合。

（6）受农村社区公共产品的特点和供给体系多层次性的限制，公共产品供给监管制度的创新应选择合适的主体来承担相应的供给和监管责任。应从提高整体供给效率出发，引入多元竞争机制，在发挥政府作用的同时，通过制度设计，吸引农民和各种基层自主组织参与到公共产品的管理中来，实现“政府监管为主导、农民自主为核心、多方参与为保障”的监管制度创新。同时，把灵活多样、弹性机动的自主监管机制的建立作为制度创新实施的关键，通过制度设计，对农民的公共意识进行引导，构建自主治理规则等法律和社会环境，让乡村内部的自主性力量在公共事物领域充分发挥基础性作用，让广大农户参与到农村社区公共产品的监督管理过程中来，实现政府公共部门、农民受益主体和多元社会主体的相互协调、合作与发展，提升公共产品的监管效率，形成政府与多元供给主体的有机协同和良性互动。

参考文献

[1] [美] 艾伯特·赫希曼:《转变参与——私人利益与公共行动》,李增刚译,上海人民出版社 2008 年版。

[2] [美] 艾米·波蒂特、马克·詹森、埃莉诺·奥斯特罗姆:《共同合作:集体行动、公共资源与实践中的多元方法》,路蒙佳译,中国人民大学出版社 2011 年版。

[3] [美] 艾伦·克拉特:《社区福利与公共福利》,东北师范大学出版社 2008 年版。

[4] [美] 埃莉诺·奥斯特罗姆:《公共事物的治理之道》,余逊达、陈旭东译,上海译文出版社 2012 年版。

[5] [美] 埃莉诺·奥斯特罗姆、罗伊·加德纳、詹姆斯·沃克:《规则、博弈与公共池塘资源》,王巧玲、任睿译,陕西人民出版社 2011 年版。

[6] 白南生主编:《农民的需求与新农村建设:凤阳调查》,社会科学文献出版社 2009 年版。

[7] [美] 保罗·萨缪尔森、威廉·诺德豪斯:《经济学》(第 12 版),高鸿业译,中国发展出版社 1992 年版。

[8] 蔡昉、王德文、都阳:《中国农村改革与变迁:30 年历程和经验分析》,格致出版社、上海人民出版社 2008 年版。

[9] 曹锦清:《如何研究中国》,上海人民出版社 2010 年版。

[10] 曹锦清:《黄河边的中国》,上海文艺出版社 2004 年版。

[11] 陈东:《我国农村公共品的供给效率研究》,经济科学出版社

2008 年版。

［12］陈锡文等：《中国农村制度变迁 60 年》，人民出版社 2009 年版。

［13］程又中等：《外国农村公共服务研究》，中国社会科学出版社 2011 年版。

［14］［美］道格拉斯·诺斯：《制度、制度变迁与经济绩效》，周志忍译，上海三联书店 1994 年版。

［15］凡勃伦：《有闲阶级论》，蔡受百译，商务印书馆 1964 年版。

［16］樊丽明、石绍宾等：《新农村建设中的公共品供需均衡研究》（中英文版），中国财政经济出版社 2008 年版。

［17］樊丽明：《中国公共品市场与自愿供给分析》，上海人民出版社 2005 年版。

［18］方福前：《当代西方经济学主要流派》，中国人民大学出版社 2004 年版。

［19］方堃：《当代中国新型农村公共服务体系研究》，中国社会科学出版社 2010 年版。

［20］菲利普·科特勒：《营销管理：分析、计划、执行与控制》，梅汝相等译，上海人民出版社 2001 年版。

［21］弗雷德·弗尔德瓦里：《公共物品与私人社区》，郑秉文译，经济管理出版社 2007 年版。

［22］［美］盖尔·约翰逊：《经济发展中的农业、农村与农民问题》，林毅夫、赵耀辉译，商务印书馆 2004 年版。

［23］郭红东、韩玲梅：《中国新农村建设——基于村官和村民的访谈与问卷调查》，浙江大学出版社 2007 年版。

［24］韩玲梅：《冲突与协调：转型期农村组织及其关系研究》，浙江大学出版社 2007 年版。

［25］贺雪峰：《乡村治理与秩序——村治研究论集》，华中师范大学出版社 2003 年版。

［26］贺雪峰：《村治的逻辑——农民行动单位的视角》，中国社会科学出版社 2009 年版。

［27］贺雪峰：《小农立场》，中国政法大学出版社 2013 年版。

[28] 贺雪峰:《地权的逻辑——中国农村土地制度向何处去》, 中国政法大学出版社 2010 年版。

[29] 贺雪峰:《乡村社会关键词——进入 21 世纪的中国乡村素描》, 山东人民出版社 2010 年版。

[30] 贺雪峰:《新乡土中国》, 北京大学出版社 2013 年版。

[31] 贺雪峰:《组织起来: 取消农业税后农村基层组织建设研究》, 山东人民出版社 2012 年版。

[32] 霍布斯: 《利维坦》, 黎思复、黎延弼译, 商务印书馆 1985 年版。

[33] 胡荣:《理性选择与制度实施——中国农村村民委员会选举的个案研究》, 上海远东出版社 2001 年版。

[34] 黄宗智:《中国的隐性农业革命》, 法律出版社 2010 年版。

[35] 黄胜忠:《转型时期农民专业合作社的组织行为研究: 基于成员异质性的视角》, 浙江大学出版社 2008 年版。

[36] 姜杰等编:《西方管理思想史》, 北京大学出版社 2011 年版。

[37] 句华: "公共服务中的市场机制: 理论、方式与技术", 北京大学出版社 2006 年版。

[38] [美] 康芒斯: 《制度经济学》, 于树生译, 商务印书馆 1962 年版。

[39] 柯武刚、史漫飞:《制度经济学——社会秩序与公共政策》, 韩朝华译, 商务印书馆 2000 年版。

[40] [美] 拉本德拉 · 贾: 《现代公共经济学》, 方敏等译, 中国青年出版社 2004 年版。

[41] [美] 莱斯特 · 萨拉蒙:《公共服务中的伙伴》, 田凯译, 商务印书馆 2008 年版。

[42] 李成威:《公共产品理论与应用》, 立信会计出版社 2011 年版。

[43] 李丹: 《理解农民中国》, 张天虹、张洪云、张胜波译, 凤凰出版传媒集团、江苏人民出版社 2009 年版。

[44] 李汉文:《公共品需求研究》, 中国财政经济出版社 2010 年版。

[45] 李克强:《农村公共产品供给与农民发展》, 中国社会科学出版

社 2013 年版。

[46] 李燕凌：《农村公共产品供给效率伦》，中国社会科学出版社 2007 年。

[47] 李亚平、于海：《第三域的兴起》，复旦大学出版社 1998 年版。

[48] 理查德·斯皮德伯格：《经济社会学原理》，周长城等译，中国人民大学出版社 2005 年版。

[49] 林万龙：《农村公共物品的私人供给：影响因素与政策选择》，中国发展出版社 2007 年版。

[50] 林万龙：《中国农村社区公共产品供给制度变迁研究》，中国财政经济出版社 2003 年版。

[51] 林毅夫：《财产权利与制度变迁》，上海三联书店 1994 年版。

[52] 林毅夫：《制度、技术与中国农业发展》，格致出版社、上海三联出版社、上海人民出版社 1992 年版。

[53] 林祖华等编：《现代管理学》，中国时代经济出版社 2004 年版。

[54] 刘畅：《农村社会学》，华中科技大学出版社 2008 年版。

[55] 卢现祥：《新制度经济学》，武汉大学出版社 2011 年版。

[56] 罗必良：《新制度经济学》，山西经济出版社 2005 年版。

[57] 陆学艺等：《内发的村庄》，社会科学文献出版社 2001 年版。

[58] 陆学艺、王春光、张其仔：《中国农村现代化道路研究》，广西人民出版社 1998 年版。

[59] 陆益龙：《农民中国——后乡土社会与新农村建设研究》，中国人民大学出版社 2010 年版。

[60] 马国贤：《中国公共支出与预算政策》，上海财经大学出版社 2001 年版。

[61] [美] 马胜杰、夏杰长等：《公共经济学》，中国财政经济出版社 2003 年版。

[62] [美] 迈克尔·麦金尼斯：《多中心体制与地方公共经济》，毛寿龙译，上海三联书店 2000 年版。

[63] [美] 马戎、刘世定、邱泽奇：《中国乡镇组织变迁研究》，华夏出版社 2000 年版。

[64]［美］曼瑟尔·奥尔森:《集体行动的逻辑》，陈郁等译，上海三联书店、上海人民出版社 1995 年版。

[65]［美］孟德拉斯:《农民的终结》，李培林译，社会科学文献出版社 2010 年版。

[66] 农村公共事业发展课题组编:《农村公共事业发展调查——农户视角：现状、需求意愿与评价》，社会科学文献出版社 2013 年版。

[67] 曲创:《公共物品、物品的公共性与公共支出研究》，经济科学出版社 2010 年版。

[68]［美］舒尔茨:“制度与人的经济价值的不断提高”，载［美］科斯等:《财产权利与制度变迁：产权学派与新制度学派译文集》，盛洪译，上海三联书店 1991 年版。

[69]［美］斯蒂格利茨:《政府为什么干预经济》，郑秉文译，中国物资出版社 1998 年版。

[70]［美］思拉恩·埃格特森:《经济行为与制度》，吴经邦等译，商务印书馆 2007 年版。

[71] 苏振华:《公共治理与集体行动效率》，中国社会科学出版社 2013 年版。

[72] 孙翠清、林万龙:《中国农村公共服务需求问题研究——基于农户的视角》，经济科学出版社 2011 年版。

[73] 孙开等:《公共产品供给与公共支出研究》，东北财经大学出版社 2006 年版。

[74] 孙潭镇:《现代中国农村财政问题研究》，经济科学出版社 1995 年版。

[75] 王定云、王世雄:《西方国家新公共管理理论综述与实务分析》，上海三联书店 2008 年版。

[76] 王磊:《公共产品供给主体选择与变迁的制度经济学分析》，经济科学出版社 2009 年版。

[77]［美］莱斯特·萨拉蒙等:《政府向社会组织购买公共服务研究》，北京大学出版社 2010 年版。

[78]［美］文森特·奥斯特罗姆等编:《制度分析与发展的反思——

问题与抉择》，王诚等译，商务印书馆 2001 年版。

［79］温铁军：《中国新农村建设报告》，海峡出版发行集团、福建人民出版社 2010 年版。

［80］［美］西奥多·舒尔茨：《改造传统农业》，梁小民译，商务印书馆 1987 年版。

［81］席恒：《公与私：公共事业运行机制研究》，商务印书馆 2003 年版。

［82］席恒：《利益、权利与责任——公共物品供给机制研究》，中国社会科学出版社 2006 年版。

［83］熊培云：《一个村庄里的中国》，新星出版社 2011 年版。

［84］徐小青、郭建军：《中国农村公共服务改革与发展》，人民出版社 2008 年版。

［85］徐勇等：《中国农村与农民问题前沿研究》，经济科学出版社 2009 年版。

［86］［古希腊］亚里士多德：《政治学》，吴寿彭译，商务印书馆 1983 年版。

［87］阳斌：《当代中国公共产品供给机制研究》，中央编译出版社 2012 年版。

［88］杨红：《中国农村公共产品特殊论》，中国税务出版社 2006 年版。

［89］杨团：《社区公共服务论析》，华夏出版社 2002 年版。

［90］叶敬忠：《农民视角的新农村建设》，社会科学文献出版社 2006 年版。

［91］俞可平：《中国公民社会兴解与治理的变迁》，社会科学文献出版社 2002 年版。

［92］［美］詹姆斯·布坎南：《公共物品的需求与供给》，马珺译，上海人民出版社 2009 年版。

［93］张其仔：《新经济社会学》，中国社会科学出版社 2001 年版。

［94］张维迎：《博弈论与信息经济学》，上海人民出版社 1996 年版。

［95］涂圣伟、李欲："农村合作经济组织与有效提供社区公共物品的关联"，载《改革》2007 年第 7 期。

[96] 万师："对农村社区范畴的再认识"，载《江东论坛》2010 年第 2 期。

[97] 王朝明："政府转型与构建和谐社会——兼论社会政策改革的滞后性"，载《财经科学》2006 年第 1 期。

[98] 王书军："农村社区公共产品供给及困境缓解：剖析河北一个村庄"，载《改革》2008 年第 1 期。

[99] 王松华、王前："地方政府农村公共产品供给决策机制创新研究"，载《湘潮（下半月）》2007 年第 12 期。

[100] 王维平、赵斌："政策分类的新思路与西部开发的政策供给"，载《中国社会科学院研究生院学报》2003 年第 5 期。

[101] 王小宁："农村公共物品供给制度变迁中的路径依赖与创新"，载《中国行政管理》2005 年第 7 期。

[102] 王兴伦："多中心治理：一种新的公共管理理论"，载《江苏行政学院学报》2005 年第 1 期。

[103] 王亚华："中国用水户协会改革：政策执行视角的审视"，载《管理世界》2013 年第 6 期。

[104] 睢党臣："基于公平性的农村公共产品供给结构研究"，载《经济问题探索》2008 年第 8 期。

[105] 温锐、陈胜祥："政府主导与农民主体的互动——以江西新农村建设调查分析为例"，载《中国农村经济》2007 年第 1 期。

[106] 吴叶苗："农村公共产品供给主体的错位与调适"，载《浙江社会科学》2006 年第 1 期。

[107] 吴友群："实行农村公共产品多元化供给的对策建议"，载《经济研究参考》2008 年第 18 期。

[108] 夏永祥、刘迪平："农村公共产品长效筹资：主体区分与机制构建"，载《经济问题探索》2008 年第 3 期。

[109] 辛波、杨海山："论农村公共产品供给制度的变革"，载《山东社会科学》2006 年第 4 期。

[110] 熊万胜："农村公共品供给中的政府责任与民众义务"，载《中国乡村发现》2007 年第 6 期。

[111] 熊巍："我国农村公共产品供给分析与模式选择"，载《中国农村经济》2002 年第 7 期。

[112] 徐勇、项继权："公民国家的建构与农村公共物品的供给"，载《华中师范大学学报》2006 年第 2 期。

[113] 徐勇："治理转型与竞争——合作主义"，载《开放时代》2001 年第 7 期。

[114] 严瑞珍、孔祥智、程淑兰等："转轨时期农民行为与政府行为的轨迹"，载《经济学家》1997 年第 5 期。

[115] 杨光斌："中国经济转型时期国家经济行为的政治学分析"，载《中国人民大学学报》2004 年第 4 期。

[116] 杨和焰："公共管理视域中的第三部门：功能，优势及困境"，载《公共管理学报》2004 年第 3 期。

[117] 杨静、徐丹丹："农村公共产品供给问题国外研究述评"，载《经济理论与经济管理》2008 年第 10 期。

[118] 杨瑞龙："论制度供给"，载《经济研究》1993 年第 8 期。

[119] 杨永忠、林明华："农村公共产品多元主体供给的制度约束——马甲村路灯供给案例研究"，载《中国工业经济》2008 年第 1 期。

[120] 杨芸伊："三层互动：解决农村社区公共产品供给建构的综合分析框架"，载《安徽广播电视大学学报》2006 年第 3 其。

[121] 杨震林、吴毅："转型期中国农村公共品供给体制创新"，载《中州学刊》2004 年第 1 期。

[122] 叶文辉："农村公共产品供给体制的改革和制度创新"，载《财经研究》2004 年第 2 期。

[123] 张曙光：《探究心灵》，郑州大学出版社 2004 年版。

[124] 陈万灵："社区研究的经济学模型——基于农村社区机制的研究"，载《经济研究》2002 年第 9 期。

[125] [美] 罗纳德 · H. 科斯：《论经济学和经济学家》，罗君丽、茹亚骢译，格致出版社 2010 年版。

[126] [美] 哈罗德 · 德姆塞茨：《关于产权的理论》，盛洪译，北京大学出版社 2003 年版。

[127] 戈登·塔洛克：《公共选择——戈登·塔洛克论文集》，柏克、郑景胜译，商务印书馆 2011 年版。

[128] [美] 乔·B. 史蒂文斯：《集体选择经济学》，陈昕译，上海人民出版社 1999 年版。

[129] [美] 克里夫·兰德曼（Cliff Landesman）："The Voluntary Provision of Public Goods"，http://www.nonprofits.org/parlor/acknow/landesman/vpopg.huml。

[130] [美] 加里·贝克尔：《人力资本理论》，郭虹译，中信出版社 2007 年版。

[131] 曹荣湘：《蒂布特模型》，社会科学文献出版社 2004 年版。

[132] [美] 哈维·罗森：《财政学》（第六版），中国人民大学出版社 2003 年版。

[133] 孙开："公共产品学说与分级财政理论"，载《山东财政学院学报》1999 年第 4 期。

[134] 方福前："经济人范式在公共选择理论中的得失"，载《经济学家》2001 年第 1 期。

[135] 卢现祥："我国体制研究趋势"，载《经济与信息》2003 年第 10 期。

[136] 仲伟周："论公共产品的私人供应"，载《当代经济研究》1999 年第 8 期。

[137] 卢洪友："中国公共产品供给制度的缺陷分析"，载《财政问题研究》2002 年第 5 期。

[138] 黄恒学："论中国政府管理的 WTO 化"，载《中国经济快讯》2002 年 23 期。

[13] 刘诗白："市场经济与公共产品"，载《经济学家》2007 年第 4 期。

[140] 刘银喜、任梅："治理理论与公共产品的相关性探析"，载《中国行政管理》2006 年第 9 期。

[141] 黄志冲："农村公共产品供给机制创新研究"，载《现代经济探讨》2000 年第 10 期。

［142］方辉振："农村公共产品供给：市场失灵与政府责任"，载《理论视野》2007年第8期。

［143］方银水："中国农村公共产品政府提供结构的有限序研究"，载《理论与改革》2008年第1期。

［144］赵丙奇："农村负担与农村公共产品供给"，载《经济问题探索》2002年第11期。

［145］熊巍："我国农村公共产品供给分析与模式选择"，载《中国农村经济》2002年第7期。

［146］陈永新："中国农村公共产品供给制度的创新"，载《四川大学学报（哲学社会科学版）》2005年第1期。

［147］张秀生、柳芳、王军民："农民收入增长：基于农村公共产品供给视角的分析"，载《经济评论》2007年第3期。

［148］程又中、陈伟东："国家与农民：公共产品供给角色与功能定位"，载《华中师范大学学报（人文社会科学版）》2006年第6期。

［149］王绍光："有效的政府与民主"，载《战略与管理》2002年第3期。

［150］李秉龙、张立承："中国贫困地区县乡财政不平衡对农村公共物品供给影响程度研究"，载《中国农村观察》2003年第1期。

［151］李华："城乡公共产品供给均等化与转移支付制度的完善"，载《财政研究》2005年第11期。

［152］冯海波："财政紧约束条件下的农村公共物品供给策略选择"，载《经济体制改革》2006年第1期。

［153］程蹊、陈全功："农村公共品的供给与管理：社区角色定位"，载《中南民族大学学报（人文社会科学版）》2007年第5期。

［154］符加林、崔浩、黄晓红："农村社区公共物品的农户自愿供给——基于声誉理论的分析"，载《经济经纬》2007年第4期。

［155］叶兴庆："论农村公共产品供给体制的改革"，载《经济研究》1997年第6期。

［156］雷原："农民负担与我国农村公共产品供给体制的重建"，载《财经问题研究》1999年第6期。

[157] 王国华、李克强:“农村公共产品供给与农民收入问题研究”,载《财政研究》2003 年第 1 期。

[158] 国风:“农民税负与农民负担”,载《求是》2003 年第 10 期。

[159] 陈桂棣、春桃:“中国农民调查”,载《中国粮食经济》2004 年第 3 期。

[160] 王绍光、胡鞍钢:“经济繁荣背后的不稳定”,载《战略与管理》2002 年第 3 期。

[161] 靳涛:“双层次互动进化博弈制度变迁模型——对中国经济制度渐进式变迁的解释”,载《经济评论》2003 年第 3 期。

[162] [美] 萨缪尔森、诺德豪斯:《经济学》,萧琛主译,人民邮电出版社 2008 年版。

[163] 刘国光:“中国经济增长形式分析”,载《经济研究》2000 年第 6 期。

[164] 占盛丽、董业军:“社会主义新农村职业教育与培训”,载《教育发展研究》2005 年第 23 期。

[165] [美] 施蒂格勒:《生产和分配理论》,晏智杰译,华夏出版社 2008 年版。

[166] 李强:“当前我国社会分层结构变化的新趋势”,载《江苏社会科学》2004 年第 6 期。

[167] 王彬:“家庭结构变化对农村家庭养老制度的影响因素分析”,载《农村经济与科技》2008 年第 2 期。

[168] 蔡昉:“城乡收入差距与制度变革的临界点”,载《中国社会科学》2003 年第 5 期。

[169] [美] 罗伯特 · D. 普特南:《使民主运转起来——现代意大利的公民传统》,南吕译,江西人民出版社 2001 版。

[170] 李强、郭锦墉、蔡根女:“我国农村公共产品的自愿供给:一个博弈分析的框架”,载《东南学术》2007 年第 1 期。

[171] 郑功成:“加入 WTO 与中国的社会保障改革”,载《管理世界》2002 年第 4 期。